LYDIA BRÜLL

DIE JAPANISCHE PHILOSOPHIE

Eine Einführung

WISSENSCHAFTLICHE BUCHGESELLSCHAFT
DARMSTADT

Umschlagabbildung: Das buddhistische Glückssymbol Nyoihōshu (sk. cintāmaṇi); Tuschbild des Tendai-Priesters Ishiguro Gōen.

CIP-Titelaufnahme der Deutschen Bibliothek

Brüll, Lydia:
Die japanische Philosophie: eine Einführung / Lydia Brüll. – Darmstadt: Wiss. Buchges., 1989
(Orientalistische Einführungen)
ISBN 3-534-08489-6

Bestellnummer 08489-6

Satz: Setzerei Gutowski, Weiterstadt
Druck und Einband: Wissenschaftliche Buchgesellschaft, Darmstadt
Printed in Germany
Schrift: Linotype Garamond, 10/11

ISSN 0177-8595
ISBN 3-534-08489-6

INHALT

VERZEICHNIS DER ABKÜRZUNGEN

FYZ	Fukuzawa Yukichi zenshū, 1958–64
HAZ	Hirata Atsutane zenshū, 1911–18
KMZ	Kamo Mabuchi zenshū, 1904
MKZ	Miki Kiyoshi zenshū, 1966–68
MNZ	Motoori Norinaga zenshū, 1926–28
NAZ	Nishi Amane zenshū, 1960–66
NJS	Nihon jurin sōsho, 1930–33
NKZ	Nishida Kitarō zenshū, 1966
NRI	Nihon rinri ihen, 1901–03
NST	Nihon shisō taikei, 1970–82
SPPY	Szu-pu pei-yao, 1927–36
THZ	Tanabe Hajime zenshū, 1963 (Nachdruck 1972)
TSZ	Tōju Sensei zenshū, 1940
WTZ	Watsuji Tetsurō zenshū, 1961–63

VORBEMERKUNGEN

Ideengeschichtlich muß man von Japan als einer Nation sprechen, die sich am indischen, chinesischen und westlichen Gedankengut maßgeblich ausgerichtet hat. Japan hat dieses fremde Gedankengut, das notwendigerweise pluralistisch war und deshalb auch widersprüchliche Werte besaß, übernommen und bewußt zu einem wesentlichen Faktor in seinem Geistesleben erhoben. Es hat aber auch in Zeiten der Rückbesinnung das Fremde entsprechend seiner eigenen kulturellen Probleme umgeformt, um seine kulturelle Identität zu bewahren. In diesem Spannungsverhältnis von Abhängigkeit und Eigenständigkeit einerseits und der Harmonisierung des Pluralismus andererseits haben wir Japan in seinem Denken zu akzeptieren und somit auch sein „philosophisches Gesicht". Und „solange wir nicht mit den Mitteln einer wissenschaftlichen Komparatistik transsozietärer Forschung bestimmen können, was denn das 'Eigentliche' des japanischen Denkens sei, werden wir uns innerhalb des Geltungsbereichs wissenschaftlicher Aussagen mit der Feststellung und der Analyse dessen zu begnügen haben, *was*, *wie* und *warum* so 'in Japan gedacht' worden ist und wird" (Kracht 1986, 40).

So sehr sich auch im Abendland der Begriff Philosophie und sein Inhalt gewandelt hat, bezeichnet er doch einen durch die Jahrhunderte gewachsenen Gegenstand einer Wissenschaftsdisziplin. Dies ist in Japan, in China und in Indien nicht der Fall. Die Anwendung des Begriffes Philosophie auf die japanischen traditionellen Denkströmungen aus der Zeit vor der Kontaktnahme mit dem Wesetn im 19. Jahrhundert birgt damit eine Problematik in sich, die häufig Gegenstand wissenschaftlicher Diskussion nicht nur im Westen, sondern in Japan selbst war und ist. Der Streit hat seinen Grund darin, wie Philosophie jeweils inhaltlich bestimmt wird. Will man die traditionellen Denksysteme in den Bereich der Philosophie aufnehmen, so muß ein Konsens darüber bestehen, daß Philosophie nicht auf irgendein bestimmtes Motiv oder eine Sonderdisziplin eingeengt werden darf. Vielmehr muß sie im weitest möglichen Sinne interpretiert werden.

Philosophie wird durch die menschliche Aktivität und das Bewußtsein von dieser getragen. Es steht außer Zweifel, daß in der Philosophie der menschliche Geist im Mittelpunkt steht. Man könnte Philosophie das „denkende Suchen" nennen. Die Suche nach einer wahren Antwort auf das Seiende, dessen Wesen und Sinn es zu ergründen gilt, und die Suche nach den Zusammenhängen alles Seienden. Somit geht es auch um die Frage nach der menschlichen Existenz. Die Suche wird verbunden mit Fragen nach dem Wesen und Sinn des Lebens und des Todes, des Leides, der Hoffnung, der Ängste und der Freuden. In seinem denkenden Suchen bemüht sich der Mensch um die Auffindung des Sinnes seiner Bestimmung im Jetzt.

Von einem allgemeinen Philosophieverständnis müssen wir ausgehen, denn nur unter einem weit gefaßten Aspekt lassen sich auch die traditionellen japanischen Denksysteme weitgehend philosophisch nennen. Trotzdem müssen wir akzeptieren, daß – wie beispielsweise im Buddhismus – religiöse und philosophische Spekulation zusammenfallen, sich hier also eine Sonderstellung herausgebildet hat. Ferner gilt allgemein für die ostasiatische traditionelle Philosophie, daß das Problem der menschlichen Existenz im Mittelpunkt ihrer Analysen steht. Es hieße aber, einen voreiligen Schluß zu ziehen, wollte man die traditionelle Philosophie nur auf das Phänomen Mensch einengen. Vielmehr werden bei der Analyse des Selbstverständnisses nahezu alle Bereiche philosophischen Denkens berührt, weil es eben um das Ganze einer Welt- und Menschheitssicht geht.

Der Hauptgrund, daß Japan bis zur Mitte des 19. Jahrhunderts an den traditionellen Seins- und Wertvorstellungen festhielt, lag an den, mit Europa verglichen, unterschiedlichen sozialen und ökonomischen Strukturen, vor allem aber an der fehlenden Auseinandersetzung mit der Naturwissenschaft und Technologie, die für die westliche Philosophie eine große Herausforderung darstellten und ihr neue Impulse gaben. Insbesondere brachten sie ihr eine neue Einstellung zur Natur und die Idee vom Fortschrittsdenken, Dinge, die dem traditionellen Japan bis zum 19. Jahrhundert weitgehend vorenthalten blieben. Es kannte nicht das „Außer-Sich-Treten" und die Absolutierung des Menschen. Die Natur hatte einen Wert in sich selbst und war ordnungsgebende Kraft, in die sich der Mensch als ein Teil von ihr einbezogen fühlte. Sie war ihm nicht Mittel oder Gegenstand der Nützlichkeit oder Zweckmäßigkeit im westlichen Sinne der Neuzeit. Aus der Einbezogenheit in das Kosmische schöpfte man, weil man in der Geborgenheit der kosmischen Wahrheit lebte, die keine erdachte Wahrheit, sondern Tatsache war.

In Ostasien hat sich bis zum vorigen Jahrhundert sprachlich kein gleichwertiger Begriff für Philosophie herausgebildet. Heute wird in Japan für Philosophie *tetsugaku* (*tetsu:* Weisheit; *gaku:* Wissenschaft, Lehre) verwendet. Der Terminus ist eine Neuprägung aus der zweiten Hälfte des 19. Jahrhunderts, nachdem in Japan die westliche Philosophie ihren Eingang gefunden hatte. Als Begründer der westlichen Philosophie in Japan wird Nishi Amane (1829–1897) angesehen. Er wählte *tetsugaku* als Übersetzung für den Terminus *philosophia*. Die traditionellen Termini, die das philosophische Denken mit einbeziehen, im Grunde genommen aber den gesamten Komplex Wissenschaft bezeichnen, sind *gaku* oder *gakumon* (Wissen, Wissenschaft, Studium), *jutsu* (Methode), *kyō* (Lehre), *hō* (Gesetz) und *michi* (sinojap. *dō:* Weg). Letzterer ist auch mit den drei großen traditionellen Strömungen verbunden worden, nämlich Shintō (Weg der Gottheiten), Butsudō (Weg des Buddha) und Judō (Weg des Konfuzianismus).

Diese drei Gedankenströmungen haben die traditionelle Philosophie Japans geprägt. Ab der Mitte des 19. Jahrhunderts wurden sie durch die zahlreichen westlichen Ismen aus dem Bereich der nun neu nach westlichem Muster gestalteten Philosophie verdrängt. Für jene „fortschrittlichen" Wissenschaftler in Ost und West, die das traditionelle Denken für unphilosophisch halten, beginnt hiermit die Geburtsstunde der japanischen Philosophie *(tetsugaku)*, während das traditionelle Denken von ihnen gern mit Ideen- oder Geistesgeschichte *(shisōshi)* bezeichnet wird.

Die japanische Philosophie bzw. Ideengeschichte hat unterschiedliche Einteilungen erfahren. Die im modernen Sinne betriebene philosophiehistorische Forschung und die Frage nach einer sinnvollen Einteilung der Philosophiegeschichte setzten in Japan erst um die Jahrhundertwende ein. Man lehnte sich entweder an das Periodisierungsschema der japanischen Historiker an, wobei man für die Ideengeschichte und Philosophie besonders das *jidai*-(Epochen-)System bevorzugte: Nara- (710–782), Heian- (810–1192), Kamakura- (1222–1333), Ashikaga- (1336–1392), Muromachi- (1392–1572), Azuchi/Momoyama- (1573–1603), Tokugawa- (1603–1868), Meiji- (1868–1912), Taishō- (1912–1926) und Shōwa-Zeit (1926–). Ferner gibt es noch die an der westlichen Periodisierung ausgerichtete Einteilung in alte *(kodai)*, mittlere *(chūsei)*, frühmoderne *(kinsei)*, moderne *(kindai)* und gegenwärtige *(gendai)* Zeit.

Ich habe mich in diesem Buch bewußt von den üblichen Einteilungen gelöst, weil für mich der Gesichtspunkt tragend war, daß für eine Einführung in das philosophische Denken Japans der Akzent auf einer zusammenhängenden Darstellung der einzelnen philosophischen Strömungen liegen sollte. Diese Lösung wird auch von der japanischen Philosophiegeschichte erleichtert. Überblickt man sie, so liegt der erste Schwerpunkt – 7. bis 16. Jahrhundert – eindeutig auf der buddhistischen Philosophie, während das 16. bis zum letzten Drittel des 19. Jahrhunderts maßgeblich vom Konfuzianismus geprägt und ab 1868 die westliche Philosophie beherrschend war.

Zielsetzung dieses räumlich begrenzten Einführungsbandes, der keinesfalls eine Geschichte der japanischen Philosophic darstellen soll, kann nur sein, den Blick möglichst wertneutral auf wesentliche Probleme des philosophischen Denkens in Japan während der Jahrhunderte zu lenken. Deshalb wurde bei der Auswahl der Philosophen nur auf jene Gewicht gelegt, die dem japanischen Denken neue Impulse gaben, einen Wandel brachten, neue Denkepochen einleiteten. Auch ließ der zur Verfügung stehende Raum es nicht zu, die philosophische Entwicklung nach 1945 zur Darstellung zu bringen, da die Vielfältigkeit und Neuartigkeit der nach 1945 entstandenen Strömungen und philosophischen Einzelstandpunkte einen eigenen Band in Anspruch nehmen würden.

Im Text werden die philosophischen Termini in Übersetzung gegeben; in Klammern angefügt ihre japanische Lesung oder je nach Bezug ihre chinesische oder Sanskrit-Lesung. Bei der Schreibung buddhistischer Personennamen, Buchtitel und Termini folge ich Mochizuki Shinkō (Bukkyō Daijiten, 10 Bde., Tōkyō 1960–1963). Bei den Personennamen steht nach japanischem Brauch der Familienname dem persönlichen Namen oder dem *nom de plume*, nach dem der Japaner zitiert, voraus. Ich folge diesem Brauch mit der Ausnahme, daß ich die Philosophen des modernen Japan mit dem Familiennamen anführe.

Der vorliegende Band soll vor allem ein der japanischen Sprache nicht mächtiges Leserpublikum ansprechen. Aus diesem Grund wurde die im Literaturverzeichnis aufgeführte Literatur auf solche in westlichen Sprachen begrenzt. Eine Ausnahme bilden die zitierten chinesischen und japanischen Quellen, die im Abkürzungsverzeichnis vermerkt sind.

Ich möchte den Band nicht abschließen, ohne meinen Dank auszusprechen für Hilfen, die mir von verschiedener Seite zuteil wurden. Hier gilt mein Dank vor allem den Professoren J. Hamada (Kantogakuin-Universität Yokohama), N. Koyasu (Staatliche Universität Ōsaka), K. Kracht (Universität Tübingen), J. Laube (Universität München) und R. Ōhashi (Kōgeisen'i-Universität Kyōto). Ein besonderer Dank gilt der Wissenschaftlichen Buchgesellschaft, die mit ihrer Geduld und mit ihrem Entgegenkommen die Fertigstellung des Bandes ermöglichte.

Bokugyūsha, im Dezember 1987 L. B.

I. DIE BUDDHISTISCHE PHILOSOPHIE

1. Historische Bemerkungen

Japan lernte den Buddhismus im 6. Jahrhundert n. Chr. kennen. Zu dieser Zeit hatte die von Gautama Buddha (± 560–± 480) in Indien begründete Lehre eine nahezu tausendjährige Entwicklung hinter sich. Dem Urbuddhismus, d.h. der „ursprünglichen Lehre" Buddhas und seiner frühen Gemeinschaft, war der alte Buddhismus, der die Bezeichnung Hīnayāna (Kleines Fahrzeug) oder Theravāda (Lehre der Älteren) führt, gefolgt. Aus diesem entwickelte sich wiederum zu Beginn unserer Zeitrechnung das Mahāyāna (Großes Fahrzeug). Beide Richtungen, das Hīnayāna wie das Mahāyāna, haben in Indien zahlreiche Schulen hervorgebracht, deren Lehrsysteme in einer umfangreichen Literatur Niederschlag fanden.

Schon frühzeitig hatte der Buddhismus – einer starken missionarischen Dynamik folgend – die geographischen Grenzen Indiens überschritten und seinen Weg in die Länder Südostasiens und des Fernen Ostens genommen. Auf seinen Wanderwegen zeigte der Buddhismus – Elastizität und Toleranz waren ihm zu eigen – allenthalben seine erstaunliche Anpassungsfähigkeit an das bereits Bestehende der Kulturkreise, in die er vordrang. So auch in China, das er im 1. Jahrhundert n. Chr. auf seinem nördlichen Wanderweg erreichte.

Eine über mehrere Jahrhunderte währende fruchtbare Auseinandersetzung des Buddhismus mit den bereits vorhandenen chinesischen Denksystemen und der religiösen Vorstellungswelt erfolgte. China lernte beide Richtungen des Buddhismus kennen, doch schlug am Ende nur das Mahāyāna feste Wurzeln. Durch eine Verschmelzung mit taoistischen und konfuzianischen Elementen und solchen der Lokalkulte wurde das Mahāyāna nicht nur dem chinesischen Denken angepaßt, sondern es entstanden auch – der Ch'an-(jap. Zen-)Buddhismus ist ein Beispiel – neue synthetische Formen chinesischer Originalität. Dieser vom chinesischen Geist mitgeprägte Buddhismus wurde Japan übermittelt, anfangs durch koreanische Gelehrte, später im direkten Austausch zwischen chinesischen und japanischen Priestergelehrten. In Japan erfuhr der chinesische Buddhismus dann im Verlauf der Jahrhunderte, sich den geistig-kulturellen Gegebenheiten des Landes anpassend, seine weitere Umgestaltung.

Nach dem ›Nihonshoki‹ (Annalen Japans, 720) – neben dem ›Kojiki‹ (Chronik der alten Begebenheiten, 712) die älteste Geschichtskompilation Japans – gilt das Jahr 552 als offizielles Einführungsdatum des Buddhismus in Japan; nach anderer Version das Jahr 538. Gesellschaftspolitische und religiöse Gegebenheiten machten es der neuen Lehre verhältnismäßig leicht, in Japan Fuß zu fassen. Die Herrscher Japans erkannten die politische, wirtschaftliche und kulturelle Überlegenheit der Festlandskultur und waren daher, um die eigene Macht zu festigen, auf eine intensive Übernahme chinesischer Kulturgüter bedacht. Auch der Buddhismus wurde vom japanischen Hof vor allem als ein Überbringer der höheren chinesischen Zivilisation gewertet, seine Aufnahme und Verbreitung allein schon unter diesem Aspekt befürwortet. Zum anderen war die religiösphilosophische und ästhetisch-kulturelle Überlegenheit des Buddhismus gegenüber der eigenen primitiven religiösen Vorstellungswelt, die auf Natur- und Ahnenverehrung beruhte, offenkundig. Das im Buddhismus enthaltene philosophische Ideengut vermochte zudem die intellektuellen Bedürfnisse, die der eingeleitete Zivilisationsprozeß zwangsläufig mit sich brachte, weitaus besser zu befriedigen. So fand der Buddhismus – trotz anfänglicher Gegnerschaft konservativer Kreise – schließlich in Japan seinen Platz.

Im 6. und 7. Jahrhundert war der Buddhismus in erster Linie eine Lehre des Tennō-Hofes und der Aristokratie. Der erste große Förderer des Buddhismus, der diesen 594 zur Staatsreligion erhob, wurde der für die Suiko Tennō von 593 bis 622 die Regentschaft führende Kronprinz Shōtoku (574–622). Mit Weitblick verstand er es, buddhistische Ideen mit sozialpolitischen Interessen zu verbinden. Er entsandte Priestergelehrte zum Studium nach China, hieß sie buddhistische Schriften mitbringen und unterstützte großzügig buddhistische Studien im eigenen Land. Er selbst verfaßte zu drei bedeutenden Sūtras, zum ›Vilmalakīrti-nirdeśa-sūtra‹ (jap. Yuimagyō), zum ›Saddharmapuṇḍarīka-sūtra‹ (jap. Myohōrengekyō, kurz Hokekyō genannt: Lotus-sūtra) und zum ›Śrīmālāsiṃhanāda-sūtra‹ (jap. Shōmangyō) eigenständige Kommentare und gilt somit als der erste japanische Gelehrte des Buddhismus. Er ließ den Hōryū-Tempel (607), Japans ältestes Zentrum buddhistischer Studien, erbauen, dem viele Tempel- und Klosteranlagen folgten.

Die Wirkungen des Buddhismus waren im 6. und 7. Jahrhundert jedoch zunächst auf seine Bindungen an den Staat begrenzt. Auf das Alltagsleben des einfachen Volkes hatte er noch kaum Einfluß. Auch das Studium seiner Lehre, das in dieser Zeit noch ohne Beachtung der Schulunterschiede erfolgte, blieb einem engen Kreis von Mönchsgelehrten vorbehalten. Erst die Zeit vom 8. bis zum 16. Jahrhundert brachte die eigentliche Entfaltung des Buddhismus als religiöse und philosophische Bewegung. Alle wesentlichen buddhistischen Schulen entstanden in diesem Zeitraum und leben bis auf wenige Ausnahmen bis in die Gegenwart weiter. Sie spiegeln das ganze Spektrum der buddhistischen Lehrrichtungen, der hīnayānistischen wie mahāyānistischen, wider. Für die Entwicklung des philosophischen Denkens in Japan kommt dem Buddhismus eine ganz entscheidende Rolle zu. Er bietet ein in einer umfangreichen Literatur festgehaltenes, universales System an, das die Bereiche der Metaphysik, Logik, Ethik und Psychologie umfaßt.

Nachdem der Buddhismus im staatlichen Gefüge seinen festen Platz gewonnen hatte, zeigte sich in der nunmehr intensiv einsetzenden Beschäftigung der Mönchsgelehrten mit der buddhistischen Philosophie das Streben nach einer weiteren Vertiefung in die Lehre. Man begnügte sich nicht mehr mit der Aneignung allgemeiner Grundsätze, sondern bemühte sich um die Erforschung der verschiedenen Lehrmeinungen. Die Rezeption des Buddhismus bot den Japanern beachtenswerte Schwierigkeiten, ähnlich jenen seiner Rezeption in China, wo es schließlich erst in der T'ang-Zeit (618–906) zu einer standardisierten Übersetzungssprache für das Sanskrit kam, die der buddhistischen Fachterminologie besser gerecht wurde. Wie für die Chinesen das Sanskrit, so war bei der Übernahme des Buddhismus in Japan für die Japaner das Chinesische noch mehr oder weniger eine Fremdsprache. Das Studium und die Beherrschung des Chinesischen wurde somit für diejenigen Japaner, die sich intensiv buddhistischen Studien zuwandten, eine Conditio sine qua non, denn die Grundlage dieser Studien bildeten die chinesischen Übersetzungen des buddhistischen Schrifttums und der dazugehörigen Kommentarwerke. Die Interpretation buddhistischer Werke erfolgte somit aufgrund der chinesisch gegebenen Terminologie aus japanischer Sicht, wobei – man denke an die enge Verbundenheit von Sprache und Denkformen – die Gefahr von Mißverständnissen und Fehlinterpretationen gegeben war, wie sie auch die frühen Übersetzungen der Sanskrittexte ins Chinesische aufweisen. Buddhistisches Schrifttum in japanischer Sprache entfaltete sich erst wesentlich später. Ähnlichen Problemen standen die Japaner bei der Übernahme des Konfuzianismus, des Taoismus und vor allem im 19. Jahrhundert bei der Übernahme westlicher Philosophie gegenüber.

Das Interesse an Sanskritstudien *(shittangaku)* läßt sich in Japan zwar schon in der Nara-Zeit und in steigendem Maße in der Heian-Zeit nachweisen – man denke hier an Priestergelehrte wie Kūkai und andere, die es in T'ang-China betrieben – doch blieb die Zahl gering. Der Großteil der buddhistischen Gelehrten stützte sich auch weiterhin auf die chinesisch abgefaßte Übersetzungs- und Kommentarliteratur.

Am Ende der Nara-Zeit unterschied man sechs verschiedene Schulrichtungen, die zum Teil bereits im 7. Jahrhundert nach Japan eingeführt worden waren. Dies waren die Kusha-, Jōjitsu- und Ritsu-Schule als Vertreter des hīnayānistischen, die Hossō-, Sanron- und Kegon-Schule als solche des mahāyānistischen Denkens.

Mit der Kusha (chin. Chü-she-) und der Jōjitsu (chin. Ch'eng-shih-)Schule lernte Japan zwei hīnayānistische Richtungen in ihrer späten indischen Ausprägung kennen. Im Gegensatz zu Indien, wo sich das Hīnayāna über mehrere Jahrhunderte in mannigfaltiger Weise entwickelte und seine verschiedenen Schulen ein selbständiges Dasein geführt hatten, fand in Japan die hīnayānistische Lehre nicht in eigenständigen Schulen Verbreitung, sondern wurde im Rahmen mahāyānistischer Systeme gelehrt und tradiert. Von den zahlreichen hīnayānistischen Schulen Indiens fanden in Japan lediglich die Theorien der Sarvāstivāda und Sautrāntika Aufnahme: die Sarvāstivāda als Kusha-Schule, die im Rahmen der mahāyānistischen Hossō-Schule gelehrt wurde, die Sautrāntika als Jōjitsu-Schule, die in Verbindung mit der mahāyānistischen Sanron-Schule vermittelt wurde. Beide Theorien wurden wahrscheinlich mehr oder weniger von allen in Japan heimisch gewordenen Schulen studiert und galten als eine Art Basiswissen für die sich mit der buddhistischen Philosophie beschäftigenden Gelehrten. Dies beweist nicht zuletzt die reichhaltige japanische Kommentarliteratur zum ›Kusharon‹ und ›Jōjitsuron‹. Der Hauptgrund für eine Beschäftigung mit den hīnayānistischen Theorien dürfte jedoch darin zu sehen sein, daß sich der philosophische Ansatz des Mahāyāna eigentlich nur vor dem Hintergrund der hīnayānistischen Lehre in seiner Andersartigkeit begreifen läßt.

Als Einführungsdaten der Kusha-Schule in Japan nimmt man im allgemeinen an, daß sie 658 von den japanischen Priestergelehrten

Chitsū (–?–) und Chitatsu (–?–) und erneut 735 von Gembō (?–746) eingeführt wurde. Das der Schule zugrundeliegende Traktat, das ›Abhidharmakośa‹ (jap. Abidatsuma kusharon: Schatz der Dogmatik oder Schatz der höchsten Lehre) – es wurde von dem indischen Gelehrten Vasubandhu dem Jüngeren (um 400–480; nach Frauwallner) verfaßt – ist von so grundlegender Bedeutung für die buddhistische Philosophie, daß seine Lehre durch die Jahrhunderte in Japan eingehend von nahezu allen buddhistischen Schulen studiert wurde. Der Name der Schule leitet sich von dem Titel des Traktates her.

Die meisten Abhidharma-Schulen entstanden in Indien wahrscheinlich nach dem Aśoka-Konzil (250 v. Chr.), dem dritten Konzil nach Buddhas Tod, da auf diesem Konzil die Abhidharma-Literatur als ein Korb der Tripiṭaka (Dreikorb) neben dem Korb der Sūtras (Lehrreden) und jenem der Vinaya (Ordenszucht) anerkannt wurde. Etwa im 3. Jahrhundert v. Chr. entstand in Kashmir und Ghandāra eine der Abhidharma-Schulen, die Sarvāstivāda-(„alles ist existent“)Schule. Vasubandhu, ein Anhänger dieser Schule, gab ihrer Dogmatik durch das oben erwähnte Traktat, das zunächst wegen der darin mitverarbeiteten Ideen der Sautrāntika-Schule, einem gedanklich fortschrittlicheren Zweig der Sarvāstivāda, auf Widerstand stieß, die endgültige Ausgestaltung. Aufgrund der durch den indischen Gelehrten Paramārtha (499–569) während der Jahre 563 und 567 erstellten chinesischen Übersetzung des Traktates wurde in China die Chü-she-Schule ins Leben gerufen.

Eine erneute Übertragung entstand zwischen den Jahren 651–654 durch Hsüan-tsang (auch Hsüan-chuang, 600–664), eine Vervollständigung des Lehrsystems erfolgte durch dessen Schüler K'uei-chi (632–682). Der Sanskrittext selbst ging verloren.

Die Lehre der Jōjitsu-Schule basiert auf dem während des 3. Jahrhunderts von Harivarman (ca. 250–350), welcher der Sautrāntika-Schule angehörte, verfaßten ›Satyasiddhiḥ-śastra‹ (jap. Jōjitsuron: Traktat über den Nachweis der Wahrheit). In Indien selbst gab es keine eigenständige Satyasiddhiḥ-Schule. Das Werk – zwischen 411 und 412 von Kumārajīva (344–413 oder 350–409) ins Chinesische übersetzt – beinhaltet eine Kritik an der Sarvāstivāda-Schule. Das Sanskritoriginal ging verloren.

In China fand das Werk großes Interesse deswegen, weil die darin festgehaltenen Gedanken sehr dem Mahāyāna ähneln. Unter den Schülern des Kumārajīva existierten in China zwischen 411 und 498 zwei oder drei Überlieferungszweige; mehrere Kommentare wurden zu dem Werk verfaßt. Von einigen chinesischen Autoritäten wurde die Lehre als mahāyānistisch angesehen, andere zählten sie zum Hīnayāna. Schließlich setzte sich die Meinung des Tao-hsüan (596–667) durch, der sie deswegen als hīnayānistisch betrachtete, weil sie letztlich in ihrer Fragestellung und Argumentation nicht über die Lehre der Chü-she-Schule hinausgeht. Die Schule wurde durch den koreanischen Priestergelehrten Hye-kwan (jap. Ekan) im Jahr 625 nach Japan gebracht.

Die Ritsu- (chin. Lü-)Schule leitet ihren Namen von den Ordensregeln (sk. *vinaya*, jap. *ritsu*), einem Korb der Tripiṭaka (sk. *vinaya piṭaka*), her, der den Gegenstand ihres Lehrinhaltes bildet. Als einzige Schule setzte sie die Ordens- und moralischen Regeln vor die Meditation oder irgendwelche philosophischen Erörterungen und lehrte, daß die Einhaltung dieser den Weg zur Buddhaschaft eröffne. Insgesamt handelt es sich um 250 Regeln für die Priester und um 348 für die Nonnen.

Die Schule wurde 754 von dem chinesischen Mönch Chien-chen (jap. Ganjin, 687–763) in Japan eingeführt. Da sie vom philosophischen Blickwinkel her nicht von entscheidendem Belang ist, soll sie im Rahmen dieser Darstellung nicht näher erläutert werden.

Die Sanron-Schule (chin. San-lun, sk. Mādhyamika) war unter den sechs Nara-Schulen eine der philosophisch einflußreichsten Richtungen. Über die Überlieferung der Schule in Indien besteht Unklarheit. Als ihr eigentlicher historischer Begründer wird im allgemeinen Nāgārjuna (um 200) angesehen, dessen Lehre dann von seinem Schüler Āryadeva (Anfang 3.Jahrhundert) fortgesetzt wurde. Die Schule spaltete sich in zwei verschiedene Richtungen, wobei die von Āryadeva über Rāhulabhadra, Piṅgala auf Kumārajīva kam. Kumārajīva, einer der bedeutendsten Übersetzer buddhistischer Texte, lebte seit 401 in China. Von seinen zahlreichen Schülern übermittelten Tao-sheng (355–434) und Seng-tao (362–457) die Mādhyamika-Tradition nach Süd-China und Seng-chao (384–414) und Tao-jung (–?–) nach Nord-China. Als eigentlicher Begründer und der große Systematiker der Lehre gilt Chi-tsang (549–623). Durch die Priestergelehrten Hsüan-tsang und Fa-tsang (auch Hsien-shou, 643–712) kam später eine neue Richtung, die u.a. auf die Mādhyamika-Gelehrten Bhāvaviveka (490–570), Jñānaprabha und Siṃharaśmi (beide 7.Jahrhundert) zurückgeht, nach China. Beide Richtungen fanden in Japan Eingang.

Der offizielle Begründer der Sanron-Schule in Japan war Ekan, der sie 625 einführte. Die Sanron-Schule stützt sich, wie ihr Name besagt, auf drei *(san)* Traktate *(ron)*: auf das ›Mādhyamaka‹ und ›Dvādaśanikāya- (oder Dvādaśamukha-)śastra‹ (jap. Chūron: Traktat über die Mitte; Jūnimonron: Zwölf-Tore-Traktat), die beide von Nāgārjuna stammen, und auf das ›Śata-śastra‹ (jap. Hyakuron: Traktat der Hundert [Lieder]), das Āryadeva zugeschrieben wird.

Die Hossō-Schule (chin. Fa-hsiang, sk. Vijñānavāda, Yogācāra): Die Schule der Vijñānavādin („Die, welche das Erkennen lehren") bzw. der Yogācāra („Die, welche den Yōga ausüben") wurde in Indien wahrscheinlich während des 4. Jahrhunderts begründet. Ihre Hauptvertreter sind Maitreyanātha (um 300), Asaṅga (um 315–390), Vasubandhu der Ältere (um 320–380, nach Frauwallner) und Dharmapāla (Mitte des 6. Jahrhunderts). Die Lehre wurde durch den chinesischen Priestergelehrten Hsüan-tsang nach China gebracht und von seinem Schüler K'uei-chi (632–682) systematisiert. Dieser gilt als der erste Patriarch der Schule.

In Japan wurde sie insgesamt viermal überliefert durch die Priester Dōshō (653), Chitsū und Chitatsu (658), Chiyū, Chiran und Chihō (703) und schließlich nochmals durch Gembō (735). Der Schule liegt das Traktat ›Vijñaptimātratā-siddhiḥ‹ (jap. Jōyuishikiron: Nachweis darüber, daß alles nur Erkenntnis/Vorstellung ist) zugrunde, weshalb die Schule u.a. auch Yuishiki-Schule genannt wird. Das von Dharmapāla stammende Werk nimmt ausführlich zu Vasubandhus ›Triṃśikāvijñapti-kārikā‹ (jap. Yuishiki sanjūronju: Traktat, daß alles nur Erkenntnis/Vorstellung ist in 30 Gāthās) Stellung. Wie der Name der Schule besagt, geht es in dieser Lehre um die Untersuchung des Wesens oder des spezifischen Charakters *(sō)* der Daseinselemente *(hō)*, um dadurch die Essenz und die Erscheinungsform des Daseins zu erfassen.

Die Kegon-Schule (chin. Hua-yen, sk. Avataṃsaka) wurde von Fa-shun (auch Tu-shun, 557–640) in China gegründet. Ihm folgte Chih-yen (602–668), der sich durch das Verfassen mehrerer wichtiger Kommentare zu dem ›Avataṃsaka-sūtra‹ einen Namen schuf. Sein Schüler war Fa-tsang, der die Schule überhaupt erst richtig organisierte. Er erkannte fünf indische Patriarchen – Samantabhadra, Mañjuśrī, Nāgārjuna, Vasubandhu und Aśvaghoṣa – für die Schule an. Schon zu Zeiten des Fa-tsang breitete sich die Lehre in Korea aus.

In Japan fand sie durch den chinesischen Mönchsgelehrten Tao-hsüan (jap. Dōsen, 702–760) im Jahre 736 Eingang, wurde aber erst ab 740 studiert, nachdem ein Schüler des Fa-tsang, Shen-hsiang (jap. Shinjō, ?–742), sie dort lehrte. Der japanische Priester Rōben (auch

Ryōben, 689–773) setzte seine Lehre fort und band sie u.a. an den Tōdai-Tempel von Nara. Als Hauptschrift liegt ihr das ›Buddhāvataṃsakamahāvaipulya-sūtra‹ (jap. Daihōkōbutsu Kegonkyō), kurz ›Avataṃsaka-sūtra‹ (jap. Kegonkyō: All-Eins-Blumen-sūtra) genannt, zugrunde, eine Schrift, die von mehreren unbekannten indischen Autoren verfaßt und im 3. Jahrhundert vollendet wurde. Es existieren drei verschiedene chinesische Übersetzungen davon – eine von Buddhabhadra (418–420), eine von Śikṣānanda (695) und eine von Prajñā (698) – welche die Entwicklung der Schule in China stark beeinflußten. Die Vertreter der Schule maßen dem Sūtra deshalb so große Bedeutung bei, weil sie annahmen, daß es unter den Mahāyāna-Schriften das erste sei, das die Charakteristika der großen Erleuchtung des Buddha widergibt. Von dem Sūtra wird gesagt, daß es von Buddha kurz nach seiner Erleuchtung gepredigt worden sei.

Im Jahr 794 erfolgte die Hauptstadtverlegung von Nara nach Heiankyō (Kyōto). In der nun beginnenden Heian-Zeit – eine Zeit der kulturellen Hochblüte – bemühte man sich vor allem um eine Loslösung von fremdem Kulturgut und suchte nach eigenen kulturellen Ausdrucksformen in den Bereichen der Religion, der Literatur und der Kunst. Die akademische Aktivität in den buddhistischen Klöstern, die sich besonders während der späten Nara-Zeit entfaltet hatte, setzte sich auch in der frühen Heian-Zeit fort. Aber es waren erst die beiden buddhistischen Gelehrten Saichō und Kūkai, die das Bild des Buddhismus in dieser Zeit veränderten. Vor allem die von Saichō ins Leben gerufene Schule entwickelte sich zu einer bedeutenden Bewegung, nicht ohne politischen Einfluß. Sie wurde Ausgangspunkt und Grundlage vieler späterer Formen des japanischen Buddhismus.

Der Mönchsgelehrte Saichō (posthum Dengyō Daishi, 767–822) begründete 805 die Tendai- (chin. T'ien-t'ai-)Schule, die nach dem Berg T'ien-t'ai in der Provinz Chekiang in China, auf dem Chih-i (538–597) seine Schule errichtet hatte, benannt wurde. Saichōs Studium galt vor allem den Tendai-Schriften, die bereits von dem chinesischen Gelehrten Ganjin und dessen Schüler nach Japan gebracht worden waren. In ihnen sah er in Verbindung mit anderen buddhistischen Lehrsystemen die Möglichkeit einer Erneuerung gegenüber den Theorien der Nara-Schulen. Die von Saichō übermitteltete Tendai-Lehre unterscheidet sich auffallend von der Chinas. In seinem System stellte die Tendai-Lehre Chinas nur ein Element dar, das von ihm mit drei anderen in harmonische Verbindung gebracht wurde, mit der Überlieferung des Ch'an (jap. Zen), des Tantrismus der Chen-yen (jap. Shingon) und mit der des mahāyānistischen Ekayāna (jap. *ichijō*). Saichō ging auch einen Synkretismus mit dem Shintō ein, der unter dem Namen Sannō ichijitsu shintō (Sannō-Einzige-Wirklichkeit-Shintō) bekannt wurde. Bei Sannō (Bergkönig) handelt es sich um den Schutzgeist des Hiei-Berges, den man nach dem des T'ien-t'ai-Berges, Shan Wang, genannt hatte.

Die Grundlage der Tendai-Lehre bildet das ›Saddharmapuṇḍarīka-sūtra‹ (jap. Myōhōrengekyō, kurz Hokekyō: Lotus-sūtra). Aus diesem Grund wird sie auch Hokke-Schule genannt. Das Sūtra besteht aus 28 Kapiteln, wovon die ersten 14 von Chih-i „Lehre der irdischen Erscheinung Buddhas" (chin. *chi-men*, jap. *shakumon*) genannt und auf sie besondere Betonung gelegt wurde, da es hierin um die Verwirklichung der universalen Erleuchtung geht. Die zweite Hälfte wurde von ihm „Lehre des ursprünglichen Wesens Buddhas"· (chin. *pen-men*, jap. *hommon*) bezeichnet, weil sie über das ewige Wesen des Buddha abhandelt. Weitere von der Tendai-Schule herangezogene Texte sind: das ›Mahāparinirvāṇa-sūtra‹ (jap. Daihatsu nehangyō: Sūtra des großen Erlöschens), das ›Mahāprajñāpāramita-śāstra‹ (jap. Daihannyakyō: Sūtra der großen Weisheit), das ›Mahāprajñāpāramita-śāstra‹ (jap. Daichidoron: Traktat über die große Weisheit), ein Kommentarwerk des Nāgārjuna zum ›Mahāprajñāpāramita-sūtra‹, und die drei Werke des Chih-i: ›Miao-fa-lien-hua-ching hsüan-i‹ (jap. Myōhōrengekyō gengi: Tiefe Bedeutung des Saddharmapuṇḍarīka-sūtra), ›Miao-fa-lien-hua-ching wen-chü‹ (jap. Myōhōrengekyō mongu: Sätze und Ausdrücke des S.) und ›Mo-ho chih kuan‹ (jap. Maka shikan: Große Meditation).

Der Begründer der Shingon-Schule in Japan ist Kūkai (posthum Kōbō Daishi, 774–835). Shingon ist die japanische Übersetzung des Sanskritwortes *mantra* (das wahre Wort), das ein mit wirkungsvoller Kraft geladenes Wort (Silbe oder Spruch) bedeutet und in dem Ritual der Schule eine wichtige Rolle spielt. Kūkai begab sich 804 nach China in die Stadt Ch'ang-an, studierte den esoterischen Buddhismus unter dem Meister Hui-kuo (746–805) und wurde zum Meister des esoterischen Buddhismus ordiniert. Er kehrte 806, ausgestattet mit einer Vielzahl von esoterischen Schriften, nach Japan zurück und errichtete 816 ein eigenes Tempelkloster auf dem Kōya-Berg in der Provinz Kii. Der Haupttempel des Komplexes war der Kongōbu-Tempel. Unter der Regierung des Junna-Tennō (823–833) wurde der Tō-Tempel in Kyōto zum Shingon-Tempel erklärt, und Kūkai erhielt die Erlaubnis, mit 50 Shingon-Mönchen dort zu residieren. Seitdem galt für Kūkai dieser Tempel als Hauptsitz der Shingon-Schule. Auch Kūkai ging einen Synkretismus mit dem Shintō ein, dem sogenannten Ryōbu shūgō shintō (Der beide Seiten verbindende Shintō, kurz Ryōbu shintō, Zwei-Seiten-Shintō genannt).

Die Herkunft der tantrischen Bewegung liegt im Dunkel. Die Basis dafür scheint altes indisches magisch-religiöses Glaubensgut zu sein. Man weiß, daß bereits im 3. Jahrhundert buddhistische magische Formeln, *mantra* und *dhāraṇī*, ins Chinesische übersetzt wurden. Der tantrische Buddhismus soll um 700 alle Gebiete Indiens erfaßt haben und wird als ein Ausfluß der Mādhyamika- und Vijñānavāda-Lehre angesehen. Mit den drei großen Gelehrten Śubhakarasiṃha (637–735), Vajrabodhi (671–741?) und dessen Schüler Amoghavajra (705–774) erblühte der buddhistische Tantrismus in China. Sie waren auch die Übersetzer der ersten großen Werke des tantrischen Buddhismus. Śubhakarasiṃha und Vajrabodhi hatten u. a. den bekannten chinesischen Gelehrten I-hsing (683–727) als Schüler, der die Lehre seiner Meister systematisierte und ihr einen philosophischen Hintergrund gab. Der Lehrer des Kūkai, Hui-kuo, war der Nachfolger von Amoghavajra; Hui-kuo machte wiederum Kūkai zu seinem Nachfolger. Ab der Mitte des 9. Jahrhunderts spielte der tantrische Buddhismus in China keine Rolle mehr.

Die Schule stützt sich textlich auf das ›Mahāvairocana-sūtra‹ (jap. Dainichikyō: Großer-Sonnenbuddha-sūtra) und auf das ›Vajraśekara-sūtra‹ (jap. Kongōchōkyō: Diamant-Haupt-sūtra).

Trotz des großen Aufschwunges fand der Buddhismus bis zum 13. Jahrhundert nicht seinen Weg ins Volk. Die Hauptgründe waren, daß die metaphysische Dogmatik der während der Nara- und Heian-Zeit entstandenen Schulen nur für intellektuell darin Geschulte begreifbar war und daß das stark mit Esoterik durchsetzte buddhistische Ritual, besonders das der Tendai- und Shingon-Schule, für den einfachen Mann unverständlich blieb. Erst die Kamakura-Zeit brachte schließlich den Durchbruch: Der Buddhismus wurde zu einer echten religiösen Bewegung des Volkes. Der Anlaß hierfür war der sich seit etwa dem 11./12. Jahrhundert gesellschaftspolitisch vollziehende Wandel, zum anderen eine im Buddhismus herrschende Geschichtstheorie, die sogenannte Theorie von den drei Zeitaltern *(sanji)*.

In dieser Zeit wechselte die politische Macht von der Hofaristokratie *(kuge)* zur Militäraristokratie *(buke)*. Die aus den Provinzen stammende und dort langsam zu der neuen Machtgruppe erstarkte

Militäraristokratie errichtete ihr neues politisches und kulturelles Zentrum in Kamakura. Ihre feudalistische Regierungsform brachte in ihrer Entwicklung wesentliche Umformungen nicht nur im politischen, sondern auch im sozialen Bereich. Der Kriegerstand suchte nach neuen, seiner Lebenshaltung entsprechenden Idealen und spielte daher in der Entwicklung neuer Lebens- und Kulturformen eine entscheidende Rolle. Er fühlte sich zum Buddhismus hingezogen, aber das pomphafte Zermoniell des Nara- und Heian-Buddhismus sagte ihm nichts.

Dieser gesellschaftspolitische Wandel war reich an kriegerischen Unruhen und allgemeiner Unsicherheit. Viele betrachteten diese Ära als eine Zeit des Untergangs und ein zunehmender Pessimismus beunruhigte die Menschen. Eine theoretische Erklärung der Zeitumstände gab die oben angesprochene buddhistische Geschichtstheorie. Nach buddhistischer Auffassung durchläuft die Geschichte nach dem Tode des Buddha drei Zeitalter: das des wahren Gesetzes *(shōbō)*, das des verfälschten Gesetzes *(zōbō)* und das des letzten Gesetzes *(mappō)*. Im dritten Zeitalter schwindet das Gesetz des Buddha infolge der abnehmenden Fähigkeit der Menschen, dieses zu erkennen; zivilisatorische Unordnung und allgemeiner Verfall kennzeichnen es. Seit dem 11. Jahrhundert gewann der *mappō*-Gedanke im japanischen Denken zentrale Bedeutung, denn buddhistische Gelehrte hatten den Beginn des *mappō*-Zeitalters für die Mitte des 11. Jahrhunderts errechnet.

Vor diesem zeitgeschichtlichen Hintergrund wurde die Forderung nach einer Lehre laut, die von allen Schichten des Volkes verstanden und praktiziert werden konnte. Die Schulen des Amidismus, die von Hōnen (1133–1212) begründete Jōdo-Schule (Schule vom Reinen Land), die Jōdo-Shin-Schule (Wahre Schule vom Reinen Land) seines Schülers Shinran (1173–1262) und die Ji-Schule (Zeit-Schule) von Ippen (1239–1289) versprachen den Gläubigen die Erlösung durch die von aufrichtiger Gesinnung getragene, gläubige Anrufung *(nembutsu)* des Buddha Amitābha (Amida). Die Ursprünge dieses in der Kamakura-Zeit aufblühenden Amidismus lassen sich bis in die Nara-Zeit zurückverfolgen, fanden aber erst jetzt ihre Ausweitung als Volksreligion, die den Forderungen der Menschen dieser Zeit entgegenkam.

Ein Reformator anderer Haltung war Nichiren (1222–1282), der Begründer der Hokke-Schule (Lotus-Schule, 1253), der nationalistischsten der buddhistischen Schulen. Er erstrebte in diesem Endzeitalter eine radikale Erneuerung des Buddhismus, da die bestehenden Schulen seiner Ansicht nach nicht die wahre Buddha-Lehre repräsentierten. Nach ihm enthält allein das ›Myōhōrengekyō‹ die ewige Wahrheit des Buddha und der Erlösungsweg liegt in diesem.

So interessant der Amidismus und Nichirenismus – beide weisen einen ganz besonderen Aspekt des Buddhismus auf – im Bereich des religiösen Lebens auch sind, bieten sie jedoch aus philosophischer Sicht im Rahmen der Zeit keine behandelnswerten Ansätze.

Neben diesen beiden Richtungen spielte vor allem der Zen-Buddhismus in der Kamakura- und der Nachfolgezeit eine beachtliche Rolle. Das Zen (sk. *dhyāna*, chin. *ch'an*; Meditation) fand besonders bei dem Kriegerstand Aufnahme und im Verlauf der Zeit seinen Weg ins Volk. Das Zen war in Japan bereits während der Nara- und Heian-Zeit bekannt, aber erst während der Kamakura-Zeit tritt es selbständig, d. h. unabhängig von anderen Schulen auf. Von der Regierung wurden chinesische Zen-Meister in Japan willkommen geheißen, diese Lehre einzuführen und eigene Tempel zu errichten; aber zwei japanische Mönchsgelehrte, Eisai und Dōgen, sind die Begründer der zwei wesentlichen Zen-Schulen Japans.

Als erster Patriarch des in China entstandenen Zen gilt der legendenumwobene indische Mönchsgelehrte Bodhidharma (um 5./6. Jahrhundert). Im Jahr 520 soll er nach Nordchina gekommen sein und eine neue Mahāyāna-Richtung mit einer neuen Meditationspraxis gelehrt haben. Insgesamt zählt man sechs Zen-Patriarchen. Unter dem fünften Patriarchen Hung-jen (601–674) gab es eine Spaltung in eine Nord- und eine Süd-Schule, wobei letztere als Siegerin mit dem sechsten Patriarchen Hui-neng (638–713) hervorging. Mit ihm hört das Patriarchat auf. Er selbst hatte zahlreiche Schüler, darunter Ch'ing-yüan Hsing-szu († 740) und Nan-yüeh Huai-jang (677–744), die zwei Traditionslinien des Zen weiterführten. Die im 10. Jahrhundert sich herauskristallisierenden sogenannten „Fünf Häuser" (chin. *wu-chia*) entwickelten sich aus diesen zwei Linien. Unter den Fünf Häusern sind wiederum die Lin-chi-Schule, benannt nach ihrem Begründer Lin-chi I-hsüan († 866), und die Ts'ao-tung-Schule, benannt nach den beiden Begründern Tung-shan Liang-chieh (807–869) und Ts'ao-shan Pen-chi (840–901), die zwei großen Hauptrichtungen des Zen. Die Lin-chi- (jap. Rinzai-)Schule wurde von Eisai (1141–1215), die Ts'ao-tung- (jap. Sōtō-)Schule von Dōgen (1200–1253) nach Japan eingeführt. Das Zentrum der Rinzai-Schule wurden die Gozan-Tempelklöster, d. h. die je fünf Bergklöster um Kyōto und Kamakura. Das Zentrum der Sōtō-Schule wurde der Eihei-Tempel (Provinz Echizen).

Textlich ist der Zen-Buddhismus vor allem von vier mahāyānistischen Sūtras beeinflußt: Vom ›Prajñāpāramitā-sūtra‹ (jap. Hannyagyō: Sūtra von der Weisheit), eine Gruppe von Sutras, in deren Mittelpunkt der Begriff der Leere (sk. *śunyatā*, jap. *kū*) steht; vom ›Avataṃsaka-sūtra‹; vom ›Vimalakīrti-nirdeśa-sūtra‹ und vom ›Laṅkāvatāra-sūtra‹ (jap. Ryōgakyō: Das Sūtra des Hinübergehens nach Laṅka).

Die Tokugawa-Zeit war eine Epoche der Stagnation für den Buddhismus. Obwohl die einzelnen Schulen auch weiterhin zahlreiche Priestergelehrte hervorbrachten und nicht ohne Aktivität waren, verlor der Buddhismus seine philosophische Vitalität, die er in den vergangenen Jahrhunderten gezeigt hatte. Es fehlten neue, Impulse gebende Denkansätze, und was blieb, war mehr oder weniger ein Philosophieren innerhalb der vorhandenen Systeme. Die buddhistischen Lehrrichtungen verloren gegenüber dem in dieser Zeit das japanische Denken beherrschenden Neokonfuzianismus an Gewicht.

Die Meiji-Zeit, die Japan die Auseinandersetzung mit den westlichen Kulturgütern brachte und zu einem Umbruch führte, stellte auch den Buddhismus vor neue Herausforderungen. Da war das Christentum, das beachtenswert an Anhängern gewann und dessen Lehre auch Eingang in die theologische und philosophische Diskussion fand; da war die Wiederbelebung des Shintō mit ihren Bestrebungen, sich von allem buddhistischen Gedankengut zu befreien. Weiterhin mußte sich der Buddhismus dem durch die westlichen Ismen und Techniken veränderten Gesellschaftsbewußtsein stellen. Das Bekanntwerden mit der westlichen Religionswissenschaft in den letzten Jahrzehnten des 19. Jahrhunderts brachte neue Methoden und durch diese neue Forschungsansätze und somit eine Wiederbelebung intensiver buddhistischer Studien – sowohl des Hīnayāna wie des Mahāyāna – unter neuen Aspekten. Diese und ähnliche Faktoren führten zu einer neuen Bewertung des Buddhismus. Als religiöse Bewegung spielt der Buddhismus in Form der traditionellen Schulen und einer Reihe moderner Sekten in Japan noch immer eine nicht zu übersehende Rolle. Als philosophische Strömung kommt ihm ein besonderer Stellenwert in der Kyōto-Schule und der komparativen Philosophie *(hikaku tetsugaku)* zu.

2. *Die hīnayānistische Theorie von den Daseinselementen in der Kusha- und Jōjitsu-Schule*

a) Die Kategorien

Während in der westlichen Philosophie gerade das Problem der Substantialität eine zentrale Rolle spielt, so kann von der buddhistischen Philosophie behauptet werden, daß sie ein einziges Bemühen ist, die Nicht-Substantialität des Seienden zu beweisen. Die Theorie von den Daseinselementen *(hō)* ist ein Charakteristikum der buddhistischen Philosophie, welches das Problem der Substanzlosigkeit eingehend behandelt. Diese Theorie setzt der Auffassung von einer Substanz als einem selbständigen, in und für sich selbst und an keinem anderen existierenden Sein, als einer Einheit und als dem Beharrenden im Gegensatz zur Vielheit und dem Wechsel der Akzidenzien die Meinung entgegen, daß es nichts außer substanzlosen, vergänglichen Wesenheiten gibt. Ein Daseinselement ist eine unzusammengesetzte, nicht weiter reduzierbare, selbständige Einheit. Jedes Individuum und die von ihm erfahrene Welt stellt Kombinationen solcher Daseinselemente dar. Somit läßt sich die gesamte materielle und geistige Erscheinungswelt in Daseinselemente zerlegen, die zu einem System gefügt werden. Im Buddhismus sind zahlreiche solcher Systematisierungen vorgenommen worden, welche sich im Grunde genommen an den von Buddha selbst genannten drei Einteilungen ausrichten:

1. Die Einteilung in fünf Gruppen *(goun)*: Darunter sind die physische Komponente (1) und die vier mentalen Komponenten (2–5) aufgeführt, die durch zeitweilige Verbindung die menschliche Persönlichkeit konstituieren und damit die Bewußtwerdung des „Ich" und der Außenwelt ermöglichen: 1. Körperlichkeit *(shiki)*, sie ist das Materielle an der menschlichen Persönlichkeit und bildet die Grundlage für die übrigen vier Gruppen; 2. Empfindung *(ju)*, die durch die Sinne *(kon)* hervorgerufen wird und leid-, freudvoll oder neutral sein kann; 3. Wahrnehmung oder die Prozesse der Unterscheidung *(sō)*, nämlich das Erfassen der verschiedenen Merkmale der Objekte; 4. Gestaltungen oder Willensregungen *(gyō)*; 5. Erkennen *(shiki)*.
2. Die Einteilung in zwölf Bereiche (*jūnisho*, auch *jūninyu*): Hierunter fallen die sechs Sinne – Gesichts-, Gehör-, Geruchs-, Geschmacks-, Tastsinn und Denkvermögen – und die sechs jeweils ihnen entsprechenden Objekte *(rokkyō)* – das Sicht-, Hör-,

Riech-, Schmeck-, Berührbare und die Ideen *(hō)* als die spezifischen Objekte des Denkorgans.

3. Die Einteilung in achtzehn Elemente *(juhachikai)*: Sie umfaßt außer den sechs Sinnen und den objektiven Bereichen die sechs Formen des Erkennens *(rokushiki)*, die aus den jeweiligen Wirkungen des Ineinandergreifens von Sinnesorgan und seinem Objekt entstehen: die Erkenntnisform des Gesichtssinnes usw.

Bei den in den buddhistischen Schulen vorgenommenen Systematisierungen läßt sich unschwer feststellen, daß entweder alle drei Einteilungen nebeneinander oder miteinander kombiniert gelehrt werden. So nimmt beispielsweise die Kusha-Schule eine 75, die Jōjitsu-Schule eine 84 und die Hossō-Schule eine 100 Daseinselemente umfassende Systematisierung vor. Im Grunde genommen unterscheiden sich diese Systematisierungen jedoch nicht wesentlich voneinander und es genügt, eine von ihnen näher zu betrachten, um daran Zweck und Ziel der Daseinselemententheorie zu erläutern.

Die Kusha-Schule unterteilt die von ihr angenommenen 75 Daseinselemente in fünf Kategorien. Dabei werden die ersten vier Kategorien in der Gruppe der verursachten *(ui)* Daseinselemente, die fünfte in der Gruppe der nicht verursachten *(mui)* zusammengefaßt.

Die verursachten Daseinselemente sind vergänglich, unbeständig *(mujō)*, weil sie dem empirischen Sein angehören. Sie ermöglichen den Bewußtseinsstrom *(sōzoku)*, die sogenannte Persönlichkeit. Unter die erste Kategorie Körperlichkeit fallen die fünf Sinne und die ihnen entsprechenden Objekte und als elftes Daseinselement das „Unsichtbare“ *(muhyōshiki)*.

Die Kategorie des Körperlichen wird von der Kusha-Schule noch weiter ausgebildet, indem sie mit seit alter Zeit in den indischen Systemen allerdings unterschiedlich ausgearbeiteten Vorstellungen der Elementen- und Atomlehre in Verbindung gesetzt und nach buddhistischen Gesichtspunkten uminterpretiert wird. Auf einen allgemeinen Nenner gebracht, geht es bei der indischen Lehre von den Weltelementen um die Annahme von ewig existierenden Elementen (sk. *bhūta*), oft auch Realitäten (sk. *tattva*) genannt, aus deren gegenseitiger Vermischung alles Seiende hervorgeht. Bei den Elementen handelt es sich um Erde, Wasser, Feuer, Wind, welchen folgende Eigenschaften zugeschrieben werden: der Erde die Festigkeit, dem Wasser die Feuchtigkeit, dem Feuer die Hitze, dem Wind die Bewegung. Viele Schulen, vor allem die der späteren Zeit, fügen ein fünftes Element, den Raumäther (sk. *ākāśa*), hinzu; eine Notwendigkeit, um mit der Fünfzahl der Elemente eine Analogie zu den in den Systemen angenommenen fünf Sinnen und den ihnen entsprechenden Objekten herstellen zu können. Verfeinerte Arten der Elemententheorie entwickelten vor allem die brahmanischen Schulen, von welchen die Vaiśeṣika-Theorie auf den Buddhismus den nachhaltigsten Einfluß ausübte. Sie macht die Analyse der richtigen Erkenntnis alles Erkennbaren zu dem Kernstück ihrer Philosophie. Hierfür entwickelte sie eine Kategorienlehre, die eine Einteilung von sieben Kategorien vornimmt: die Kategorien der Substanz (sk. *dravya*), der Qualität (sk. *guna*) und der Tätigkeit (sk. *karman*), welche alles Existierende umfassen, und die Kategorien der Allgemeinheit (sk. *sāmānya*), der Besonderheit (sk. *viśesika*), der Inhärenz (sk. *samavāya*) und des Nichtseins (sk. *abhāva*), welche die Beziehungen der Substanzen umfassen.

Im Hinblick auf den Buddhismus ist die Substanzkategorie von Bedeutung, denn unter sie fallen die neun Substanzen Erde, Wasser, Feuer, Luft; Äther, Raum, Zeit; die Seelen; das Denkorgan. In ihrer Gesamtheit gehen sie nicht auf eine einheitliche Urmaterie zurück, sondern die vier Elemente machen alles Materielle aus, während die folgenden fünf Substanzen Entitäten sind.

Manche der indischen Systeme verbinden nun mit der Elementenlehre die Atomtheorie. Sie stellt gegenüber der primitiven Vorstellung einer Materie als ewiger, aber nicht näher definierter Substanz insofern einen gedanklichen Fortschritt dar, als mit ihr eine rationale Erklärung für den ständigen Wechsel des Seienden geboten wird, ohne deshalb die Ewigkeit der Materie aufzuheben. Im allgemeinen denkt man sich die Verbindung zwischen beiden Theorien so, daß vier verschiedene Atomarten den vier Elementen entsprechen und die unterschiedlichen Eigenschaften dieser Elemente in den verschiedenen Atomen bereits vorhanden sind. Jene Schulen, die den Raumäther als fünftes Element annehmen, das sich mit den übrigen Elementen nicht vermischt, schreiben diesem den besonderen Charakter einer einfachen, unendlich fortdauernden Substanz zu – so auch die Vaiśeṣika. Alle Schulen stellen sich unter einem Atom *(ana, gokumi*; wörtlich: klein, infinititesimal) die kleinste räumliche Ausdehnung vor. Die Vaiśeṣika beschreibt diese Elementenatome als die kleinsten, nicht weiter teilbaren, ewigen stofflichen Teilchen, aus welchen das Materielle zusammengesetzt ist. Sie sind unendlich an Zahl und als Einzelatome unsichtbar. Die sichtbaren Dinge werden jedoch nicht direkt aus den ewigen Elementenatomen aufgebaut, sondern die Atome fügen sich zu Aggregaten von ebenfalls noch unsichtbaren kleinen Doppelatomen zusammen. Erst ein Aggregat aus drei Atomen zeigt sich als kleinstes sichtbares Teilchen, einem Stäubchen im Sonnenlicht vergleichbar. Im Gegensatz zu den Einzelatomen sind diese Aggregate vergänglich, weil sie sich entsprechend dem im Vaiśeṣika-System gelehrten Zyklus der Weltauflösungen und -rekonstruktionen immer wieder trennen und erneut zusammentreten.

Die Eingliederung der Elementen- und Atomtheorie in die buddhistische Lehre war nicht unproblematisch und zog daher scholastische Streitigkeiten nach sich. Die in der Vaiśeṣika-Schule mit den Elementenatomen verbundene Vorstellung von einer ewigen Substanz war für den Buddhismus, der gerade lehrt, daß es keine beständigen Dinge gibt, nicht haltbar. Die Kusha-Schule löst dieses Problem dadurch, daß sie die fünf Daseinselemente der Sinne und der Sinnesobjekte sowie die vier Grundelemente (*shidai*; wörtlich: die vier Großen), die sie mit den ihnen entsprechenden Eigenschaften als identisch ansieht und dem Berührbaren als dessen Verschiedenartigkeiten unterordnet, als atomar auffaßt. Auch für sie stellt ein Atom die minimalste Einheit dar, ist aber der direkten Beobachtung nicht zugänglich und wie jedes Daseinselement der Vergänglichkeit unterworfen. Weiterhin lehrt sie, daß ein Atom niemals alleine auftritt, sondern nur in Molekülen von je sieben Atomen. Die Atome berühren einander nicht, aber es besteht auch kein Zwischenraum zwischen ihnen. Von empirischer Bedeutung sind nur diese Atomverbindungen. Für ein Molekül wird die Hypothese aufgestellt, daß es mindestens folgende verschiedenartige Elemente aufweisen muß: Die Daseinselementenatome des Sicht-, Riech-, Schmeck- und Berührbaren und die vier allgemeinen Elementenatome Erde, Wasser, Feuer, Wind. Zu dieser Mindestzahl können natürlich noch weitere von den oben genannten Atomen hinzutreten. Die gesamte sinnlich wahrnehmbare Welt setzt sich aus solchen Molekülen zusammen und stellt somit nichts anderes als eine lockere Kombination von verschiedenen selbständigen Daseinselementen- oder Atommolekülen dar.

Auch die psychischen Vorgänge werden als Verknüpfungen verschiedener selbständiger psychischer Daseinslemente erklärt. Ein Geist- oder Seelebegriff als Träger oder Substanz der psychischen Eigenschaften wird ausgeschlossen. So macht die zweite Kategorie des Daseinselements Geist *(shin)* als die reine Form des Bewußtseins mit der Fähigkeit zu erkennen aus. Die dritte Kategorie führt die mit dem Geist verbundenen Daseinselemente *(shinjou hō)* auf. Obwohl dem Geist eine eigene Kategorie zugeteilt wird, darf er deshalb nicht als substantiell oder übergeordnet zu den mit dem Geist verbundenen Daseinselementen interpretiert werden. Letztere treten zwar stets nur mit dem Geist gemeinsam auf, sind aber nicht dessen Funktionen, sondern selbständige in Korrelation zum Geist stehende Daseinselemente. Es handelt sich um insgesamt 46, die wiederum in sechs Unterabteilungen zerfallen: Daseinselemente von weitem Bereich, welche bei jedem geistigen Prozeß angetroffen werden, z.B. Empfindung, Wille, Aufmerksamkeit, Einsicht, Erinnerung usw.; günstige Daseinselemente von weitem Bereich; Laster von weitem Bereich; ungünstige Daseinselemente von weitem Bereich; Daseinselemente aus dem Bereich der beschränkten Laster; (hinsichtlich des Günstigen und Ungünstigen) nicht fest abgegrenzte Daseinselemente. Die Unterabteilungen zwei bis sechs sind unter dem Gesichtspunkt der Karma- und Erlösungslehre von Bedeutung. Denn die buddhistische Auffassung von der sogenannten Persönlichkeit besagt, daß der Bewußtseinsstrom nicht allein auf das gegenwärtige Leben begrenzt ist, sondern in den vergangenen Existenzen seine Wurzel und in den zukünftigen seine Fortsetzung hat (s. u. S. 24 f.).

Die vierte Kategorie umfaßt die vom Geist getrennten Daseinselemente *(shinfusōōgyō hō)*. Sie führt all jene Faktoren auf, die als Voraussetzung dafür dienen, daß die selbständigen Daseinselemente überhaupt in Aktion treten, d.h. in einem bestimmten Augenblick erscheinen bzw. verschwinden oder sich zu Momentkombinationen verbinden bzw. nicht verbinden. Zu diesen insgesamt 14 Daseinselementen gehören u.a. die vier Grundkräfte *(shisō)* Geburt, Bestehen, Altern und Vergehen, welche den Prozeß des empirischen Seins, kurz seine Vergänglichkeit erklären. Vasubandhu erkennt nur Geburt und Vergehen an, was mit seiner besonderen Auffassung von der Augenblicklichkeit der Daseinselemente zusammenhängt (s. u. S. 23). Diese Merkmale eignen einem Daseinselement nicht von sich aus. Erst durch die Verbindung mit den Grundkräften wird der Prozeß ausgelöst. Somit müssen alle Daseinselemente der ersten vier Kategorien, einschließlich der Grundkräfte selbst, mit ihnen verbunden sein. Deshalb werden sie auch die „dem Sein unterworfenen" oder die „verursachten" *(ui)* Daseinselemente genannt. Ferner fallen unter die vierte Kategorie die Daseinselemente der Verbindung *(toku)* und der Nichtverbindung *(hitoku)*, welche die An- bzw. Abwesenheit von Daseinselementen in einer Augenblickskombination bewirken, die Lebenskraft *(myōkon)*, welche die individuelle Lebensdauer bestimmt, die das Phänomen der Sprache betreffenden Daseinselemente des Lautes *(monshin)*, des Begriffes *(myōshin)* und des Satzes *(kushin)*, Kräfte also, die den Spracherscheinungen sinnvolle Bedeutung verleihen.

Die Meinungen, ob die Daseinselemente der vierten Kategorie wie jene der ersten drei Kategorien wirklich sind oder nur der Benennung *(kemyō)* nach existieren, gehen auseinander. Vasubandhu teilt letztere Ansicht und nähert sich in diesem Punkt der Sautrāntika-Lehre. Für ihn sind sie deshalb nur nominal existent, weil „sie sich auf verschiedene Zustände der Materie, des Geistes und der geistigen Daseinselemente gründen und sich weder eindeutig als verschieden, noch als nicht verschieden von diesen betrachten lassen" (Frauwallner 1956, 115).

Den 72 verursachten Daseinselementen stehen in der fünften Kategorie drei nicht verursachte *(mui)* gegenüber. Denn sie haben weder eine Ursache, noch können sie selbst Ursache anderer Daseinselemente sein. Sie werden auch die beständigen *(jō)* genannt, weil sie nicht dem Prozeß des Entstehens und Vergehens unterworfen sind. Diese sind der leere Raum *(kokū)*, der allgegenwärtig ist, durch nichts gehemmt wird, noch etwas anderes hemmt, die Aufhebung ohne Erkenntnis *(hichakumetsu mui)* und die Aufhebung durch Erkenntnis *(chakumetsu mui)*. Die beiden letzten spielen im Zusammenhang mit dem *nirvāṇa (metsudo)*, das weiter unten zu besprechen ist, eine wesentliche Rolle.

b) Das Kausalitätsproblem

Die Daseinselemente werden von der Kusha-Schule zwar als selbständig, jedoch in Beziehung zueinander stehend angesehen. Diese Relation beruht auf Kausalität. Sie bestimmt das Verhältnis der Daseinselemente zueinander und gibt Aufschluß darüber, weshalb manche stets in Verbindung mit anderen auftreten oder das Erscheinen des einen das des anderen zur Folge hat.

Die Begriffe Ursache und Kausalität werden im Buddhismus im allgemeinen mit *engi* wiedergegeben, das Entstehen *(gi)* durch Ursache oder Abhängigkeit *(en)* bedeutet. Der Kausalitätsgedanke hat im Buddhismus von Anfang an eine bedeutsame Rolle gespielt. In diesem Zusammenhang ist auf den wichtigen „Lehrsatz vom Entstehen in Abhängigkeit" oder die „Zwölfgliedrige Kette von Ursachen und Wirkungen" *(jūni innen)* zu verweisen. Dieser schwierige und daher auch unterschiedlich interpretierte Lehrsatz – von der

Legende in die Zeit, als Buddha die Erleuchtung erfahren hatte, verlegt – faßt in seiner gebräuchlichen Form das Leid des Daseins, nämlich die Verstrickung in den Wesenskreislauf, in einer zwölfgliedrigen Kette von Ursachen und Wirkungen zusammen. Als letzte Ursache wird das Nichtwissen *(mumyō)* um die erlösende Erkenntnis der Vier Edlen Wahrheiten *(shitai, shishōtai)* – vom Leiden, von der Entstehung des Leidens, von der Aufhebung des Leidens, von dem zur Aufhebung des Leidens führenden Weg – aufgeführt, aus dem wiederum die Willensregungen *(gyō)*, d.h. karmische Gestaltungen, entstehen. Aus den Willensregungen geht nach dem Tod das Erkennen *(shiki)*, das – einem feinen Körper gleich – Träger der Wiedergeburt ist, in einen neuen Mutterschoß ein. Im Anschluß daran entwickeln sich Körper und psychische Faktoren *(myōshiki)*, dann der sechsfache Bereich *(rokunyū)*, d.h. die fünf Sinnesorgane und der Geist des neuen Wesens, das damit ins Dasein tritt. Es erfolgt die Berührung *(soku)* der Sinnesorgane mit den Objekten, dadurch entstehen Empfindungen *(ju)*, der Durst *(ai)*, welcher sich an die Sinnesgenüsse und das Ich klammert und dadurch zu erneuter Bindung, erneutem Ergreifen *(shu)*, d.h. Wiedergeburt, führt und wiederum Werden *(u)*, Geburt *(shō)*, Alter und Tod *(rōshi)* entstehen läßt (vgl. Frauwallner 1956, 28ff.).

Die bereits erwähnte Interpretationsschwierigkeit dieses Lehrsatzes einerseits und die Wichtigkeit des Kausalitätsgedankens im buddhistischen Denken andererseits haben im Verlauf der Zeit zu einer Durchdenkung und Weiterausbildung des Kausalitätsproblems geführt. Hierbei rückten zwei Begriffe in den Mittelpunkt: der oben erwähnte Begriff *en* und der Begriff *in*. Während im frühen Buddhismus beide Begriffe noch synonym für Ursache verwendet werden, kommt es später zu einer Unterscheidung zwischen beiden. So sind nach der Kusha-Schule die Wechselbeziehungen der Daseinselemente von den sogenannten vier Bedingungen *(shien)* und den sechs Ursachen *(rokuin)* abhängig. Allerdings ist einschränkend festzuhalten, daß diese Bedingungen und Ursachen nicht den Anspruch erheben, alle möglichen Kausalzusammenhänge aufzuführen.

Die vier Bedingungen sind folgende:

1. Die direkte Bedingung *(innen)*: Die kausale Beziehung zwischen Daseinselementen, bei der das eine das andere – im Gegensatz zur passiven Ursache (s.u. die erste der sechs Ursachen) – aktiv bedingt.
2. Die unmittelbare Bedingung *(tōmukennen)*: Das Erscheinen in

gleichmäßiger Aufeinanderfolge von Daseinselementen; d.h. alle vergangenen, gegenwärtigen und mentalen Daseinselemente bilden die unmittelbare Bedingung für alle auf sie folgende. Z.B. ist das Verschwinden des vorangehenden Gedankenmomentes für das Auftreten des folgenden notwendige Bedingung.

3. Die objektive Bedingung *(shoennen)*: Da das Bewußtsein strenggenommen auf den Sinnesorganen und den ihnen entsprechenden Objekten beruht, sind diese die Bedingung, wörtlich die Stütze, für das Bewußtsein und die mit ihm verbundenen Daseinselemente.
4. Die universale Bedingung *(zōjōen)*: Alle Daseinselemente stehen zu allen anderen in bedingender und bedingter Relation.

Die sechs Ursachen sind folgende:

1. Die Ursache im weitesten Sinn oder die produzierende Ursache *(nōsain)*: Jedes Daseinselement wirkt beim Auftreten eines anderen passiv mit, indem kein Daseinselement das Auftreten eines anderen hindert. Nur unter dem Aspekt dieser ersten Ursache ist das Auftreten eines jeden Daseinselementes möglich und eine organische Verknüpfung derselben untereinander gewährleistet.
2. Die Ursache der Mitexistenz *(kuuin)*: Zwei oder mehr Daseinselemente treten stets zusammen auf und sind voneinander abhängig. So z.B. die vier Grundkräfte, die vier Grundelemente, der Geist und die mit dem Geist verbundenen Daseinselemente.
3. Die Ursache der Gleichartigkeit *(dōruiin)*: Die Beziehung der Homogenität zwischen Ursache und Verursachtem. In Betracht kommen die im Blick auf die Erlösung günstigen, ungünstigen und neutralen Daseinselemente; d.h. ein Daseinselement aus dem günstigen Bereich verursacht nur eines aus dem gleichen Bereich usw.
4. Die Ursache des Zusammenbestehens oder der „gemeinsamen Stütze" *(sōōin)*: Die kausale Beziehung zwischen Geist und den mentalen Funktionen. Strenggenommen gehört diese Ursachenart zu der zweiten.
5. Die universal vorherrschende Ursache *(hengyōin)*: Ein Einzelfall der dritten Ursache. Sie ist die gemeinsame Ursache für alle sich in Bewegung befindenden Daseinselemente (*uro hō*; im Gegensatz zu den sich nicht bewegenden, *muro hō*, zu welchen die nicht verursachten der fünften Kategorie, aber auch einige verursachte Daseinselemente gehören, welche die ewige Ruhe, *nirvāṇa*, anstreben). Die Ursache ist deshalb mit allen moralisch-negativen mentalen Funktionen verbunden, wie z.B. Unwissen-

heit, Zweifel usw., welche die Illusion des Menschen hervorrufen und den Bewußtseinsstrom nicht zur Ruhe kommen lassen.

6. Die Ursache der Heterogenität *(ijukuin)*: Das Gegenteil von Ursache drei und fünf; das Verursachende und das Verursachte sind nicht gleichartig. Diese Ursache ist unter dem Aspekt der Erlösung bedeutsam und besagt, daß günstige und ungünstige Daseinselemente im Hinblick auf die Erlösung neutrale *(muki)* bewirken können, z. B. Gutheit bewirkt Freude, Böses Leiden usw.

Bei näherer Betrachtung der vier Bedingungen und sechs Ursachen ist zu bemerken, daß die vier Bedingungen eigentlich auf zwei reduzierbar sind, nämlich auf die erste und vierte, weil die zweite und dritte strenggenommen unter die vierte fallen und beide nur ihrer Bedeutung wegen gesondert aufgeführt werden. Somit sind die erste und vierte die beiden wichtigsten. Weiterhin sind die erste Ursache und die vierte Bedingung identisch und die (aktiven) Ursachen zwei bis sechs können als nähere Erläuterungen zur ersten (aktiven) Bedingung aufgefaßt werden, so daß sich für die insgesamt zehn kausalen Beziehungen der Daseinselemente graphisch folgendes Bild ergibt:

Vier Bedingungen *Sechs Ursachen*

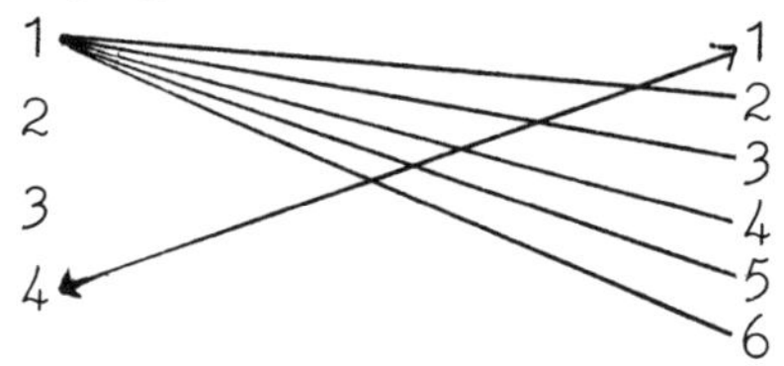

c) Die Augenblickstheorie

Eng mit der Kausalitätstheorie ist die der Augenblicklichkeit verbunden. Da mit der Eliminierung des Substanzbegriffes auch die Vorstellung von dem Beharrenden, der Dauer, aufgehoben ist, mußte die an ihre Stelle tretende These von dem ständigen Wechsel der Phänomene eine nähere Ausarbeitung erfahren. Unter der Kategorie vier werden die vier Grundkräfte aufgeführt, die gemäß der zweiten Ursache der Mitexistenz voneinander abhängig sind und stets zusammen auftreten. Erst durch deren Verbindung mit einem Daseinselement tritt dieses überhaupt in Aktion. Die Schwierigkeit besteht nun darin, zu erklären, wie es möglich ist, daß ein durch diese Grundkräfte aktiviertes Daseinselement in dem Moment seiner Existenz zur gleichen Zeit entsteht und vergeht, letztlich also nicht mehr als einem Punkt in Raum und Zeit gleicht. Denn unter dem Terminus Moment *(setsuna)* wird die minimalste Zeiteinheit verstanden. Die Lösung dieses Problems wurde zu einem viel erörterten und umstrittenen Diskussionsthema. Eine Lösung, welche die orthodoxe Richtung der Kusha-Schule vertrat, schreibt den Daseinselementen zwei Existenzebenen zu. Bei der einen handelt es sich um die Daseinselemente als ununterbrochen existierende Realitäten. Es ist das unveränderlich reale Wesen *(jishō)* der Daseinselemente, das jedoch nicht mit dem „beständig", das allein den drei Daseinselementen der fünften Kategorie vorbehalten ist, identisch ist. In dieser Existenzform sind die Daseinselemente unerkennbar, weil sie außerhalb des empirischen Bereiches liegen. Bei der anderen Existenzebene handelt es sich um die funktionale Erscheinug *(sō)* jener ununterbrochenen existierenden Daseinselemente. Mit anderen Worten, in den Momenten treten nicht die Daseinselemente selbst, sondern nur ihre Erscheinungen auf.

Wenn demnach behauptet wird, ein Daseinselement manifestiert sich in den drei Zeitstufen *(sanze)* Vergangenheit, Gegenwart und Zukunft, so betrifft dies nur den Wechsel in seinem Zustand, und entsprechend seines erreichten Zustandes erhält es die unterschiedlichen Bezeichnungen. In dem Zustand, in welchem das Daseinselement noch nicht seine funktionale Erscheinung hervorbringt, nennt man es Zukunft; im Zustand des Hervorbringens Gegenwart, in dem des Hervorgebrachthabens Vergangenheit. In diesem Sinne existiert jede Zeitstufe getrennt real. Das Wesen des Daseinselementes bleibt dabei jedoch unverändert.

Mit der ersten Existenzebene wird ein unveränderliches, immer existierendes Substrat anerkannt, weshalb diese philosophische Theorie der Kusha-Schule auch als realistische bezeichnet wird. Die Annahme eines solchen Substrates war unumgänglich, um die Relation der Daseinselemente und die Kontinuitätsfrage zu lösen.

Eine andere, sich auf die Sautrāntika-Lehre stützende Theorie, der Vasubandhu zuneigt und die der Auffassung der Jōjitsu-Lehre entspricht, ist folgende: Die Daseinselemente haben überhaupt keine Dauer; indem sie entstehen, vergehen sie. Deshalb werden hier von den vier Grundkräften auch nur Geburt und Vergehen zugelassen, wobei Vergehen mit Vernichtung identisch ist. Auch bei dieser Theorie wird die wirkliche Existenz der Daseinselemente angenommen, aber nicht die Auffassung von ihrem Wesen und ihrer Erscheinung geteilt. Hinter den Augenblicksmomenten gibt es nichts und infolgedessen kann nur die Gegenwart Realität sein, weil Vergangenheit und Zukunft in ihr zusammenfallen.

Bewußtsein besteht nach beiden Theorien aus nichts anderem als aus unaufhörlich wechselnden Augenblickskombinationen von Daseinselementen, eine Kette von gleichen, unendlich kleinen Zeiteinheiten. Dasselbe gilt für die vom Subjekt erlebte äußere Welt. Daß trotzdem der Eindruck von Beständigkeit entsteht, liegt an der raschen Aufeinanderfolge des Inerscheinungtretens dieser Kombinationen, so daß der Ablösungsprozeß selbst nicht wahrgenommen wird. Im Grunde sind jedoch Persönlichkeit und Außenwelt nichts als Illusion.

d) Die Aufhebung des illusorisch Seienden

Bisher ging es in der Daseinselemententheorie um die Analyse des Bewußtseins und die durch es wahrgenommene Außenwelt. Die Analyse brachte den Tatbestand, daß Bewußtsein und Außenwelt Illusion sind. Es ist noch die Frage nach der erlösenden Erkenntnis und deren Erreichung sowie nach dem Zustand des *nirvāṇa* offen.

Kusha- und Jōjitsu-Schule gehen davon aus, daß alles, was das illusorisch Seiende kennzeichnet, kein Charakteristikum des *nirvāṇa*-Zustandes sein kann. Der durch die erlösende Erkenntnis erreichte Zustand muß die Negation aller dieser Merkmale sein. Folglich bedeutet erlösende Erkenntnis Aufhebung des Prozesses des Bewußtseinsstromes: Alle Daseinselemente innerhalb desselben, die eine erneute Geburt hervorrufen, sind aufgehoben, sind zur Ruhe gebracht.

Wie kommt es zu der Aufhebung dieses Prozesses? In diesem Zusammenhang gewinnt die buddhistische Vergeltungskausalität an Bedeutung. Unter der vierten Kategorie der Daseinselemente war u. a. von jenen der Verbindung *(toku)* und Nichtverbindung *(hitoku)* die Rede, die bewirken, daß sich bestimmte Daseinselemente, so auch die für die Erlösung günstigen und ungünstigen Elemente, dem Bewußtseinsstrom einfügen bzw. nicht einfügen. Bei beiden handelt es sich allein um die Tatsache der Verbindung und Nichtverbindung. Es wird keine Aussage über die Art und Weise der Augenblickskombination, d.h. weshalb diese und nicht jene Daseinselemente in ihnen vorhanden oder nicht vorhanden sind, gemacht. Die Art der Augenblickskombinationen beruht auf dem *karman*-Gesetz. Nach ihm werden die Unterschiede der Lebewesen durch die Tätigkeit ihrer Werke (*gō*, sk. *karman*) hervorgerufen. Körperliche, denkende und sprachliche Akte, sofern es sich nicht um indifferente Tätigkeiten des täglichen Lebens handelt, besitzen einen bestimmten moralischen Wert, der in diesem oder dem nächsten Leben Belohnung oder Bestrafung zur Folge hat. Es ist also die Kraft der Werke, welche die Lebewesen von Wiedergeburt zu Wiedergeburt führt. Und es ist dieses angeborene und automatisch in Aktion tretende *karman*, welches den individuellen Bewußtseinsstrom eines Menschen in eben dieser Art und Anordnung in den einzelnen Augenblickskombinationen bestimmt.

Die Kusha-Schule gibt zwei Faktoren an, die zu der Vernichtung der Laster und zu dem Verlust der Wirksamkeit des *karman* führen: Die Aufhebung ohne Erkenntnis *(hichakumetsu mui)* und die Aufhebung durch Erkenntnis *(chakumetsu mui)*. Da in ihrem System die Annahme eines wahren Seins fehlt, werden diese beiden Faktoren von ihr als Daseinselemente definiert, allerdings im Unterschied zu jenen den Bewußtseinsstrom ausmachenden als nicht verursacht und beständig. Sie treten mit dem Bewußtseinsstrom in Verbindung. Die Aufhebung ohne Erkenntnis führt zu einem Ausfall von bestimmten verursachten Daseinselementen, weil es für deren Auftreten im Bewußtseinsstrom aufgrund geistig-moralisch erworbener Qualitäten keine Ursache mehr gibt. Die Aufhebung durch Erkenntnis bewirkt die endgültige Trennung vom Bewußtseinsstrom und mit ihr wird die Erlösung erreicht. Die Trennung erfolgt nicht auf einmal, sondern schrittweise, d. h. es gibt so viele Aufhebungen, wie Laster aus dem Bewußtseinsstrom auszuschalten sind. Weil diese schrittweise Aufhebung letztendlich in der Beseitigung des Nichtwissens um die Vier Edlen Wahrheiten liegt, wird die Erlösung oder das Daseinselement der Aufhebung durch Erkenntnis als eine Art Einsicht *(chi'e)* definiert. Erlösung bedeutet hier jedoch nicht Vernichtung der Daseinselemente, denn als Wesen existieren sie auch im Zustand der Erlösung weiter; sie hören nur auf zu erscheinen. Der Bewußtseinsstrom ist entsprechend der oben aufgeführten ersten Auffassung von der Augenblicklichkeit in die Zeitstufe der Vergangenheit übergegangen.

Anders die fortschrittlichere Ansicht des Vasubandhu, die sich wiederum an die der Sautrāntika anlehnt und somit mit jener der Jōjitsu-Schule übereinstimmt. Im Hinblick auf die Erlösung werden ebenfalls die beiden Aufhebungen anerkannt. Die Aufhebung durch Erkenntnis beinhaltet hier jedoch ausschließlich nur das Nichtentstehen der Laster und der Wiedergeburt, also die Unterbrechung des Bewußtseinsstromes. Das *nirvāṇa* aber ist, entsprechend der oben genannten zweiten Auffassung von der Augenblicklichkeit, die totale Vernichtung des Bewußtseinsstromes und in diesem Sinne Nicht-Sein.

3. Die Alleinheitslehre der mahāyānistischen Schulen und ihre verschiedenen Theorien

Weshalb die hīnayānistische Lehre für das Verständnis des Mahāyāna notwendig ist, wird klar, wenn man sich den spezifischen Fragestellungen der mahāyānistischen Lehren zuwendet. Im allgemeinen wird angenommen, daß sich das Mahāyāna aus einem bestimmten Teil des alten Buddhismus entwickelt hat. Das Mahāyāna versteht sich als eine Reaktion auf die hīnayānistischen Formen und sieht in ihnen nur eine vorbereitende Lehre, während es für sich in Anspruch nimmt, das wahre Denken Buddhas zu repräsentieren. Die Grundposition des Hīnayāna besteht darin, daß ein von jeder Beziehung zu der phänomenalen Welt losgelöstes Absolutes *(nirvāṇa)* anerkannt wird. Die Kusha- wie die Jōjitsu-Schule nehmen einen polaren Gegensatz zwischen phänomenaler Welt als der empirischen Welt der Relationen und ursächlichen Bedingtheiten und dem Absoluten an. Die Frage, ob der phänomenalen Welt, d.h. dem Wesenskreislauf *(rinne)*, und dem Absoluten ein gemeinsamer Grund eignet, wird von ihnen nicht gestellt.

Die mahāyānistischen Schulen geben sich mit dieser Position nicht zufrieden. Sie versuchen, den polaren Gegensatz von phänomenaler Welt und Absolutem zu überwinden und entwickeln von verschiedenen Ansätzen her eine Alleinheitslehre.

a) Die Theorie von den „Vier Argumentationen", von dem „Mittleren Weg" und von den „Zwei Wahrheiten" in der Sanron-Schule

Die Sanron-Lehre ist eine im Mahāyāna grundlegende Theorie, die als Einführung in das dialektische Denken im Rahmen des Buddhismus angesehen wird. Insofern spielt sie auch in den nachfolgenden Jahrhunderten und in der japanischen Philosophie des 20. Jahrhunderts eine entscheidende Rolle. Einige der modernen Philosophen, so z.B. Hisamatsu Shin'ichi (1889–1980) und Nishitani Keiji (1900–), sehen in ihr eine überragende Stellung der buddhistischen Philosophie und ihrem Nichtsbegriff gegenüber dem europäischen Nihilismus. Man hat die Sanron-Schule unterschiedlich interpretiert, was auf die Schwierigkeit dieser Lehre und ihrer Wertung hinweist. Der Buddhologe Takakusu bezeichnet sie als „Negativismus", Stcherbatsky als „universale Relativität", de la Vallée Poussin als „Nihilismus" usw.

In der Sanron-Schule haben wir die oben genannten drei theoretischen Schwerpunkte, die zwar klar auseinanderzuhalten sind, andererseits aber das gleiche Ziel anstreben, zu unterscheiden. Alle drei Theorien führen zu dem Zentralbegriff der mahāyānistischen Systeme, der Leere *(kū)*. Der Sanron-Schule geht es darum, den Nachweis der Unwirklichkeit der phänomenalen Welt, einschließlich des Selbst, zu erbringen. Dabei geht sie von der Frage aus, ob die im Hīnayāna angenommenen ursachenmäßig entstandenen Daseinselemente überhaupt als letzte Realitäten angesehen werden können, ob ihnen ein Eigensein zukommt. Muß nicht vielmehr die hīnayānistische Theorie, daß die phänomenale Welt keinen beharrenden Wesenskern besitzt, durch die Theorie, daß auch die Daseinselemente keinen Wesenskern haben, erweitert werden? Diese Theorie würde sodann bedeuten, daß die Daseinselemente leer von eigenem Wesen sind.

Für diesen Nachweis stützt sich die Sanron-Schule auf den „Lehrsatz vom Entstehen in Abhängigkeit", der das wichtige Faktum aufzeigt, daß das Individuum nichts anderes ist als ein ständiges Werden und Vergehen. Der Lehrsatz ist zwar einzig auf das Individuum und seine Wiedergeburten ausgelegt, aber wie das Hīnayāna dehnt auch das Mahāyāna den Lehrsatz auf die gesamte phänomenale Welt aus. Allerdings wird der Lehrsatz von der Sanron-Schule völlig neu interpretiert. Während beispielsweise die Kusha-Schule den Lehrsatz als eine Verneinung einer ewigen Substanz auswertet, aber die Realität der verschiedenen Daseinselemente noch vertritt, wird das abhängige Entstehen als das Kausalgesetz vom Entstehen und Vergehen der Daseinselemente verstanden. Demgegenüber behauptet die Sanron-Schule, daß es sich in dem Lehrsatz keinesfalls um das Prinzip temporaler Sequenz handeln kann, sondern daß er einzig die Abhängigkeit der Dinge voneinander, ihre Korrelation, aufzeigt.

Die Erfassung der Objektwelt geschieht aufgrund von Begriffen. Deshalb erachtet die Sanron-Schule für wichtig, diese Begriffe zu untersuchen und ihre Haltbarkeit bzw. Unhaltbarkeit nachzuweisen. Tatsächlich erweisen sich die Begriffe als unhaltbar, und zwar deswegen, weil das Denken in Begriffen stets die Gegensätzlichkeit von Begriffen impliziert. Es gibt keinen Begriff und damit nichts in der Erscheinungswelt, das ohne sein Gegenteil ist. Es ergibt sich die Formel $A_n \ldots \leftrightarrow X_n \ldots$, d. h. Begriff A ist nur durch Begriff B usw. da, weil zwischen beiden eine Korrelation besteht, sie also abhängig voneinander sind. Als Dokumentation werden von der Schule lange Listen solcher gegensätzlicher Begriffe aufgeführt. Aber bereits der „Lehrsatz vom Entstehen in Abhängigkeit“ bietet die Möglichkeit, die Korrelation der Objektwelt nachzuweisen. Er enthält beispielsweise die beiden korrelativ zueinander stehenden Begriffe Entstehen und Vergehen. Das eine kann ohne das andere nicht sein. Nun ist das Problem der Gegensätzlichkeit in der Philosophie das Problem der Dialektik. Dialektik ist in der Logik die Stufe, wo der totale Konflikt in der menschlichen Vernunft erkannt und zugleich versucht wird, diesen Konflikt zu lösen. Dies ist nur durch ein methodisches Angehen beider Momente der Dialektik – These : Antithese – möglich.

Zur Lösung des Problems hat die Sanron-Lehre die Methode von den Vier Argumentationen *(shiku)* entwickelt. Es handelt sich hierbei um ein System der Logik, welches das falsche Denken über die Realität durch die dialektische Methode an die Grenzen der menschlichen Vernunft bringt und versucht, das illusorische Vorurteil vom Sein und Nicht-Sein der phänomenalen Welt aufzuheben. Bei den Vier Argumentationen handelt es sich um zwei Primärargumentationen, nämlich die der Affirmation, welche besagt „es gibt Sein“ (1) und folglich kein Nicht-Sein, und die der Negation, welche besagt „es gibt Nicht-Sein“ (2) und folglich kein Sein. Aus den Primärargumentationen leiten sich durch Affirmation bzw. Negation beider zwei Sekundärargumentationen ab, die der Affirmation, welche besagt „es gibt sowohl Sein als auch Nicht-Sein“ (3), und die der Negation, welche besagt „es gibt weder Sein noch Nicht-Sein“ (4).

Die Sanron-Schule identifiziert sich mit keinem dieser Standpunkte, sondern weist alle vier als logisch unhaltbar zurück. Denn jeder der vier Standpunkte ist in sich widersprüchlich, weil eine Argumentation jeweils eine andere impliziert. Im Hinblick auf den „Lehrsatz vom Entstehen in Abhängigkeit“ würde (1) bedeuten „es gibt Entstehen als Ursache“. Aber Entstehen ist erst in bezug auf Vergehen Entstehen. Es kann daher kein Entstehen geben, solange das Vergehen nicht vorhanden ist. Denn das Entstehen als Ursache von etwas Nichtvorhandenem würde bedeuten, daß Entstehen nicht Ursache sein kann und somit überflüssig ist. (2) würde bedeuten „es gibt Vergehen". Aber solange kein Entstehen als Ursache vorhanden ist, kann es auch kein Vergehen als Wirkung geben, bzw. wenn das Vergehen als Wirkung bereits vorhanden ist, dann ist das Entstehen als Ursache sinnlos, denn eine bereits vorhandene Wirkung braucht keine Ursache. (3) würde bedeuten „es gibt sowohl Entstehen als auch Vergehen". Demnach würde man der phänomenalen Welt zwei verschiedene Aspekte zuschreiben. Man kann aber schwerlich von Einem sprechen, das mit zwei gegensätzlichen Charakteristika ausgestattet ist. Selbst wenn man einem Charakteristikum den Vorrang geben und es dem anderen unterordnen würde, bleibt die Problematik, daß es zum einen keinen zwingenden Grund für eine solche Vorzugsbehandlung gibt und zum anderen eine Unterordnung im Falle von Dingen, die gegenseitig voneinander abhängig sind, unverständlich erscheint. (4) würde bedeuten „es gibt weder Entstehen noch Vergehen". Das besagt, daß die Dinge weder durch sich selbst entstehen noch von etwas anderem abhängig sind oder erzeugt werden, sie würden also aufs Geratewohl auftreten. Enthält man sich einer logischen Begründung hierfür, dann handelt es sich lediglich um eine dogmatische Behauptung, gibt man eine Begründung, so entsteht ein Selbstwiderspruch zwischen dem, was wir behaupten, und dem, wie wir es behaupten. Denn mit der Behauptung, die Dinge entstehen aufs Geratewohl, wird ein zwingender Schluß angestrebt, der sich kausal nicht aus Prämissen ableiten läßt.

Bei dieser Vier-Argumentationen-Methode ist entscheidend, daß jede These aufgrund ihrer inhärenten Schwäche für sich widerlegt wird und nicht These (1) durch (2) usw. Es handelt sich um eine Serie von einer *reductio-ad-absurdum*-Argumentation. Jede These wird gegen sich selbst gewendet. Die Sanron-Schule stellt jedoch keine eigene These auf. Sie will nichts anderes als den Geist reinigen und von jeglichem Dogmatismus befreien. Die Korrelation zwischen Sein und Nicht-Sein, Entstehen und Vergehen, Ursache und Wirkung kann also weder als identisch, unterschiedlich oder beides begriffen werden noch kann sie aufgegeben werden. Damit glaubt die Sanron-Schule, den Nachweis erbracht zu haben, daß sich jede schlechthin mögliche Aussage, sofern sie das oben genannte Schema durchläuft, widerlegen läßt. Also ist eine letzte gültige Aussage unmöglich. Nichts ist in sich selbst, alles ist relativ. Ein Ding ist das, was es in Korrelation zu einem anderen ist, das seinerseits wiederum in Korrelation zu anderem steht. Das illusorische Vorurteil unseres

Denkens vom Sein und Nicht-Sein usw. ist dialektisch aufgehoben, das Denken aber damit an die Grenzen der menschlichen Logik gebracht.

Natürlich wird die Argumentationen-Methode auch auf die verursachten und nicht verursachten Daseinselemente angewandt. Sie stehen ebenso in Korrelation zueinander und es läßt sich über sie ebenfalls keine letzte gültige Aussage machen. Sie sind in Hinsicht auf ihre Wirklichkeit nichts als Illusion, die den Wesenskreislauf bedingenden Daseinselemente ebenso wie das *nirvāṇa*. Die Korrelation der Daseinselemente wird von der Sanron-Schule in acht Verneinungen, die vier Gegensatzpaare bilden und der Mittlere Weg der achtfachen Verneinung *(happu chūdō)* genannt wird, zusammengefaßt:

Weder Entstehen noch Aufhebung –
Weder Vernichtung noch Ewigkeit –
Weder Einheit noch Vielheit –
Weder Kommen noch Gehen –

Selbstverständlich steht diese achtfache Verneinung für die Totalität aller Verneinungen.

Mit der Theorie von den Vier Argumentationen wird zugleich die Theorie vom „Mittleren Weg" *(chūdō)* klar. „Mittlerer Weg" bedeutet in diesem Kontext nichts anderes als das Nichtakzeptieren der beiden in Korrelation zueinander stehenden Extreme, der affirmativen und negativen Anschauung, des Realismus und des Nihilismus. Wenn alles, was wir begrifflich unterscheiden können, unreal, alles leer von eigenem Wesen *(jishō)* ist, so muß die wahre Wirklichkeit dem Denken transzendent sein. Die Wahrheit muß also in der Mitte der beiden Extreme liegen. Diese Wahrheit wird von der Sanron-Schule auch Leere genannt. Sie kann nur aufgrund nicht-dualer Erkenntnis oder Intuition erreicht werden. Die Sanron-Schule will also über die Vernunft hinausgehen. Denn gerade in der Auffassung der korrelativen Wirklichkeit durch die Vernunft sieht sie den Irrtum, weil ein Haften an dieser Auffassung die wahre Wirklichkeit, das Absolute, das ohne Relation ist, verbirgt.

Die Intuition ist identisch mit der Weisheit *(e, chi'e)*, welche zugleich das Absolute oder die Soheit *(shinnyō)* ist. Hierbei ist jedoch entscheidend, daß es sich bei der Leere, Weisheit und dem Absoluten nicht um eine neue Theorie handelt. Die Sanron-Schule warnt vor der Bildung eines neuen Dogmas und empfiehlt, um allem Mißbrauch mit der Leere als einer Quasi-Substanz entgegenzuwirken, „über die Leere der Leere zu meditieren". Der „Mittlere Weg" beinhaltet allein, daß das Absolute in einem Sinne die Phänomene transzendiert, indem das Absolute ja leer von Erfahrungsmäßigkeit, im anderen Sinne jedoch identisch mit oder immanent in ihnen als Realität ist. Die Verwirklichung des „Mittleren Weges", nämlich die intuitive Erfahrung jener universalen Leere, jenes Absoluten, bedeutet die Erlösung.

Aus beiden vorher behandelten Theorien ergibt sich die dritte Theorie von den „Zwei Wahrheiten" *(nitai)*. Diese Theorie läßt sich bis zum frühen Buddhismus zurückverfolgen, so besonders in den Werken des Abhidharma und der Sarvāstivāda. In der Sanron-Lehre besagt sie folgendes: Obwohl behauptet wird, daß die Erscheinungswelt aufgrund ihrer Korrelation nichts als Leere ist, bedeutet dies jedoch noch nicht, daß sie überhaupt nicht existent ist. Vielmehr muß man sagen, gerade weil die Erscheinungswelt leer von eigenem Wesen ist, ist ihre Wahrnehmung in ihrem Korrelation-Sein, in ihrer Vielheit und in ihren Begriffen, für den Menschen überhaupt möglich. Der sogenannten illusorischen Existenz der Erscheinungswelt kommt also eine beschränkte Wahrheit zu, welche die Schule die „weltliche Wahrheit" *(zokutai)* nennt. Nun bietet Buddhas Lehre, für die Sanron-Schule im Sinne der Lehre des „Mittleren Weges", für den noch in der illusorischen Erscheinungswelt Befangenen die Möglichkeit, zur Erleuchtung, Erlösung zu gelangen. Innerhalb der „weltlichen Wahrheit" kommt also gerade der Lehre Buddhas große Bedeutung zu, indem sie den dem diskursiven Denken verhafteten Menschen zur „letzten Wahrheit" *(shintai)* führt. Diese „letzte Wahrheit" ist eigentlich unausdrückbar und besteht in der Erkenntnis der Leere. So betrachtet, gibt es sowohl einen Unterschied – illusorische Erscheinungswelt und Leere – als auch eine Identität zwischen den beiden Wahrheiten. Denn in dem Augenblick, wo man das menschliche Leben vom Standpunkt der „letzten Wahrheit" aus ansieht, ist das Leben in der irdischen Welt von der idealen Situation des *nirvāṇa* nicht verschieden.

b) Die Theorie vom Nur-Bewußtsein in der Hossō-Schule

Wie bereits im historischen Überblick erwähnt, geht es der Hossō-Schule um den Nachweis, daß die phänomenale Welt eine von unserem Bewußtsein geschaffene ist. Damit hat diese Schule ein interessantes System der buddhistischen Bewußtseinslehre erstellt, das zu einer der Kerntheorien des Mahāyāna zählt. Bei ihrer Untersuchung, was den spezifischen Charakter *(sō)* der Daseinselemente ausmache, geht sie von der Behauptung aus, daß alle Daseinselemente nichts anderes als Vorstellung sind und vertritt, darauf aufbauend, wie die Sanron-Lehre die Ansicht, daß die Daseinselemente keine realen Wesenheiten sind. Allerdings bedient sich die Schule einer grundlegend anderen Argumentation. In der Sanron-Lehre sieht sie vor allem zwei Mängel: Den einen, daß der „Mittlere Weg" nicht in seiner wahren Beschaffenheit erfaßt wird, den anderen, daß zwar die Erlösung durch die Transzendenz des diskriminierenden Denkens erreicht, aber der geistige Prozeß dorthin von ihr nicht ausreichend behandelt wird.

Ähnlich wie in der Kusha-Schule werden die Daseinselemente auch in der Hossō-Schule in fünf Kategorien klassifiziert, jedoch in anderer Reihenfolge und mit Varianten in den einzelnen Kategorien. Kategorie I umfaßt den Geist, II die mit dem Geist verbundenen Daseinselemente, III die Körperlichkeit, IV die vom Geist getrennten Daseinselemente und V die nicht verursachten Daseinselemente. Alle fünf Kategorien umfassen insgesamt hundert Daseinselemente.

Besondere Beachtung ist der Kategorie I zu schenken, da sie im Gegensatz etwa zur Kusha- und Jōjitsu-Schule wegen ihrer Wichtigkeit nicht nur an erster Stelle steht, sondern acht Daseinselemente aufweist. Es handelt sich hierbei um die acht wesentlichen Funktionen des Geistes oder um die acht Bewußtseinsarten *(shiki)*: Eins bis fünf sind die durch die Sinnesorgane vermittelten Bewußtseinsarten *(goshiki)*, sechs ist das Zentralbewußtsein *(ishiki)*, sieben ist das Bewußtsein des Denkens *(manashiki)*, acht ist das Grund- oder Speicherbewußtsein *(arayashiki)*. Der Geist wird mit seinen acht Bewußtseinsarten als die Grundlage für die individuelle Wahrnehmung der phänomenalen Welt angesehen. Bei den ersten fünf handelt es sich um Empfindungen von allgemein fundamentalem Charakter, und sie dienen als Vorstufe für die nächsten Bewußtseinsarten. Von dem Zentralbewußtsein (6) wird angenommen, daß es gleichzeitig mit den fünf vorgenannten entsteht, jedoch selbständig bestehende Funktionen enthält. Und zwar ist dieses Bewußtsein durch die mentale Funktion der Wahrnehmung, d.h. der genauen Unterscheidung, und Vorstellung gekennzeichnet. Die ersten sechs Bewußtseinsarten wirken zeitlich, d.h. sie heben sich in fünf Fällen, den sogenannten „fünf Fällen des Nicht-Geistes" *(goi mushin)* auf. Diese sind nach der Hossō-Schule die Geburt in dem gedankenfreien Himmel *(musōten)*, die gedankenfreie Meditation *(musōjō)*, die die Illusion vernichtende Meditation *(metsujinjō)*, der Tiefschlaf *(gokujūsuimin)*, der Todeskampf *(gokujūmonzetsu)*. Das Bewußtsein des Denkens (7) hat die Funktion der empirischen Apperzeption. Es stellt eine Apperzeption und eine Synthese der Inhalte von eins bis sechs dar und stellt eine Verbindung zwischen den ersten sechs und der achten Bewußtseinsart her; es funktioniert immer auch in den „fünf Fällen" und ist Träger des illusorischen Ich-Bewußtseins. Seinem Wesen nach ist es daher im Sinne von „meinen" oder „annehmen" (daß nämlich die Erscheinungswelt wahr sei) aufzufassen. Das Grund- oder Speicherbewußtsein (8) hat die Funktion der transzendentalen Apperzeption; es ist das letzte, ursprüngliche, ununterbrochen seiende Bewußtsein und läßt die anderen Bewußtseinsarten entstehen. Es ist also die Grundlage für die Wahrnehmung aller Phänomene und Inhalte, der ewige Träger von allen Ursachen und Wirkungen und auch die Grundlage für die Subjekt-Objekt-Dichotomie. Die empirische Welt, wie sie der Unerleuchtete begreift, ist demnach einzig und allein eine Schaffung seines eigenen subjektiven Bewußtseins. Die Erklärung dieses Tatbestandes geschieht auf folgende Weise: Hinter aller Wahrnehmung und den von ihr geschaffenen Vorstellungen steht das höchste Sein *(shinnyō)*, das selbst frei von allen Vorstellungen ist, als Ding an sich existiert, aber unfaßbar und unausdrückbar ist. Dieses höchste Sein oder das wahre Wesen der Wirklichkeit beruht auf der Zweiheitlosigkeit, d. h. ist frei von Sein und Nicht-Sein.

Die Wahrnehmung der phänomenalen Welt durch das Individuum beruht auf der Funktion seiner Bewußtseinsarten. Nur wenn ein Gegenstand zum Inhalt seines Bewußtseins wird, d. h. das Individuum infolge von Übermittlung von Sinnesdaten ihn wahrnimmt oder im Rückblick sich seiner erinnert, hat dieser Gegenstand Bedeutung für das Individuum. In dieser Hinsicht kann man davon sprechen, daß der Gegenstand insofern von dem Bewußtsein geschaffen wird, als es diesen dem Individuum zur Wahrnehmung bringt. Bei jedem Wahrnehmungsprozeß kommt jedoch hinzu, daß die Sinnesdaten dabei so „verdreht" werden, daß der somit „geschaffene" Gegenstand dem tatsächlich wahren und wirklichen nicht mehr entspricht. Das Grundbewußtsein liefert also in Verbindung mit den anderen Bewußtseinsarten Trugbilder oder Illusionen der wahren Wirklichkeit. Die Erscheinungen sind nichts als Vorstellungen und unwirklich. Ferner entsteht bei einem Wahrnehmungsprozeß die dem Unerleuchteten eignende Subjekt-Objekt-Dichotomie dadurch, daß in dem Moment, wo ein Gegenstand „verdreht" ins Bewußtsein gebracht ist, dieser illusorische Gegenstand von dem Individuum als wahre Entität *betrachtet* wird, das Individuum somit auch als wahrnehmendes Subjekt auftritt, Subjekt und Objekt sich also gegenüberstehen und damit das dualistische Denken beginnt.

So kann in bezug auf das höchste Sein mit Recht behauptet werden – um die obige These nochmals aufzugreifen –, daß es zweiheitlos ist. Weil unsere Vorstellungen, die wir von den Dingen an sich haben, illusorisch, unwirklich sind, trifft das Sein nicht zu; weil die Dinge an sich, die unseren Vorstellungen zugrunde liegen, aber wirklich sind, trifft auch das Nicht-Sein nicht zu. Es gibt also weder eine nur Bejahung noch eine nur Verneinung, von beiden Irrtümern muß man sich fernhalten, der wahre Weg liegt in der Mitte *(chū)*. Er ist identisch mit dem höchsten Sein, das alle Vorstellungen von Sein und Nicht-Sein transzendiert. Hier sieht man deutlich den Unterschied zwischen der „Lehre von der Mitte" der Hossō- zu der der Sanron-Schule.

Man kann jedoch noch einen Schritt tiefer gehen und von dem so gefundenen zweifachen Wesen *(jishō)* zu einem dreifachen Wesen oder einer dreifachen Beschaffenheit vordringen; nämlich das vorgestellte Wesen *(henge shoshū shō)*: die Erscheinungsformen sind nichts als Vorstellungen; das abhängige Wesen *(etaki shō)*: die sich in diesen Erscheinungsformen darstellenden Dinge haben als Hauptwesensmerkmal das Entstehen in Abhängigkeit; das vollkommene Wesen *(enjōjisshō)*: die von den Vorstellungen freien Dinge sind das höchste Sein. Auf alle Fälle ist festzuhalten, daß dieses zwei- bzw. dreifache Wesen für die Erlösungslehre, wie wir noch sehen werden, von großer Bedeutung ist.

Bevor wir uns jedoch der Erlösungslehre der Hossō-Schule zuwenden, müssen wir noch näher auf das Zustandekommen der Vorstellungen eingehen. Von dem Grundbewußtsein wird angenommen, daß es Ursachen, welche die Schule Samen oder Keime *(shūji)* nennt, enthalte bzw. speichere. Von diesen wird jedes Daseinselement erzeugt und, indem sich die Keime entfalten, bringen sie die Erscheinungen hervor. Die Keime sind also nicht die Erscheinungen, sondern sozusagen die Potenzen, die zur Wirkung gelangen. Nun hinterläßt aber jeder Erkenntnisvorgang, jede Erscheinung im Grundbewußtsein wiederum einen Eindruck *(kunjū)*, wirkt also seinerseits auf es zurück, durchtränkt es gewissermaßen. Diese Eindrücke vermögen später ein Erkennen gleicher Art wieder hervorzurufen. Somit sind die Vorstellungen von der sogenannten phänomenalen Welt Produkte, die in ununterbrochenem Wechsel von Assoziationen der Vergangenheit und Bedingungen der Gegenwart geschaffen werden. Die Produkte sind also vorgestellte, und der Unerleuchtete ist unfähig, die Dinge in ihrem wahren Wesen zu erkennen. Dieser Vorgang hält an, solange die menschliche Persönlichkeit in den Wesenskreislauf eingebunden ist. In dem Moment des Todes hört die von dem Grundbewußtsein her sich entfaltende Erscheinungswelt auf. Was erhalten bleibt, ist das Insgesamt an Keimen und Eindrücken, das die Wiedergeburt ermöglicht. Tritt eine solche Wiedergeburt ein, ist auch die erscheinende individuelle und objektive Welt in der neuen Persönlichkeit wieder da.

Den Keimen werden nun folgende sechs Charakteristika zugeschrieben:

1. Sie sind keine ewigen Existenzen, sondern augenblicklich. Aufgrund ihrer steten funktionellen Veränderlichkeit besteht die Möglichkeit der Erklärung, daß andere permanent aus ihnen hervorgehen, die ihrerseits für einen kurzen Augenblick existent sind, vergehen und erneut ihnen entsprechende erzeugen.
2. Die Ursache (Keim) und die dieser korrespondierende Wirkung (Erscheinung) existieren gleichzeitig. Das entspricht ganz dem buddhistischen korrelativen Denken, wo die Ursache sich in der Wirkung zeigt und die Wirkung in der Ursache enthalten ist.
3. Die Keime haben ihren bestimmten Charakter, gehören immer der gleichen Kategorie an; d.h. ein Keim und die ihm korrelative Erscheinung kann sich nicht in etwas anderes verwandeln.
4. Die Keime besitzen den gleichen moralischen Charakter wie ihre Erscheinungen: gut, böse oder neutral entsprechend der *karman*-Lehre.
5. Die Keime können ihre Erscheinungen nur in Verbindung mit zahlreichen anderen Ursachen hervorbringen; d.h. die Vorstellung eines Gegenstandes hängt nicht von einem Keim allein ab.
6. Jeder Keim bringt seine eigene besondere Erscheinung und keine andere hervor; d.h. materielle und geistige Aspekte bringen unterschiedliche Wirkungen hervor.

Für die „Eindrücke" sind folgende Eigenschaften logisch zwingend: Sie müssen veränderlich und vergänglich, funktional gut, böse oder neutral und funktional anpassungsfähig an das Grundbewußtsein sein.

Damit jedoch das Grundbewußtsein diese „Eindrücke" in sich aufnehmen kann, muß dieses seinerseits folgende Charakteristika aufweisen: Es muß ewig und unveränderlich sein, damit es stets die

„Eindrücke" aufnehmen kann; es muß im moralischen Sinne neutral sein, um weder die guten noch die bösen „Eindrücke" abzustoßen; es muß funktional flexibel sein; und schließlich muß es fähig sein, eine Anpassung zwischen den bereits in ihm vorhandenen Keimen und den neu hinzukommenden „Eindrücken" herzustellen.

Wenden wir uns nun der Erlösungslehre zu. Aus den bisher besprochenen Eigenschaften des Grundbewußtseins, nämlich daß es die Basis der Individualität ist und Funktionalität bedeutet, ergibt sich, daß es in dieser Weise nicht die letzte Wahrheit sein kann. Denn diese muß etwas sein, das beides übersteigt. Daher wird in den maßgeblichen Schriften auch wiederholt von dem sogenannten „befleckten" Grundbewußtsein gesprochen. Gleichzeitig finden wir aber auch zahlreiche Stellen, die von dem Grundbewußtsein als dem reinen, unbefleckten, dem höchsten Sein, der letzten Wahrheit usw. sprechen und ihm die Bezeichnung „Große Runde Spiegel-Weisheit" *(daienkyō chi)* beilegen. Handelt es sich hier um zwei sich widersprechende Aussagen? Muß die absolute Wahrheit nicht tiefer liegen? Tatsächlich sieht die Hossō-Schule das Grundbewußtsein als beides, die Quelle für die Entfaltung der Erscheinungswelt und das höchste Sein, an. Es hat also sowohl einen individuellen Aspekt wie den der Allgemeinheit und Gültigkeit. Das höchste Sein wird sozusagen als ein ewiges, unveränderliches Substrat gesehen und vertritt das reine, wahre Moment im Grundbewußtsein. Es ist dem Menschen immanent, es wird jedoch von dem Unerleuchteten in seinem Verhaftetsein an den Vorstellungen nicht erkannt.

Um zu der Erlösung zu gelangen und damit das höchste Sein zu erkennen, ist daher nach Auffassung der Hossō-Schule eine dreifache Erkenntnis, die sich folgerichtig aus dem bisher Dargelegten ergibt, notwendig: 1. Die Erkenntnis, daß die Erscheinungswelt nichts als Vorstellung und damit Leere ist. 2. Die Erkenntnis, daß es eine temporäre, auf kausaler Verknüpfung momentaner Bewußtseinselemente beruhende Erscheinungswelt gibt. 3. Die Erkenntnis des höchsten Seins, das frei von Vorstellungen und somit frei von der Erscheinungswelt ist. Letztere ist die erlösende Erkenntnis, in der das „befleckte" Grundbewußtsein aufgehört hat zu existieren. Dieses reine Grundbewußtsein funktioniert wie ein Spiegel, indem es die Wirklichkeit in seiner wahren Soheit widerspiegelt.

Ein Charakteristikum der buddhistischen Schulen ist der Versuch einer Systematisierung der buddhistischen Lehre. Das Ziel dieser Versuche bestand darin, eine Synthese der von Buddha verkündeten Lehre zu schaffen und die allmähliche Entfaltung des Buddhismus von seinen einfachen zu den höchsten philosophischen Theorien aufzuzeigen. Zugleich galt eine solche Systematisierung als Rechtfertigung, die eigene Lehre als die vollendete herauszustellen. Somit haben wir es naturgemäß mit voneinander abweichenden Systematisierungen zu tun.

Auch die Hossō-Schule bemühte sich um eine kritische Klassifikation der Tripiṭaka und teilte sie in drei philosophische Perioden ein: Die erste ist die Periode von der „Lehre der Existenz". Hierher gehören z. B. die Hīnayāna-Sūtras, in welchen die Existenz der Daseinselemente herausgearbeitet wird, um das Verhaftetsein an der Vorstellung eines Selbst zu vernichten. Die zweite ist die Periode von der „Lehre der Leere". Hierunter fallen z. B. die Prajñāpāramitā-Sūtras, welche die Theorie der Leere entwickeln, um das Verhaftetsein an dem Glauben, daß die Daseinselemente existent sind, zu zerstören. Die dritte ist die Periode der „Lehre vom Mittleren Weg" im Sinne der Hossō-Schule. Hierzu zählen die Mahāyāna-Sūtras wie das ›Avataṃsaka-sūtra‹ das ›Suvarṇaprabhāsa-sūtra‹ (jap. Konkōmyōkyō: Sūtra vom höchsten Goldglanz), das ›Saddhārmapuṇḍarīka-sūtra‹, das ›Mahāparinirvāṇa-sūtra‹ (jap. Nehangyō: Nirvāṇa-sūtra) und vor allem das von der Hossō-Schule favorisierte ›Saṃdhinirmocana-sūtra‹ (jap. Gejimmikkyō: Sūtra von der Auflösung der Knoten). Hier handelt es sich um die tiefste Lehre, die den Nachweis erbringt, daß sowohl die Theorie des Seins als auch des Nicht-Seins falsch ist, und den wahren Weg der Mitte lehrt.

c) Die Theorie von der Identität aller Phänomene in der Kegon-Schule

Auch die Kegon-Schule hat eine philosophisch-kritische Einteilung des Buddhismus vorgenommen, in deren hierarchischer Abfolge ihre eigene Lehre an der Spitze steht. Wenden wir uns zunächst dieser Einteilung zu, da sie dem besseren Verständnis der Kegon-Lehre dient. Nach ihr sind insgesamt fünf Lehrtypen zu unterscheiden:

1. Die Hīnayāna-Lehre *(shōjōkyō)*: Sie verneinen die Existenz eines Selbst auf der Grundlage der Entstehung in Abhängigkeit, vertreten aber einen Realismus, indem sie die Existenz der Daseinselemente lehren. Sie sind nicht zu der Erkenntnis der Leere der Daseinslemente vorgedrungen.
2. Die frühen Mahāyāna-Lehren *(daijōshikyō)*: Hierunter fallen die

Theorien der Sanron- und der Hossō-Schule. Beide dringen zwar zu der Erkenntnis der Leere des Selbst und der Daseinselemente vor und sehen das *nirvāṇa* entweder in der Aufhebung von Sein und Nicht-Sein oder in der der acht Bewußtseinsarten, aber sie vertreten nicht die Theorie von dem Sosein oder dem Buddha-Wesen *(busshō)* in allen Dingen. Deshalb werden sie als die mahāyānistischen Elementarlehren angesehen.

3. Die späten Mahāyāna-Lehren *(daijōshūkyō)*: Sie vertreten die Identität von Soheit und allen Daseinselementen bzw. Phänomenen *(ji)*, d.h. Phänomene und Prinzip sind identisch. Diese Lehren stellen im gewissen Sinne den Höhepunkt des Mahāyāna dar. Zu ihnen zählt beispielsweise die Tendai-Schule (s.u.).
4. Die Plötzliche Lehre *(tongyō)* des Mahāyāna: Hierunter fällt die Zen-Lehre (s.u.), in der man ohne Denken und Sprache die letzte Wahrheit erlangt, in der die Erlangung der Erlösung durch Meditation plötzlich und nicht wie in den anderen Schulen allmählich erfolgt.
5. Die Runde oder Vollkommene Lehre *(engyō)* des Mahāyāna: Damit ist die Kegon-Lehre gemeint, die zwei Aspekte der Runden Lehre unterscheidet: Das „Eine Fahrzeug der Identischen Lehre" *(dōkyō ichijō)* und das „Eine Fahrzeug der Besonderen Lehre" *(bekkyō ichijō)*. *Ichijō* (sk. *ekayāna*) bedeutet im allgemeinen das „Eine Große Fahrzeug", welches Hīnayāna und Mahāyāna umfaßt. Es ist wesentlich, zu unterscheiden, daß das Mahāyāna im menschlichen Bereich drei Fahrzeuge *(sanjō)*, d.h. Lehren, die zur Buddhaschaft führen, anerkennt: *shōmonjō* (sk. *śrāvakayāna*), Fahrzeug der Buddha-Hörer, soweit sie dem Hīnayāna angehören; *engakujō* (sk. *pratyekabuddhayāna*), Fahrzeug der Einzelerleuchteten; *bosatsujō* (sk. *bodhisattvayāna*), Fahrzeug der Bodhisattva oder auch *daijō, butsudajō* (sk. *mahāyāna, buddhayāna*) genannt. Die beiden ersteren gehören dem Hīnayāna an und werden vom Mahāyāna als unterlegen betrachtet. Vom Absoluten her gesehen, gibt es aber nur „Ein Fahrzeug", nämlich das *mahāyāna, buddhayāna*, oder auch *ekayāna* genannt. Der oben erwähnte erste Aspekt bedeutet somit, daß das „Eine Fahrzeug", hier der Kegon-Schule, die anderen drei – nach der Kegon-Schule also Hīnayāna, frühe und späte Mahāyāna-Lehren, Plötzliche Lehre – in sich schließt und sie mit ihm gelehrt werden, wobei diese Fahrzeuge als vorbereitende Lehren aufgefaßt werden. Der zweite Aspekt bedeutet, daß das „Eine Fahrzeug" der Kegon-Schule unabhängig von den anderen

drei als die wahre, wirkliche buddhistische Lehre bekannt gemacht wird.

Was beinhaltet nun diese Runde Lehre? Ihr Hauptthema ist der Nachweis, daß alle Phänomene nicht nur in Beziehung zueinander stehen, sondern miteinander identisch sind. Alle Phänomene durchdringen einander, so daß das Eine das Viele und das Viele das Eine ist. „Zwischen Phänomen und Phänomen ist kein Hindernis" *(jiji muge)* lautet der Leitsatz dieser Schule.

Anhand von zwei Theorien wird diese Identitätslehre näher erklärt. Die erste Theorie ist die der „Zehn geheimnisvollen Tore" *(jūgemmon)*, auch die Theorie vom „Entstehen in Abhängigkeit der Zehn Geheimnisvollen" *(jūgen engi)* genannt. Diese Theorie führt die zehn Charakteristika der Erscheinungswelt auf, die für die gegenseitige Durchdringung und Identität der Phänomene die Grundlage bilden. Somit stellt jedes Charakteristikum eine Bedingung dar, aufgrund welcher alle anderen sind. Diese zehn Charakteristika besagen inhaltlich folgendes:

1. Die korrelative zeitliche Beziehung: Alle Phänomene sind korrelativ und bringen einander zur gleichen Zeit hervor. Obwohl die Phänomene zeitlich voneinander getrennt erscheinen, gibt es keinen Unterschied zwischen Vergangenheit, Gegenwart und Zukunft, da das eine im anderen enthalten ist.
2. Die räumliche Beziehung: Alle Phänomene, ob klein oder groß, breit oder schmal, ergänzen sich und umfassen einander, weil das eine ohne das andere nicht existieren kann.
3. Die funktionale Beziehung: Das Eine und das Viele durchdringen einander und trotzdem erhält das Eine die Besonderheit der Einheit und das Viele die der Vielheit. Es besteht also eine funktionale Harmonie zwischen dem nicht-identischen Einen und Vielen.
4. Die gegenseitige Abhängigkeit der Daseinselemente: Alle Dinge sind voneinander abhängig, das Eine vom Vielen und umgekehrt. Hier handelt es sich um eine besondere Theorie des Mahāyāna, um die universale Identifikation aller Phänomene. Takakusu beschreibt sie so: Indem man sich selbst mit etwas anderem identifiziert, kann man mit dem anderen eine Synthese eingehen. Sich selbst zu negieren und sich mit etwas anderem zu identifizieren konstituiert eine synthetische Identifikation. "As the result of mutual penetration and mutual identification, we have the concept, One in All, All in One, One behind All, All behind One, the great and the small, or the high and low, mov-

ing harmoniously together. Even the humblest partaking of the work in peace, no one stands seperately or independently alone. It is the world of perfect harmony" (Takakusu 1976, 120).

5. Die Manifestation und ihre unsichtbaren Aspekte: Das verborgene und das in Erscheinung tretende Phänomen existieren gemeinsam. Wenn wir das eine wahrnehmen, nehmen wir nicht die Totalität des Vielen wahr, obwohl das Eine das Viele umfaßt. Auch wenn das Viele im Verborgenen ist und das Eine sich manifestiert, ergänzen sich jedoch beide und vervollständigen die Einheit.
6. Die gegenseitige Durchdringung der kleinsten Phänomene und die Aufrechterhaltung ihrer Individualität: Die phänomenale Welt enthält kleine und kleinste Dinge und ein jedes bewahrt seine Individualität, trotzdem gilt auch für sie das dritte Charakteristikum.
7. Die unbegrenzte Wechselspiegelung: Entsprechend Indras Netz *(Indara mō)*, wo an jedem Knotenpunkt ein strahlendes Juwel angebracht ist und wo unter Lichteinfluß ein jedes dieser Juwelen jedes andere widerspiegelt, so spiegeln auch die Dinge der phänomenalen Welt einander unendlich wider.
8. Die Möglichkeit der Erleuchtung durch ein jedes Daseinselement oder Phänomen: Die einzelnen Phänomene sind als solche nichts anderes als die absolute Wahrheit, sie ist jedem Phänomen immanent. Somit birgt jedes Phänomen für den Menschen die Möglichkeit in sich, zur Erlösung zu gelangen.
9. Die wechselseitige Beziehung von Vergangenheit, Gegenwart und Zukunft: Ein jeder dieser Zeitmodi enthält drei Perioden. Von der Gegenwart aus gesehen gibt es die drei Modi, von der vergangenen Gegenwart und von der zukünftigen Gegenwart gibt es sie ebenfalls. Somit ergeben sich insgesamt neun Perioden. Diese erscheinen gewöhnlich chronologisch voneinander getrennt, durchdringen aber ihrem Wesen nach in einem einzigen Augenblick einander, so daß sich mit diesem Augenblick insgesamt zehn Perioden ergeben. Somit sind alle Phänomene der Vergangenheit, Gegenwart und Zukunft in einem einzigen Augenblick enthalten.
10. Die harmonische Einheit zwischen Prinzip und Attributen: Entsprechend dem Charakteristikum des Einen im Vielen und des Vielen im Einen enthält jedes Phänomen als Prinzip oder „Oberhaupt“ die Totalität der Phänomene als seine Attribute oder sein „Gefolge“. Jedes Phänomen besitzt die Qualität, so-

wohl Oberhaupt als auch Gefolge zu sein. Sie bilden stets ein vollständiges Ganzes.

Die zweite Theorie ist die des „Sechsfachen Spezifischen Wesens aller Daseinselemente" *(rokusō)*, die wiederum für das richtige Verstehen der ersten Theorie von Bedeutung ist. Man nimmt an, daß jedem Daseinselement sechs antithetische Spezifika immanent sind, die Takakusu (1976, 122) und Matsunaga (1974, 106) am Beispiel eines Hauses treffend erläutern. Es sind folgende: Die das Wesen ausmachenden Spezifika der Universalität *(sōsō)* und der Besonderheit *(bessō)*: Ein Haus besteht aus Balken, Dach, Wänden und Boden usw., aber ein jedes dieser harmonisch miteinander verbundenen, das Haus ausmachenden Phänomene ist für sich und individuell. Die die Erscheinung ausmachenden Spezifika der Gleichheit *(dōsō)* und der Unterschiedlichkeit *(isō)*: Sowohl Universalität als auch Besonderheit dienen dem einen Zweck, ein Haus in Erscheinung treten zu lassen. Hiermit entsprechen sie der Gleichheit. Trotzdem unterscheidet sich aber eine jede der Komponenten, die das Haus ausmachen, in ihrer individuellen Erscheinung. Die die Funktion ausmachenden Spezifika der Integration *(jōsō)* und der Differenzierung *(esō)*: Die integrierende Funktion aller Komponenten vollendet das Haus als Ganzes, aber jede Komponente bewahrt ihre funktionelle Identität.

Die Lehre der Kegon-Schule stellt einen Höhepunkt aller bisherigen Kausalitätstheorien dar. Man hat ihre Kausalitätstheorie auch die „Daseinselementenwelt der Einheit von Phänomen und Phänomen" *(jiji muge hokkai)* genannt in Abgrenzung zu den drei anderen mahāyānistischen Kausalitätstheorien, nämlich 1. der „Daseinselementenwelt der Phänomene" *(ji hokkai)*, wo die phänomenale Welt vom gewöhnlichen Standpunkt aus als eine Welt, in der die Phänomene als selbständige Entitäten existieren, angesehen wird; verglichen mit dem Beispiel des Meeres und der Wellen, entspricht es der Betrachtung der Wellen als unabhängige und unterschiedliche; 2. der „Daseinselementenwelt des Prinzips" (= absolute Wahrheit; *ri hokkai*), wo es sich um die undifferenzierte Welt der Leere handelt, die allen Phänomenen zugrunde liegt und diese erhält – eine Welt, die nur durch Intuition erfaßt werden und mit der Betrachtung des Meeres selbst, ohne dabei auf seine Wellen zu achten, verglichen werden kann; 3. die „Daseinselementenwelt der Einheit von Prinzip und Phänomenen" *(riji muge hokkai)*, die Theorie der als nächstes zu behandelnden Tendai-Schule (s. u.), wo Prinzip und Phänomene einander durchdringen und eine völlige

Einheit bilden – Meer und Wellen also als identisch angesehen werden.

Die oben genannte Theorie der Daseinselementenwelt der Kegon-Schule erklärt nicht nur die phänomenale Welt als universal korrelativ, sondern sie ergründet aufgrund der Erkenntnis der Identität der Phänomene das Prinzip. Und zwar kommt sie zu dem Schluß, daß die Phänomene eine Manifestation des Prinzips sind. Denn wenn alle Phänomene für gleich befunden werden, bis ins Unendliche miteinander identifiziert werden können, ohne daß sie ihre Identität verlieren, postuliert dies ein hinter allen Phänomenen stehendes Prinzip. Dieses Prinzip ist nicht als etwas von den Phänomenen Unabhängiges zu verstehen, sondern so wie die Wellen die Manifestationen ein und desselben Wassers sind und in Harmonie miteinander funktionieren, so auch das Prinzip und seine Phänomene.

d) Die Lehre von der Identität der drei Wahrheiten in der Tendai-Schule

Die Tendai-Lehre zerfällt in zwei große Bereiche, in das „Tor der Lehre" *(kyōmon)*, das sich der Theorie zuwendet und für die philosophische Auswertung von Wichtigkeit ist, und in das „Tor der Betrachtung" *(kammon)*, das sich mit der Praxis auseinandersetzt. Unser Interesse gilt verständlicherweise dem ersten Bereich. Bei einer Analyse desselben haben wir uns einerseits mit der Systematisierung der buddhistischen Lehre durch die Tendai-Schule, die ebenfalls ein klares Bild über die Stellung ihrer eigenen Lehre bringt, zu beschäftigen, zum anderen mit ihrer Theorie von den drei Wahrheiten.

Die Systematisierung dient – wie auch bei den anderen Schulen – dazu, eine Synthese der gesamten von Buddha verkündeten Lehren zu schaffen und damit zugleich die progressive Entfaltung derselben aufzuzeigen. Die Tendai-Schule bedient sich dabei dreier synthetisierender Gesichtspunkte: 1. Die Synthese gemäß der Zeit, die sogenannten „Fünf Perioden" *(goji)*, 2. die Synthese gemäß den vier Lehren der Methoden *(kegi shikyō)*, 3. die Synthese gemäß den vier Lehren der Prinzipien *(kehō shikyō)*. Die unter 2. und 3. genannten Methoden und Prinzipien werden auch zusammenfassend die „acht Lehren" *(hakkyō)* bezeichnet.

„Die Synthese gemäß der Zeit" teilt das Leben und die Tätigkeit des historischen Buddha in fünf chronologische Perioden ein:

1. Die Kegon-Periode: In dieser Periode verkündete Buddha unmittelbar nach seiner Erleuchtung das die volle Wahrheit enthaltende ›Avataṃsaka-sūtrā‹, d.h. die Essenz seiner Erleuchtung. Seine Schüler waren jedoch unfähig, diese Wahrheit, wonach Geist, Buddha und die Lebewesen im Sinne eines pantheistischen Idealismus identisch sind, zu erfassen.
2. Die Agon-Periode: Nachdem Buddha der Unreife seiner Zuhörer gewahr wurde, begann er für sie die Hīnayāna- bzw. die ›Āgama-sūtras‹ (jap. Agongyō) zu predigen, die von den Menschen geringerer Fassungskraft verstanden werden konnten. Sie künden zwar nicht die volle Wahrheit, sondern Elementares wie die Vier Edlen Wahrheiten, den Lehrsatz vom Entstehen in Abhängigkeit usw. und sind als eine Vorbereitung auf die volle Wahrheit gedacht.
3. Die Hossō-Periode: Sie wird als eine Zeit der Weiterentwicklung der Zuhörer vom Hīnayāna zum Mahāyāna angesehen. Daher wurden in ihr die dem Mahāyāna angehörenden ›Vaipulya-sūtras‹ (jap. Hōdōkyō: Umfängliche Sūtras) von Buddha gepredigt, in denen zunächst der allgemeine Charakter des Mahāyāna vorgestellt wurde.
4. Die Hannya-Periode, in der Buddha die ›Prajñāparamita-sūtras‹ predigte und den Zuhörern die fortgeschrittenere mahāyānistische Theorie der Leere nahebrachte.
5. Die Hokke-Nehan-Periode, in der Buddha das ›Saddharmapuṇḍarīka-‹ und ›Mahāparinirvāṇa-sūtra‹ verkündete. In dieser Periode lehrte Buddha die absolute Identität der Gegensätze ähnlich wie in der ersten Periode, nunmehr aber unter dem Aspekt des pantheistischen Realismus. Vom Blickpunkt der fünften Periode werden die Perioden zwei, drei und vier als vorbereitende Lehre im Gegenüber zur Verkündigung der wahren Lehre der fünften Periode gesehen, im Grunde bilden sie jedoch eine Einheit. Denn alle Lehren Buddhas sind nach Auffassung der Tendai-Schule letztlich in der Lehre des ›Saddharmapuṇḍarīka‹ enthalten. Wie die Kegon erkennt auch die Tendai-Schule eigentlich nur das „Eine Fahrzeug" an, läßt aber als zeitliche „Existenz" und aus zweckdienlichen Gründen die „Drei Fahrzeuge" gelten.

„Die Synthese gemäß den vier Methoden": Hierunter fallen die jeweiligen von Buddha bei seinen Predigten angewandten Methoden, die, je nachdem welche Zuhörerschaft er vor sich hatte, wechselten. Diese sind:

1. Die Plötzliche Lehre *(tongyō)*. Sie erfolgt ohne vorbereitende Lehren, wird nur von Wesen höchster Fähigkeit verstanden und entspricht der in der ersten Periode angewandten Methode.
2. Die Allmähliche Lehre *(zengyō)*. Sie vollzieht sich mit Hilfe von vorbereitenden Lehren, zu welchen der gewöhnlich Begabte langsam vom Hīnayāna zum Mahāyāna geführt wird. Sie entspricht den Zeitperioden zwei, drei und vier.
3. Die Geheime Lehre *(himitsukyō)*. Es ist die Methode, bei der Buddha geheim zu jemandem sprach, d. h. aufgrund der übernatürlichen Kraft Buddhas waren die Hörer voreinander verborgen, so daß jeder glaubte, Buddha predige zu ihm allein. Diese wie auch die folgende Methode sind während der ersten vier Perioden anwendbar.
4. Die Unbestimmte Lehre *(fujōkyō)*. Obwohl die Zuhörer einander sehen und gemeinsam Buddha zuhören, versteht doch ein jeder gemäß seiner individuellen Fähigkeiten.

Die vier Methoden sind für die Kultivierung der Fähigkeiten der Zuhörer gedacht und daher auf die Perioden eins bis vier anwendbar. Die während der fünften Periode gepredigten Sūtras, welche die höchste Mahāyāna-Lehre verkörpern, bedürfen keiner „Kunstgriffe" *(hōben)* mehr, weil sie über allen Methoden stehen.

„Die Synthese gemäß den vier Prinzipien": Hier erfolgt eine Systematisierung entsprechend dem Wesen der einzelnen Lehren.

1. Die Vorratshauslehre *(sanzōkyō, zōkyō)* oder die Dreikorb-Lehre. Die Tendai bezeichnet damit die Hīnayāna-Lehren, also die Lehren der Trīpiṭaka. Hier handelt es sich um das Prinzip, das alles ein beständiger Strom momentaner Bewußtseinszustände ist.
2. Die Gemeinsame Lehre *(tsūgyō)*, d. h. die dem Hīnayāna und Mahāyāna gemeinsamen Lehren, also die elementaren Lehren des Mahāyāna. Hier handelt es sich um das Prinzip der Leere aller Phänomene.
3. Die Besondere Lehre *(bekkyō)*. Sie entspricht dem mittleren und entwickelteren Stadium des Mahāyāna. Hier handelt es sich um das Prinzip der indirekten Identität, d. h. die Phänomene werden als Teile eines Ganzen, eines Absoluten aufgefaßt, bewahren aber ihre eigene Individualität.
4. Die Vollkommene Lehre *(engyō)*. Sie entspricht dem höchsten oder reinen Stadium des Mahāyāna. Hier handelt es sich um das Prinzip der direkten Identität, d. h. das Eine ist das Viele und das Viele ist das Eine.

Wir waren bisher in den mahāyānistischen Schulen immer wieder der Dichotomie der zweifachen Wahrheit, der absoluten und relativen, begegnet. Die Tendai-Schule ist nun bemüht, diese Dichotomie in der Form des Mittleren Weges zur Synthese zu bringen. Sie legt dabei die Theorie von den drei Wahrheiten *(santai)* zugrunde, welche die drei Existenzformen aller Gegebenheiten wiedergeben. Diese drei Wahrheiten sind die Leere *(kū)*, das Seiende *(ke)* und das Mittlere *(chū)*. Das Seiende ist die phänomenale Welt in Raum und Zeit mit der Beschaffenheit des Vorläufigen, Unterschiedenen und Begrifflichen. Es ist die werdende, relative Unendlichkeit im Sinne der niemals endenden empirischen Verknüpfungen. Die Leere wird als die negative Daseinsform des Seienden aufgefaßt, sie ist von allem Sinnlichen und damit von allen Illusionen losgelöst. Sie ist die absolute Unendlichkeit, aber noch nicht „das wahre Wesen und die Einheit der Dinge". Leere und Seiendes werden demnach als zwei Formen des Seins definiert, wobei die Leere als absolutes Sein zwar von allem Sinnlichen losgelöst ist, aber dennoch alle Existenzmöglichkeiten der phänomenalen Welt in sich begreift. Das Leere „kann aber seine wahre Natur nicht voll realisieren, ohne sich im Besonderen zu manifestieren, und das Besondere leitet sein Sein von der universalen Natur der Dinge her" (Petzold 1982, 35). Somit läßt das Seiende als das Sein des Daseins diese Existenzmöglichkeiten in Erscheinung treten. Hieraus ergeben sich zunächst zwei Wahrheiten: die erste Wahrheit besagt, alle Existenz ist leer, und die zweite Wahrheit besagt, alle Existenz ist zwar leer, ihr kommt jedoch eine vorläufige Realität zu.

Nun sind nach der Tendai-Schule aber Leere und Seiendes nicht eine unvereinbare These und Antithese, sondern sie finden in der dritten Wahrheit des Mittleren ihre Synthese. In ihr werden das „Universale und Partikulare, das Unnennbare und Nennbare, das Negative und Positive zu einer einzigen absoluten Wesenheit harmonisiert" (Petzold 1982, 36). Die Wahrheit des Mittleren beinhaltet daher: Alle Existenz ist weder leer noch vorläufige Realität, sondern wird durch das Mittlere transzendiert, d.h. erst das Mittlere stellt in der Tendai-Schule die absolute, volle dreifache Wahrheit *(ennyū santai)* dar. Sie ist das wahre Wesen *(jissō)*, sie ist Buddha-Natur *(busshō)*. Man kann sich die Funktion der drei Wahrheiten wie die eines Spiegels vorstellen: Sein Glanz entspricht der Leere, die von ihm reflektierten Erscheinungen entsprechen dem Seienden und der Spiegel selbst entspricht dem Mittleren. Glanz und Reflexion hängen vom Spiegel ab, und der Spiegel wäre ohne diese beiden kein

Spiegel. Die Tendai-Schule vertritt damit die direkte Identität zwischen der absoluten und phänomenalen Welt, weil die Leere direkt identisch mit dem Seienden und dem Mittleren, das Seiende direkt identisch mit der Leere und dem Mittleren und das Mittlere direkt identisch mit der Leere und dem Seienden ist. Alle Gegebenheiten sind also in allen drei Wahrheiten enthalten, mit ihnen identisch; das bedeutet, daß jedes Phänomen in sich die volle dreifache Wahrheit besitzt: Buddha-Natur ist.

Es ist noch auf einen Kernsatz der Tendai-Lehre „Ein Gedanke ist identisch mit den Dreitausend" *(ichinen sanzen)*, der ihre Identitätslehre nochmals zum Ausdruck bringt, näher einzugehen. Im Grunde leitet sich diese These bereits aus dem bisher Gesagten ab, sie wird aber noch durch die zehn Seinsarten *(jūnyoze)* und die zehn Welten *(jikkai)* näher erklärt. Die Tendai-Schule geht zunächst davon aus, daß jedes Daseinselement zehn Seinsarten besitzt. Damit soll nicht nur klargelegt werden, was fundamental und universal von einem jeden Daseinselement ausgesagt werden kann, sondern auch, daß alle Daseinselemente Soheit *(shinnyo)* sind. Es handelt sich um die zehn Seinsarten der äußeren Form *(sō)*, des inneren Wesens *(shō)*, der Substanz *(tai)*, der Kraft *(riki)*, der Tat *(sa)*, der direkten Ursache *(in)*, der indirekten Ursache *(en)*, der Wirkung der direkten Ursache *(ka)*, des Lohns von Ursache und Wirkung *(hō)* und der Totalität der vorhergehenden Seinsarten, d.h. Anfang (= Form) und Ende (= Lohn) sind miteinander verschmolzen *(hommatsu kukyō tō)*. Die zehnte Seinsart, die im Gegensatz zu den vorangegangenen als Phänomene bezeichneten neun die Vernunft genannt wird, besagt nichts anderes, als daß sie alle neun in sich begreift und die zehn Seinsarten letztlich alle identisch sind. „Sie sind wie ein Ring, in dem man Anfang und Ende tatsächlich nicht unterscheiden kann, oder in dem jede solche Unterscheidung nur konventionelle Bedeutung hat" (Petzold 1982, 47). Die zehnte Seinsart stellt also das Wesen der Aspekte als das Leere, das zu dem Seienden führt und im Mittleren enthalten ist, dar. Sie führt uns nochmals die vollkommen ineinander existierende Identität der drei Wahrheiten vor Augen.

Mit der Theorie von den zehn Seinsarten wird noch diejenige von den zehn Welten oder Existenzen verbunden. Die Tendai-Schule unterscheidet zehn Wege der Existenz, indem sie – gestützt auf das ›Avataṃsaka-sūtra‹ – zu den sechs traditionell buddhistischen Existenzen, nämlich Hölle *(jigoku)*, Hungergeister *(gaki)*, Tiere *(chikushō)*, kämpfende Dämonen *(shura)*, Menschen *(ningen)*, himmlische Existenzen *(ten)*, noch die vier Existenzen der Buddha-Hörer *(shōmon)*, der Einzelerleuchteten *(engaku)*, der Bodhisattva *(bosatsu)* und der Buddha *(butsuda)* hinzufügt. Parallel zu den zehn Seinsarten begreift nun die zehnte Existenz nicht nur die vorangehenden neun in sich, sondern eine jede der Existenzen schließt jeweils die neun anderen ein, d.h. daß beispielsweise selbst das in der Hölle befindliche Lebewesen alle höheren Existenzmöglichkeiten bis hin zur Buddha-Natur in sich birgt, also die Lebewesen aller Existenzen in ihrem innersten Kern mit Buddha identisch sind. Die Existenz der Hölle und die der Buddha sind also letztlich vom Blickpunkt der mittleren Wahrheit aus identisch.

Greifen wir nochmals obigen Kernsatz „Ein Gedanke ist identisch mit den Dreitausend" auf, so bedeutet darin die Zahl Dreitausend die Totalität des Universums aller Lebewesen und Dinge. Die Zahl kommt zustande durch die Multiplikation von 10 × 10 Welten (Existenzen), da ja jede die anderen neun enthält; jede der 100 Welten besitzt jeweils die 10 Seinsarten, was die Zahl Tausend ergibt, die wiederum mit der Zahl Drei, nämlich den drei Bereichen *(san seken)* – dem Bereich der fünf Gruppen *(goun)*, aus welchen alle Lebewesen zusammengesetzt sind, dem aller Lebewesen *(shujō)* und dem von Land und Erde *(kokudo)*, wo die Lebewesen wohnen – zu multiplizieren ist und die Zahl Dreitausend ergibt. Sie verkörpert die absolute Realität, die Buddha-Natur. *Ichinen* (ein Gedanke) bedeutet der Bewußtseinsakt eines infinitesimalen Bruchteils eines Augenblicks, der die Dreitausend, d.h. die absolute Realität umfaßt.

e) Der Groß-Sonnen Buddha (Dainichi Nyorai) als das Absolute in der Shingon-Schule

Die Shingon-Schule, die dem Bereich des Tantrismus angehört, bezeichnet sich selbst als einzige Schule der esoterischen Lehre *(mikkyō)* im japanischen Buddhismus. Im Mittelpunkt ihrer Lehre steht der Dainichi Nyorai. Dieser Buddha wurde nicht immer als der zentrale Buddha im esoterischen Buddhismus anerkannt. Höchstwahrscheinlich war es Hui-kuo, der die Gleichsetzung des Dainichi Nyorai mit dem zeitlosen Dharmakāya Buddha vornahm, und dies brachte eine entscheidende Wende in der buddhistischen Spekulation. Zugrunde liegt dieser Gleichsetzung die im Mahāyāna allgemein anerkannte Theorie von den drei Buddha-Leibern *(sanshin)*. Hiernach werden folgende drei Leiber Buddhas unterschieden: Der Erscheinungsleib (*keshin*, sk. *nirmāṇakāya*), worunter alle für die Lebewesen sichtbaren Gestalten der verschiedenen Buddha fallen, welche diese aus Mitleid mit den Lebewesen annehmen, um sie zu vervollkommnen und zu erretten. So z.B. die Gestalt des historischen Śakyamuni. Der Genußleib (*hōjin*, sk. *sambhogakāya*), in dem sich ein Buddha gegenüber den Bodhisattva offenbart. Der Gesetzes- oder Dharma-Leib (*hosshin*, sk. *dharmakāya*), der Buddha als das Absolute verkörpert. Allein in diesem Leib verwirklicht Buddha sein wahres Selbst. Dieser Leib ist nicht geschaffen, also anfanglos, er vergeht nicht, ist formlos und jenseits der Vorstellung, ist die unendliche Wahrheit, die Quelle der Erleuchtung, das Zentrum vieler Buddhas und Bodhisattvas, die Einheit, die aller Verschiedenheit zugrunde liegt und das Ureine, aus dem die beiden anderen Leiber erwachsen.

Die Shingon-Schule interpretiert nun den Dainichi Nyorai als Dharma-Leib in vierfacher Form *(shishu hosshin)*, was insofern eine Neuerung ist, als man den Dharma-Leib bisher als formlos angesehen hatte.

1. Der Dharma-Leib im absoluten Zustand *(jishō hosshin)* stellt den absoluten Aspekt des Dainichi Nyorai dar, der das *dharma* (Gesetz) im Zustand der Meditation *(sammai, jō)* offenbart und sich in seinen eigenen Emanationen – dem gesamten Universum – enthüllt.

   Hierbei werden noch drei weitere Aspekte unterschieden: Dainichi Nyorai als der Leib der Weisheit *(chishin)*, als der Leib des Prinzips *(rishin)* und als der Leib der Sechs Großen *(rokudaishin)*. Der erste Aspekt geht auf das ›Vajraśekhara-sūtra‹ zurück, in dem Dainichi Nyorai die Diamantwelt *(kongōkai)*, also die vollkommene Weisheit symbolisiert, wobei der Diamant *(kongō)* als Symbol der Härte, Stabilität, Dynamik und Erleuchtungskraft steht. Dieser Aspekt findet in dem ›Mandala der Diamantwelt‹ seine graphische Darstellung. Es werden insgesamt fünf Arten von Weisheiten angenommen: die Weisheit, die das Wesen der phänomenalen Welt begreift *(hokkai taishō chi)*; die Große Runde Spiegel-Weisheit *(daienkyō chi)*, die die Wirklichkeit so reflektiert, wie sie ist; die Weisheit der Identität *(byōdōshō chi)*, die von der Identität aller Phänomene ausgeht, weil diese als Emanationen des Absoluten aufgefaßt werden, und die die absolute Identität aller Lebewesen hinsichtlich ihres innersten Wesens anerkennt; die Weisheit der Beobachtung *(myōkanzatchi)*, die alle Objekte des Geistes frei vom diskriminierenden Denken betrachtet; die Weisheit der Handlung *(jōshosa chi)*, die sich, in der Absicht alle Lebewesen zur Erleuchtung zu bringen, in Handlungen manifestiert.

Der zweite Aspekt ist das (Welt-)Prinzip *(ri)* und geht auf das ›Mahāvairocana-sūtra‹ zurück, in dem Dainichi Nyorai die Mutterschoßwelt *(taizōkai)* verkörpert, wobei der Mutterschoß *(taizō)* Weichheit und Bewegung symbolisiert. Er steht für das noch nicht verwirklichte Prinzip, für das Element der ursprünglichen Erleuchtung *(honnu hongaku)* in allen Lebewesen, für Mitleid, Wachstum und Kreativität. Darstellung findet der zweite Aspekt in dem ›Mandala der Mutterschoßwelt‹, das die Erscheinungswelt in ihrer Mannigfaltigkeit, das Wandelbare und die Handlungen zum Ausdruck bringt. Beide Aspekte oder Welten werden von der Shingon-Schule als Einheit *(ryōbu funi*: beide Teile sind nicht zwei; *richi funi*: Prinzip und Weisheit sind nicht zwei) angesehen.

Den dritten Aspekt bilden die Grundelemente dieser Zwei-Welten-Einheit, die „Sechs Großen“ *(rokudai)*: Erde, Wasser, Feuer, Wind, Raum und Bewußtsein. Die ersten fünf repräsentieren das Körperliche, werden der Mutterschoßwelt zugerechnet und entsprechen damit dem (Welt-)Prinzip. Das Bewußtsein repräsentiert das Geistige, gehört der Diamantwelt an und entspricht somit der Weisheit. Diese fundamentalen, sich gegenseitig durchdringenden und sich im Zustand der ewigen Harmonie befindenden sechs Elemente sind nichts anderes als Dainichi Nyorai, das Absolute; sie sind die Schöpfer und das Geschaffene, das Eine und die Totalität aller Phänomene und Bewegungen in diesem Universum. Somit kann von allen Phänomenen ausgesagt werden, daß sie hinsichtlich ihrer Bestandteile aber auch mit der Wahrheit identisch sind *(sokuji ni shin)*: Mensch und Natur, Körper und Geist sind nicht dualistisch aufzufassen und der Wert des einen ist nicht höher als der Wert des anderen.

2. Der Dharma-Leib als Teilhabe *(juyū hosshin)*, der unter zwei Aspekten, dem auf das Selbst orientierten Leib *(jijuyūshin)* und dem auf andere orientierten Leib *(tajuyūshin)*, gesehen wird. Der erste Aspekt gleicht dem unter Punkt 1 beschriebenen Meditations-Zustand, unter dem zweiten Aspekt erscheint der Dharma-Leib in der Gestalt von Buddhas, um die Bodhisattvas im fortgeschrittenen Stadium zu leiten.
3. Der Dharma-Leib in Verwandlung *(henge hosshin)*; er entspricht dem historischen Buddha, der in der Geschichte erscheint, um jenen Lebewesen wie die Buddha-Hörer, Einzelerleuchteten und

die gewöhnlichen Menschen, die noch nicht das fortgeschrittene Stadium erreicht haben, die buddhistische Lehre zu verkünden.

4. Der Dharma-Leib in Emanation *(tōru hosshin)*; gemeint sind damit jene aus Danichi Nyorai vielfältig entströmenden Gestalten der nicht menschlichen Lebewesen, die er aus Mitleid und in seiner Weisheit entsendet, um die Erleuchtung aller Lebewesen in ihrer Entwicklung zu fördern.

In dieser besonderen Interpretation des Dainichi Nyorai sieht die Shingon-Schule ihre Überlegenheit und Universalität über alle anderen buddhistischen Strömungen. Und zwar unterscheiden sie vier Merkmale von dem exoterischen Buddhismus: 1. Die Art des Predigens. Während es sich bei den exoterischen Lehren um die Predigten des historischen Buddha Śakyamuni handelt, wo unter Verwendung von Hilfsmitteln *(hōben)* die Lebewesen zur Erleuchtung geführt werden, diese Predigten also offenbar, vereinfacht und den Notwendigkeiten der Zeit und den Fähigkeiten der Zuhörer angepaßt sind, geht es in der esoterischen Shingon-Lehre um von Dainichi Nyorai vornehmlich in dem von ihr propagierten ›Mahāvairocana‹- und ›Vajraśekhara-sūtra‹ Geoffenbartes unter Wegfall von jeglichen Hilfsmitteln. Diese Predigten sind geheim und tief in ihrem Gehalt und enthalten die höchste Wahrheit. 2. Die Qualität des Predigers. Die exoterischen Predigten enthalten nicht die mystische Erfahrung der Erleuchtung des Buddha, also die absolute Wahrheit, weil diese das diskriminierende Denken und die Sprache übersteigt und daher nicht gepredigt werden kann. In der Esoterik erfolgt das Predigen auf der Grundlage der wahren Worte *(shingon)*, die der absoluten Wahrheit des Dainichi Nyorai entsprechen, also die Grenzen des exoterischen Predigens übersteigen. Mit Hilfe dieser wahren Worte, der *inzō* – bestimmte Handgesten von magisch-symbolischer Bedeutung – und der Maṇḍala *(mandara)* – mystische Diagramme in Form eines Drei- oder Vielecks mit symbolischen Darstellungen, die als Meditationshilfe dienen – ist es möglich, die absolute Wahrheit zu erfassen. 3. Die für die Erleuchtung erforderliche Zeit. Während die Exoterik fast ausschließlich die allmähliche Erleuchtung, die das Durchlaufen mehrerer Leben erforderlich macht, anerkennt und auch solche Schulen wie die Kegon und Tendai zwar von einer Erleuchtung in diesem jetzigen Leben sprechen, vertritt die Esoterik entschieden die Erleuchtung, d.h. Vereinigung mit Dainichi Nyorai, in diesem jetzigen Leben und bietet hierfür das Praktizieren der drei Mysterien *(sammitsu)* – Meditation, Mantra *(shingon)* und Mudrā *(inzō)*, also die Einbeziehung des Geistes *(i)*, der Sprache *(go)* und des Körpers *(shin)* an. 4. Das Problem der Verdienste. Die Exoterik klassifiziert die Lebewesen nicht nur in verschiedene Kategorien geistiger Fähigkeiten, sondern spricht manchen Lebewesen überhaupt die Möglichkeit einer Erleuchtung *(issendai)* ab, d.h. die Verdienste, die ein Lebewesen erwerben kann, sind sehr unterschiedlich oder fallen überhaupt aus. In der Esoterik hingegen ist Dainichi Nyorai ständig bemüht, allen Lebewesen Verdienste zukommen zu lassen.

Trotz ihrer kritischen Betrachtungsweise und Wertung der exoterischen Schulen stellt für die Shingon-Schule der Buddhismus in seiner Entwicklung durchaus eine Einheit dar, deren Gipfel natürlich die Shingon-Lehre bildet. So ergibt sich für sie folgende Hierarchie der verschiedenen Lehrsysteme, die von dem Hauptvertreter der Shingon-Schule, Kūkai, die „zehn Stufen des Geistes" *(jūjūshin)* genannt wird:

1. Der Geist eines gewöhnlichen Menschen, der allein seinen Instinkten gemäß lebt und daher in seinem Verhalten einem Schaf gleicht, sich also kaum von den Tieren unterscheidet. Er ist ein Mensch ohne sittliches und religiöses Wertempfinden. Aber selbst dieser Mensch besitzt die Fähigkeit zur Erleuchtung, allerdings über den Weg der nächsten Entwicklungsstufen.
2. Der Geist, der unwissend ist und einem Kinde gleicht, jedoch bereits eine ethische Haltung besitzt. Dieser Mensch ist fähig, einfache buddhistische Gebote und das Almosengeben *(fuse)* zu praktizieren. Diese Stufe wird dem Konfuzianismus gleichgesetzt, dessen oberstes Ziel die ethische Vervollkommnung ist.
3. Der infantile und furchtlose Geist. Gemeint ist jener Mensch, der an eine Wiedergeburt glaubt, wie z.B. der Taoist, der Hinduist und auch der Buddhist, der im wörtlichen Sinne an eine Wiedergeburt glaubt. Bei ihm zeigt sich zwar ein Erwachen des religiösen Geistes, doch ist diese Stufe noch als egoistisch zu werten, weil es dem Gläubigen nur um sein Selbst und dessen Errettung geht.
4. Der Geist, welcher der *muga*-Theorie anhängt, d.h. nicht an eine ewige Substanz, die dem Ich zugrunde liegt, glaubt, sondern nur eine Zusammensetzung der Persönlichkeit aus den fünf Gruppen *(goun)* annimmt. Diese Stufe wird dem Fahrzeug der Buddha-Hörer zugeordnet.
5. Der Geist, der von der Ursache des *karman* befreit ist und nach dem *nirvāṇa* strebt. Auf dieser Stufe hat der Geist den „Lehrsatz vom Entstehen in Abhängigkeit" erfaßt und damit das Nicht-

wissen *(mumyō)* überwunden. Ein solches Lebewesen kann nicht mehr wiedergeboren werden. Diese Stufe entspricht dem Fahrzeug der Einzelerleuchteten, ihr mangelt jedoch das Mitgefühl, das Wissen von den Hilfsmitteln *(hōben)*, anderen bei der Erleuchtung zu helfen.

6. Der Mahāyāna-Geist mit dem Mitgefühl für andere. Auf dieser Stufe erkennt man, daß die phänomenale Welt von unserem Bewußtsein geschaffen ist. So ist die charakteristische Lehre dieser Stufe die der Hossō-Schule. Die Stufe entspricht der ersten Entwicklungsphase des Mahāyāna.
7. Der Geist, der die „Ungeborenheit" des Geistes begreift. Der Terminus „ungeboren" steht hier nicht im Gegensatz zu „geboren", sondern bedeutet, auf der Grundlage der achtfachen Negation, die Transzendierung der Korrelation von Sein und Nicht-Sein. Dieser Geist ist fähig, die Leere zu erfassen. Diese Stufe entspricht dem Entwicklungsgrad der Sanron-Schule.
8. Der Geist, der in wahrhafter Harmonie mit dem Einen Weg ist. Diese Stufe wird der Tendai-Lehre gleichgesetzt, in welcher Leere, Seiendes und Mittleres als vollkommene Synthese aufgefaßt werden.
9. Der Geist, der des tiefsten exoterischen Denkens fähig ist, also die gegenseitige Durchdringung aller Phänomene erfaßt. Diese Stufe entspricht der Kegon-Lehre. Diese und Stufe acht liefern zwar das höchste theoretische Wissen des Mahāyāna, sind aber noch nicht die wahre Erleuchtung, die den Menschen in der Einheit von Körper und Geist umfassen muß.
10. Der geheime und heilige Geist. Auf dieser letzten Stufe eröffnet sich dem Geist der wahre Schatz der Shingon-Lehre: Die völlige Vereinigung des Menschen mit Dainichi Nyorai, der die absolute Wahrheit und Wirklichkeit darstellt und sich selbst in allen Sinnesobjekten und im Denken offenbart. Diese Wahrheit, dieses in allen Lebewesen enthaltene Element der ursprünglichen Erleuchtung durch die Gnade des Dainichi Nyorai und aufgrund eigener Anstrengungen hier und jetzt zu entwickeln und zu verwirklichen, nennt Kūkai die „Erlangung der Erleuchtung in eben diesem Körper" *(sokushin jōbutsu)*, wobei Körper hier die menschliche Existenz in ihrer Geist-Körper-Einheit bedeutet. Denn religiöse Erfahrung ist für Kūkai nicht nur intellektuell, sondern allein in der Geist-Körper-Einheit möglich. Damit der Mensch dieser Wahrheitserfahrung teilhaftig werden kann, muß er sich der oben genannten drei Mysterien bedienen.

f) Die Leere (kū) in der Auslegung des Zen-Buddhismus

In allen mahāyānistischen Lehrsystemen ging es bisher um das Problem der menschlichen Existenz, die in der Erfahrung einer absoluten, wahrhaft übergegensätzlichen Synthese von Absolutem und der Vielheit der phänomenalen Welt voll zu erfassen sei. Auch im Zen steht diese Problematik im Mittelpunkt: Die existentielle Erfahrung des Menschen in seiner Leib-Geist-Einheit, wobei sich das Zen eines bestimmten psychologischen und erkenntnistechnischen Ablaufs, in dem sich jene höchste Synthese vollzieht, bedient.

Auch das Zen geht von der These aus, daß der Mensch auf die absolute Wahrheit *(shinnyo)* hin angelegt ist, diese aber von dem gewöhnlichen Menschen nicht erkannt wird, weil er sich in Illusionen, d.h. unrichtigen Vorstellungen von seinem Ich und der Erscheinungswelt, gefangen hält. Diese Befangenheit rührt von den falschen Mitteln und Wegen bei der Suche nach der Wahrheit her. Der Ansatz des Zen liegt somit ebenfalls in der Kritik an der Erkenntnisweise und an den durch diese Erkenntnisweise erworbenen Erkenntnissen, die der Mensch irrtümlicherweise als wahr ansieht. Angegriffen wird die sogenannte intellektuelle Wesenserkenntnis, die unaufhörlich darum bemüht ist, die dem Selbst und der Erscheinungswelt zugrundeliegende Wahrheit allein mit der Ratio erkennen zu wollen. Die Ratio löst dabei die unmittelbare Erfahrung der Wirklichkeit in Objekte auf. Sie erhält somit eine in Objekte versachlichte Erscheinungswelt, die sich in A_n- bis X_n-Objekte aufgliedert, wobei es bei jedem Objekt um die Identifikation als es selbst geht. Jedes Objekt wird in seiner ihm spezifischen Objektheit gesehen, d.h. A ist wegen seiner A-heit A usw. Diese verwesentlichten Objekte sind für den Geist nicht reduzierbare Wirklichkeiten, die unveränderlich und substantiell bleiben. Nach Auffassung des Zen sind aber diese A_n- bis X_n-heiten in Wirklichkeit nicht da, sondern Gebilde der Ratio.

In dieser Kritik an der herkömmlichen Erkenntnisweise kommt klar die Forderung zum Ausdruck, daß nach zenistischer Auffassung der Mensch eine Wandlung in seinem Geist vornehmen muß, um sein wahres Selbst und die wahre Erscheinungswelt zu erfahren. Welcher Methoden bedient sich hierbei das Zen? Zen lehnt jede Art von Intellektualismus, Verbalismus und Begrifflichkeit ab und betont allein die direkte, intuitive Erfahrung der Wirklichkeit. Gerade wegen seines bestimmten psychologischen und erkenntnistechnischen Ablaufs, der eben eindeutig in der meditativen Praxis liegt, wird das Zen oft als die unphilosophischste unter den buddhistischen Schulen bezeichnet. Izutsu, einer der heute interessantesten Zen-Interpreten, gibt zu Recht zu bedenken: „Diejenigen, die mit dem Zen-Buddhismus in der einen oder anderen Form schon vertraut sind, werden den Titel dieses Buches wahrscheinlich als einen Selbstwiderspruch empfinden: Philosophie des Zen-Buddhismus. Denn Zen ist sowohl als praktisches Handeln als auch als Theorie schlechterdings unphilosophisch, ja, positiv und ohne Umschweife ausgedrückt, sogar antiphilosophisch“ (Izutsu 1979, 7).

Das Mißtrauen des Zen gegenüber dem abstrakten Denken ist vor allem aus der Geschichte heraus zu interpretieren. Zen entstand in China als eine Reaktion auf die Vielfalt der Mahāyāna-Systeme, in welchen die strittigen Probleme durch abstraktes Denken gelöst wurden. Zen hingegen versucht, die Theorien der bestehenden Mahāyāna-Systeme durch die Methode der direkten Erfahrung zu überwinden. Daher verwirft Zen im Prinzip auch alle Literatur, weil eben die Worte nicht die Wahrheit auszudrücken vermögen. Was jedoch keinesfalls von den Zen-Meistern als ein Hindernis empfunden wurde, eine Vielzahl an Zen-Literatur zu verfassen. Zen führt gewissermaßen alle geschichtlichen Formen des Buddhismus auf die Erleuchtungserfahrung des Buddha selbst zurück. Diese soll der Mensch in ihrer Ursprünglichkeit erneut erleben und dabei jene Tiefen des Geistes ausloten, welche die Grenzen der Ratio übersteigen. Es geht also eindeutig um ein Weglassen des diskursiven Denkens, womit nicht das einfache Unterdrücken aufkommender Gedanken gemeint ist. Denn das Denken an das Nichtaufkommenlassen einer Illusion ist allein schon eine Illusion. Es muß also um mehr gehen. Gerade in der Umgehung des Intellektes will Zen dem Leben seinen wahren Sinn wiedergeben. Dies sollte jedoch nicht so verstanden werden, „als entbehre Zen in seiner Struktur und Natur überhaupt einer philosophischen Energie. Das Gegenteil ist der Fall: In gewissem Sinn besitzt Zen ein bestürzend großes Maß an philosophischen Potentialen“ (Izutsu 1979, 8).

Als wirksamste Methode der Reinigung des Geistes hat Zen im Laufe seiner Geschichte zwei verschiedene Meditationspraktiken, *zazen* und *kōan*, entwickelt, wobei die Sōtō-Schule das *zazen*, die Rinzai-Schule das *kōan* in den Mittelpunkt stellt. Beide Methoden dienen im Zen gleichermaßen dem Erreichen der Erleuchtung. *Zazen* ist die Meditation im Hocksitz. „Mit dem Hocksitz befindet sich der Körper in jener lockeren Gespanntheit, in der Sinne und Geist wachbleiben und doch zur völligen Ruhe gelöst sind ... Der

Atem, die tragende Lebenstätigkeit im Organismus, ist die Grundlage für alle Ruhe und Bewegung des Körpers und Geistes ... Das Ziel der Atemregulierung ist beim *zazen* nicht die Ausschaltung des Bewußtseins, sondern eine völlig beruhigte Gleichgewichtslage des Organismus. Dabei spielen altindische, anthropologische und anatomische Vorstellungen eine Rolle, gemäß denen ‚eine Hand breit unter dem Nabel das Meer des Geistes' liegt, wo ‚die Heimat unseres eigentlichen Wesens' ist" (Dumoulin 1959, 164f.). Das Ziel des *zazen* wird häufig mit Hilfe eines Beispiels verdeutlicht. Man stelle sich den Geist in einer Zwei-Stufen-Struktur vor: Oberflächen- und Tiefen-Stufe. Erstere würde dem Wachbewußtsein mit Bildern, Begriffen und Gedanken entsprechen. Sie ist jene Stufe, die das Merkmal der Unruhe trägt und vom diskursiven Denken bestimmt ist. Die Tiefen-Stufe bezieht sich auf denselben Geist, nur daß er von der Unruhe auf der Oberfläche nicht beeinträchtigt wird. Man vergleicht das Strukturbild gern mit dem Bild des Meeres, dessen Oberfläche von den Wellen bewegt wird, dessen Tiefen jedoch ein Bereich der völligen Ruhe sind. Mit *zazen* soll also erreicht werden, daß der Geist seine Tiefen-Stufe, die bei dem gewöhnlichen, dem diskursiven Denken verhafteten Menschen unsichtbar bleibt, unter den Wellen der Gedankenformen erfahren kann.

Dōgen, der Hauptvertreter der Sōtō-Schule, forderte ausschließlich diese Form der religiösen Praxis, da er in ihr die Aktualisierung der Buddha-Natur selbst sah. Deshalb wird seine Richtung des Zen auch die des „ausschließlichen *zazen*" *(shikan taza)* genannt. Dōgen spricht vom *zazen* als „dem Dharmator der großen Ruhe und Freude", als jener Methode, die den Menschen die Einheit von Leib und Geist mit der Buddha-Natur erfahren läßt. Die Buddha-Natur ist die Absolutheit der alleinigen Wirklichkeit, sie ist die leblose wie belebte Welt. Die Wirklichkeit aller Dinge und die Buddha-Natur sind identisch. „Buddha-Natur ist alle Dinge", sagt Dōgen. Sie ist ewig, allgegenwärtig, lauter und unbefleckt. Sie ist Leere *(kū)*, Nichts *(mu)*, Nicht-Geist *(mushin)*, Nicht-Gedanke *(munen)*. Auch ist „die Buddha-Natur im Weltall nicht gleich einem Samen, aus dem sich die Formen der Wirklichkeit entwickeln, ebensowenig wie sie nicht den Seinsgrund der Welt ausmacht. Alle Phasen des Werdens, die sich gleichzeitig darbieten, sind zusammen und je einzeln Buddha-Natur. Dōgen kennt keinen Potentialität einschließenden Werdeprozeß ... Das Erscheinen der Buddha-Natur spielt sich nicht in einer kontinuierlichen Zeitfolge von Vergangenheit, Gegenwart und Zukunft ab. Keine Werdepotentialität verwundet die Realität des Seins. Die Buddha-Natur umfaßt alle physische und psychische Wirklichkeit. Keine Art des Seienden ist wirklichkeitsmächtiger als ein anderes Seiendes. Alles Seiende ist in gleicher Weise Buddha-Natur. Die eine Buddha-Natur ist in jedem Augenblick vollkommen da" (Dumoulin 1976, 126f.). Für Dōgen ist Sein nicht in der Zeit, sondern Sein und Zeit sind identisch, denn Zeit wird immer in Beziehung zum Sein gebracht. Zeit hat für ihn weder Substantialität noch Kontinuität. Es existiert nur die absolute Gegenwart, die Dōgen als die Kontinuität der Nicht-Kontinuität interpretiert. Das ewige und dynamische Nun fließt von der Gegenwart eben dieses Moments zu der Gegenwart des nächsten diesen Moments. Die totale Wirklichkeit ist das existentielle Hier und Jetzt. Hieraus ergibt sich für Dōgen auch der wesentliche Faktor der Einheit von *zazen* und Erleuchtung. Weil die immer und allgegenwärtige Erleuchtung, also die Buddha-Natur, das Wesen der Wirklichkeit ausmacht, ist sie in jedem Augenblick des *zazen* gegeben. Es ist eigentlich nicht nötig, nach einem großen, plötzlichen Erleuchtungserlebnis zu trachten, weil *zazen* Übung in Erleuchtung ohne Anfang und Ende ist. Nur aufgrund dieser Einheit ist *zazen* überhaupt möglich und das immer fortgesetzte Üben wiederum auch notwendig, damit sich in dem gleichzeitigen Ineinander das wahre Wesen des Seins in einem fort erweist.

Im Rahmen des Rinzai-Zen hat ein *kōan* (wörtlich: öffentliche Bekanntmachung) die Bedeutung eines besonderen Problems oder Themas für die Meditation. Zusammengestellt wurden diese *kōan* aus berühmten Fragen und Antworten zwischen Schüler und Zen-Meister, aus Fragmenten mancher buddhistischer Sūtras, aus bedeutungsvollen Abschnitten der Reden von Meistern oder aus Anekdoten, die sich auf ihn bezogen. In einem *kōan*, das fast immer alogisch und irrational ist, haben wir also eine Problemstellung zu sehen. Bei der Lösung des Problems, nämlich den Aussagegehalt eines *kōan* zu erfassen, versagt die rationale Logik vollständig. Der Geist soll gewissermaßen in eine Sackgasse geführt werden. Zum einen soll bei der Konzentration auf ein *kōan* die Aufmerksamkeit des Geistes auf den Inhalt gelenkt werden, zum anderen aber vor allem der suchende Wille entfacht werden, in den Inhalt des *kōan* einzudringen. Der Wille ist deshalb von so großer Bedeutung, weil bei der Konzentration auf den Inhalt des *kōan* unweigerlich eine Einswerdung von Meditierendem und Meditationsthema erfolgt. Es tritt damit der Zustand völliger Undifferenziertheit ein, der als die gefährlichste Stelle in der *kōan*-Übung angesehen wird und keineswegs dem im Zen angestrebten Erleuchtungsziel entspricht. Dieser Zustand wird als „sich an der Spitze einer hundert Fuß hohen Stange anklammern" oder als „ein lautloses Untertauchen im trüben Wasser" bezeichnet. Mit dem in diesem Moment jedoch einsetzenden suchenden Willen, dem Glauben an ein Mehr hinter der Undifferenziertheit, entsteht die Geisteshaltung des „großen Zweifels" *(daigi)* an eben jenem Nichts, jener subtile und sublimierte Zustand in der *kōan*-Übung, der den Einbruch der Erleuchtung, die unmittelbare Berührung mit der Tiefen-Stufe des Geistes vorbereitet. Diese sowohl durch das *zazen* als auch durch die *kōan*-Übung zu erreichende Berührung mit der Tiefen-Stufe bedeutet im Moment der Erleuchtung zugleich auch deren Einbruch ins Bewußtsein. Es erfolgt eine Durchdringung der tatsächlichen und möglichen Bewußtseinsinhalte der Oberflächen-Stufe mit jenem metaphysischen Kontinuum, das eben die Leere usw. genannt wird und das den Grund der Diskontinuität des Relativen bildet. Über die zenistische Erleuchtung *(satori)* äußert daher Suzuki: „In Zen muß es ein *satori* geben, muß ein allgemein geistiger Umbruch erfolgen, welcher mit der Anhäufung leerer Begrifflichkeit Schluß macht; es muß ein neuer Sinn erwachen, mit dem man die altbekannten Dinge in einer gänzlich neuen Sicht erlebt" (Suzuki 1958, I, 262).

Verdu arbeitet für das besonders in der Rinzai-Schule betonte *satori*-Erlebnis drei wesentliche Charakteristika heraus: 1. Es hat kosmischen Charakter, denn um zur wahren Erkenntnis zu kommen, bedarf es eines „vitalen, unmittelbaren und intuitiven Erfassens des in seiner Allgegenwärtigkeit und Unteilbarkeit umgreifenden kosmischen Vollzugs" ... Somit beinhaltet der zenistische Intuitionsbegriff einen Bewußtseinszustand, den wir analog dazu 'kosmisches Bewußtsein' nennen können" (Verdú 1965, 183f.). – 2. Es ist übergegensätzlich, denn es genügt nicht zu erkennen, daß Relatives und Absolutes sich ergänzen, sich bedingen und sich gleichsam durchdringen, also neben- oder miteinander existieren, sondern ein und dasselbe sind. Es handelt sich um eine *coincidentia*. *Satori* ist also überbegrifflich schauende Erkenntnis jener *coincidentia* (Verdú 1965, 187ff.). – 3. Es ist plötzlich, denn die absolute Leerheit, das Nichts als eine kosmische Entität läßt sich nach zenistischer Auffassung nur in einem ganzheitlichen, umfassenden und plötzlichen Vorgehen erfahren. Es ist das plötzliche, dynamische Schauen der Selbstnatur, die den Geist zur Transzendenz hin öffnet (Verdú 1965, 198).

Die Bewußtseinsänderung, die das Zen anstrebt, setzt also

voraus, daß der Mensch nicht mehr mit seinem Geist, der alles verwesentlicht, die Dinge sieht, sondern mit dem Nicht-Geist *(mushin)* als der veränderten Struktur des Bewußtseins. Izutsu bringt dies auf folgende Formel (1979, 25ff.): Für den verwesentlichenden Geist trifft die Formel s (= Subjekt) → o (= Objekt) zu; für die im Zen-Sinne veränderte Struktur des Bewußtseins gilt die Formel (S →) s bzw. o (← S). Diese Formel besagt, daß hinter allem die Leere, das Nichts, die Buddha-Natur als das „versteckte Prinzip" wirkt, deshalb wird s verdeutlicht durch (S →) bzw. o durch (← S). Das versteckte Prinzip, das durch das s wirkt, sieht das o, durch das es ebenfalls wirkt. Also sind sowohl s als auch o eine besondere Aktualisierung von (S →). Für den reinen Akt des Sehens (= S) müßte also die Formel lauten:

(S →) s — o (← S)
\\ /
S →

Im reinen Akt des Sehens fallen die Dinge zusammen *(coincidentia)*. Alle Dinge fließen ineinander. „Das ganze Sein hat sich auf dieser Stufe in einen ausgedehnten grenzenlosen Raum der Leere verwandelt, in dem nichts als etwas Bestimmtes begriffen werden kann. Der Mensch erfährt in dieser Situation unmittelbar die ganze Welt des Seins als Nichts" (Izutsu 1979, 35).

II. DIE KONFUZIANISCHE PHILOSOPHIE UND IHRE GEGENBEWEGUNG, DIE KOKUGAKU

1. Historische Bemerkungen

Der Beginn des Konfuzianismus in Japan wird gemäß den Angaben im ›Kojiki‹ und ›Nihongi‹ im Zusammenhang mit dem aus Korea eingewanderten Gelehrten Wani (285; verifizierte Zeitrechnung 375) gesehen. Er soll unter anderen Schriften das ›Lun-yü‹ (Erörterungen und Gespräche) des K'ung-tzu (551–479) mitgebracht haben. Auch die in der nachfolgenden Zeit aus Korea kommenden Gelehrten wie Dan Yōni (Tuan Yang-erh, 513) und Kō Ammo (Kao An-mou, 516) waren bestens mit den konfuzianischen Klassikern vertraut und trugen zur Verbreitung konfuzianischen Gedankengutes unter den japanischen Intellektuellen bei.

Wie der Buddhismus, so hatte auch der Konfuzianismus zur Zeit seiner Einführung in Japan eine lange Entwicklung in China hinter sich. Von K'ung-tzu im 6. Jahrhundert v. Chr. begründet, wurde diese Lehre, noch bevor der Buddhismus China erreichte, neben dem Taoismus zu der bedeutendsten Denkrichtung. Sie gestaltete nicht nur richtunggebend die chinesische Philosophie, sondern prägte auch die politischen, gesellschaftlichen und wirtschaftlichen Verhaltensweisen. Ziel seiner Lehre war für K'ung-tzu die Rückbesinnung auf das Wissen um das chinesische Altertum, auf das „Goldene Zeitalter". Dieses wollte er in seiner von politischen Unruhen und sittlichem Verfall geprägten Zeit erneuern. Seine Grundgedanken gaben die Ansätze zu einer neuen Philosophie und Staatslehre. Die Quintessenz dieser Lehre kann man als eine Lebensphilosophie interpretieren, die – rational erfaßt und in die Praxis umgesetzt – dem Individuum innere Harmonie beschert und die Gesellschaft friedvoll ordnet.

Aus den im ›Lun-yü‹ festgehaltenen Ideen läßt sich ein Geschichtsbild, eine Weltanschauung und eine ethische Wertlehre herausinterpretieren. Das Geschichtsbild ist am Altertum, dem „Goldenen Zeitalter" orientiert, die Weltanschauung regulieren die Begriffe Himmel (chin. *t'ien*), das regulative Prinzip des Seienden, und Himmelsmandat (chin. *t'ien-ming*), die Wertlehre gipfelt in der

Vorstellung des Edlen (chin. *chün-tzu*), der die Menschlichkeit (chin. *jen*), den Zustand menschlicher Vollkommenheit, voll verwirklicht.

Nach K'ung-tzu waren die beiden Gelehrten Meng-tzu (371–289) und Hsün-tzu (298–238) für die Weiterentwicklung des Konfuzianismus von Bedeutung. Beide haben mit ihren im Gegensatz zueinander stehenden Interpretationen den Konfuzianismus verändert. Meng-tzu, der davon ausgeht, daß der Mensch von Natur aus gut sei, rückt den Begriff der Menschlichkeit in den Mittelpunkt seiner Betrachtungen und formt ihn weiter aus. Hsün-tzu hält den ethischen Ansatz von Meng-tzu für einen radikalen Irrtum. Nach ihm ist der Mensch von Natur aus schlecht. Deshalb muß er durch Lehre und Gesetz zu einem gesitteten Leben geführt werden. Die Moral ist also nicht etwas Angeborenes, dem Menschen Innewohnendes, sondern etwas künstlich Aufgebautes. Bei Hsün-tzu stehen daher die Begriffe Riten (chin. *li*) und Rechtlichkeit (chin. *i*), die zur Umbildung der schlechten menschlichen Natur führen, und der Begriff Vernunft (chin. *li*), die jeder Mensch besitzt und mit der er die Wahrheit zu erkennen vermag, im Zentrum seines Lehrgebäudes.

Während der Han-Dynastie (206 v.–220 n. Chr.) wurde unter der Regierung des Kaisers Wu (140–87) der Konfuzianismus zum Staatskonfuzianismus, zu einem mehr oder weniger standardisierten System mit besonderen Zeremonien, Ritualen, zu einer den Forderungen der Han-Staatsstruktur angepaßten Ideologie. Der Konfuzianismus dieser Zeit war primär eine sozial-ethische Philosophie und zeigte wenig Interesse an metaphysischen Problemen.

Die Zeit vom 3. bis zum 7. Jahrhundert – sozialer Wandel und politische Wirren trugen dazu bei – verhalfen dem Buddhismus und Taoismus zu einer Blüte, die den Konfuzianismus überschattete. Beide Gedankenströmungen, den metaphysischen und mystischen Aspekt betonend, kamen den Neigungen der Menschen, den Realitäten ihrer Welt zu entfliehen, entgegen. Eine Wiederbelebung des Konfuzianismus setzte im 8. und 9. Jahrhundert ein, wenn auch schon vorher eine gewisse Auseinandersetzung mit neuen Gedanken metaphysischer Prägung – buddhistischen und taoistischen – in exegetischen Kommentarwerken Eingang gefunden hatten. Die Sung-Zeit (960–1279) brachte dann die eigentliche Erneuerung des Konfuzianismus. Jetzt versuchte man durch eine Zusammenschau der verschiedenen philosophischen Lehren ein Welt- und Menschenbild neuer Sicht zu entwerfen. Zur orthodoxen Lehre wurde in dieser Zeit der Konfuzianismus des Philosophen Chu Hsi (1130 bis

1200) erhoben. Doch neben dieser Schulrichtung, die dann besonders während der Ming-Zeit (1368–1643) sterile Züge annahm, setzten sich auch freiere und schöpferische Tendenzen durch. Als eine der wesentlichsten Schulen ist hier die des Philosophen Wang Yang-ming (1472–1529) zu nennen.

Japan lernte zunächst den han-zeitlichen Konfuzianismus kennen. Eine erste staatspolitisch-ethische Auswertung des Konfuzianismus erfolgte in der ›Jūshichijō kempō‹ (Siebzehn-Artikel-Verfassung, 604) des Regenten Shōtoku, dem ältesten geschriebenen Moralkodex Japans. Bildungs- und gesellschaftspolitisch wurde dem Konfuzianismus in der während der Nara-Zeit entstehenden neuen Gesetzgebung eine zentrale Stellung eingeräumt. Sowohl im ›Taihō ritsuryō‹ (Taihō-Kodex, 701) als auch im ›Yōrō ritsuryō‹ (Yōrō-Kodex, 718), welche die Gesetze für das Straf-, Zivil- und Verwaltungsrecht enthalten, wurde für die Hoch- *(daigaku)* und Provinzschulen *(kokugaku)* die Klassikerexegese *(myōgyōdō)* als eine Hauptfachrichtung festgesetzt. Hier wurden die konfuzianischen Klassiker, unter welchen das ›Lun-yü‹ und ›Hsiao-ching‹ (Buch der Kindesliebe) als obligatorisch galten, und bestimmte chinesische Kommentare zu ihnen gelehrt und geprüft.

Der Konfuzianismus behielt auf die intellektuellen und politischen Kreise auch in den nachfolgenden Jahrhunderten seinen Einfluß. Das Studium des Konfuzianismus blieb allerdings auf die Mitglieder der Hofaristokratie *(kuge)* beschränkt. Vom 10. Jahrhundert an machte sich eine Stagnation der konfuzianischen Studien bemerkbar, die nicht zuletzt mit dem Abbruch des Verkehrs mit China in Zusammenhang stand. Als Ende des 12. Jahrhunderts der Kontakt mit dem Festland wiederhergestellt wurde und vom 14. Jahrhundert an an Regelmäßigkeit zunahm, erfuhr auch das Studium des Konfuzianismus neue Impulse. Eigenartigerweise kamen diese nicht aus dem Kreis der konfuzianischen Gelehrten, sondern aus dem buddhistischer Priestergelehrter, von denen viele zum Studium nach China reisten. Neben ihren buddhistischen Studien lernten sie dort zugleich den Sung- oder Neo-Konfuzianismus kennen und brachten seine Lehrsysteme mit nach Japan. Besonders die Gosan-Klöster wurden die Pflegestätten chinesischer Studien *(kangaku)* im allgemeinen und des Neokonfuzianismus im besonderen. Erste Wegbereiter für sung-konfuzianisches Gedankengut waren die Priester Shunjō (1166–1227) und Enni (1202–1280). Gen'e Hōin († 1349/50) soll die neue Philosophie bei Hofe eingeführt haben. Mit Giyō Hōshū (1363–1424), Keian Genjū (1427–1508) u. a. setzte dann eine intensive Beschäftigung damit ein; erste eigene Kommentarwerke und eine rege Vorlesungstätigkeit entstanden. Keian Genjū errichtete in Satsuma die erste neokonfuzianische Schule, die Satsunan gakuha.

In der Tokugawa-Zeit erlebte die konfuzianische Philosophie ihre Blüte, die in engem Zusammenhang mit der gesellschaftspolitischen Situation dieser Epoche zu sehen ist. Nach einem Zeitalter politischer Spaltungen und Wirren gelang unter Oda Nobunaga (1534–1582) und Toyotomi Hideyoshi (1536–1598) die Befriedung des Reiches und die Wiederherstellung der Reichseinheit, die Tokugawa Ieyasu (1542–1616) weiter festigte. Als erster Shōgun des Tokugawa-Hauses (1603), das als Regierungssitz Edo (Tōkyō) wählte, schuf er die Grundlage, die Japan einen 250jährigen Frieden sicherte. Neben staatsschützenden politischen Maßnahmen, die schließlich zu einer Abschließung *(sakoku)* Japans führten, sorgte das Tokugawa-Regime vor allem für die Sicherung der sozialen Stabilität. Eine strenge soziale Differenzierung in die vier Klassen Krieger, Bauern, Handwerker und Kaufleute *(shi nō kō shō)* wurde zur Grundlage der Gesellschaft. Im Konfuzianismus sahen die Tokugawa-Herrscher die geeignete Lehre, dem neuen Staatswesen die geistige Basis zu geben. Die ethisch-moralischen Grundsätze der fünf Beziehungen *(gorin)* und der fünf Grundtugenden *(gojō)* boten die besten Voraussetzungen für die Staatsideologie. Somit wird es verständlich, daß der Shushi-Konfuzianismus besondere Förderung erhielt und zur orthodoxen Staatslehre wurde.

Für die ideengeschichtliche Entwicklung sollte sich die Abschließungspolitik, die Japan den politischen, wirtschaftlichen und ideengeschichtlichen Anschluß an den Westen versagte, als Nachteil erweisen. Während der Tokugawa-Zeit entwickelte sich zwar unter strenger staatlicher Kontrolle die Rangaku (Holländische Schule), auch Yōgaku (Westliche Schule) genannt, die sich mit Studien der westlichen Medizin, Geographie, Astronomie und Kriegskunde befaßte, aber ein breiter ideengeschichtlicher Zustrom aus dem Westen konnte Japan nicht erreichen. Die wenigen naturwissenschaftlichen Erkenntnisse, die durch die Rangaku vermittelt wurden, reichten nicht aus, um die traditionelle Philosophie an neue Fragestellungen heranzuführen, was letztlich einer der Gründe war, daß die traditionelle Philosophie in der Mitte des 19. Jahrhunderts mehr oder weniger stagnierte.

In der Tokugawa-Zeit standen sich konfuzianische Schulen unterschiedlicher Ausrichtung in kritischer Auseinandersetzung gegenüber. Kennzeichnend für alle konfuzianischen Schulen dieser Epoche war die ablehnende Haltung gegenüber dem Buddhismus, das Bemühen um einen Synkretismus mit dem Nationalkult Shintō, ferner das Bestreben, den Konfuzianismus zu popularisieren, und schließlich eine Ausweitung der Gelehrtenschaft. Das konfuzianische Gelehrtentum, bisher auf die oberste Klasse der Krieger beschränkt, überschritt jetzt die Klassengrenze. Die Zahl der Gelehrten aus Kaufmanns-, Arzt- und selbst Bauernfamilien nahm zu.

Die orthodoxe Staatsschule ist die Shushigaku, die Schule *(gaku)*, die sich auf das Gedankengut des chinesischen Philosophen Chu Hsi (Shushi) stützt. Chu Hsi galt im China der Sung-Zeit als der große Systematiker konfuzianischen Ideengutes. Grundlage seiner Studien waren die ›Dreizehn Klassiker‹ und die ›Vier Bücher‹.

Folgende Werke wurden in der Sung-Zeit zu den ›Dreizehn Klassikern‹ (chin. *shih-san-ching*, jap. *jūsangyō*) gezählt: das ›I-ching‹ (Buch der Wandlungen), das ›Shu-ching‹ (Buch der Schriften), das ›Shih-ching‹ (Buch der Lieder), das ›Chou-li‹ (Riten der Chou), das ›I-li‹ (Zeremoniensitten), das ›Li-chi‹ (Aufzeichnungen der Riten), das ›Ch'un-ch'iu‹ (Frühling- und Herbstannalen) mit den Kommentarwerken ›Tso-chuan‹ (Die Überlieferung des Tso), ›Kung-yang-chuan‹ (Die Überlieferung des Kung-yang) und ›Ku-liang-chuan‹ (Die Überlieferung des Ku-liang), das ›Lun-yü‹ (Erörterungen und Gespräche), das ›Hsiao-ching‹ (Buch der Kindesliebe), das ›Erh-ya‹ (Fortschritt zur Korrektheit) und das Buch ›Meng-tzu‹. Eine weitere Schöpfung der Sung-Zeit war die Zusammenstellung der ›Vier Bücher‹ (chin. *szu-shu*, jap. *shisho*): ›Ta-hsüeh‹ (Die Große Lehre) und ›Chung-yung‹ (Maß und Mitte), die früher beide Teile des ›Li-chi‹ waren, ›Lun-yü‹ und ›Meng-tzu‹.

Chu Hsi gab dem Konfuzianismus durch eine Neuinterpretation der Klassiker, insbesondere der ›Vier Bücher‹, und eine synthetische Zusammenschau dieser und der unterschiedlichen Philosopheme seiner unmittelbaren Vorgänger Chou Tun-i (1017–1073), Chang Tsai (1020–1077), Ch'eng Hao (1032–1085) und Ch'eng I (1033–1107) eine neue Wertung. Er war der bedeutendste Vertreter der als „Lehre vom Ordnungsprinzip" (chin. *li-hsüeh*, jap. *rigaku*) bekannten Richtung des Neokonfuzianismus. Die beiden ersten Vertreter der Shushi-Schule in Japan waren Fujiwara Seika (1561–1619) und dessen Schüler Hayashi Razan (1583–1657). Besonders letzterer wurde richtungsweisend für die weitere Entwicklung dieser Schule. Ihm folgten u. a. hervorragende Gelehrte wie Kinoshita Jun'an

(1621–1698), Arai Hakuseki (1657–1725), Muro Kyūsō (1658–1734) und Kaibara Ekken (1630–1714) nach. Die Gedanken der Shushi-Schule blieben bis ins 19. Jahrhundert innerhalb des orthodoxen Konfuzianismus wirksam.

Die textliche Grundlage der Shushi-Gelehrten sind die Klassiker und die Schriften von Chu Hsi selbst, die zu ihrer Zeit in folgenden Sammlungen vorlagen: ›Chu-tzu yü-lei‹ (Gespräche des Meisters Chu, 1270), ›Chu Wen-kung Wen-chi‹ (Gesammelte Schriften des Chu Hsi, 1532), ›Hsing-li ta-ch'üan‹ (Große Summa zu Wesensnatur und Ordnungsprinzip, 1415). Für die späteren Shushi-Gelehrten stand noch das ›Chu-tzu ch'üan-shu‹ (Vollständige Schriften des Meisters Chu, 1713/14) zur Verfügung.

Die zweite konfuzianische Schule ist die Yōmeigaku, die auf der Lehre des chinesischen Philosophen Wang Yang-ming (Ōyōmei) aufbaut. Ab 1313 war die Lehre des Chu Hsi in China die orthodoxe, doch setzten sich daneben zahlreiche eigenständige, seinem Philosophem entgegenarbeitende Philosophen durch. Wang Yang-ming war einer der bedeutendsten unter ihnen. Zwar wurde seine Philosophie nach seinem Tod stark angegriffen, doch dies vermochte nichts an ihrer zunehmenden Verbreitung zu ändern. Im Jahr 1567 verlieh man ihm posthum den Ehrentitel Wen-ch'eng (Vollender der Kultur). Seine Philosophie, die sich gegen den Formalismus und die Überbetonung der Ratio in der Chu-Hsi-Philosophie wendet und den Schwerpunkt auf Intuition und praktisches Handeln legt, blieb über 150 Jahre in China dominierend.

Der Begründer der Yōmei-Schule in Japan war Nakae Tōju (1608– 1648). Zunächst Anhänger der Shushi-Schule, fand er erst in seinen letzten Lebensjahren zu der Philosophie des Wang Yang-ming. Tōjus Philosophie erlebte zwar durch seine Nachfolger Kumazawa Banzan (1619–1691), Fuchi Kōzan (1617–1686), Miwa Shissai (1669–1744), Satō Issai (1772–1859), Ōshiō Heihachirō (1792–1837) u. a. manche Modifikation, doch die von ihm dargelegten Grundideen blieben richtungsweisend.

Als textliche Grundlage dieser Schule galten neben den Klassikern vor allem die Werke des Wang Yang-ming selbst, die in der ›Yang-ming ch'üan-shu‹ (Gesammelte Schriften von Yang-ming, 1550) erstmals in China zusammengefaßt wurden.

Die Kogakuha (Schule der Alten Lehre) ist die dritte wesentliche konfuzianische Hauptströmung der Tokugawa-Zeit. Sie wandte sich gegen die sung- und ming-zeitliche Auslegung des Konfuzianismus und rief zu einer Rückbesinnung und exakten philologischen und historischen Aufarbeitung der alten Klassiker auf. Sie war durch die während der Ming-Zeit blühende Ku-wen-tz'u-hsüeh (Schule der Worte aus der Alten Literatur) eines Li P'an-lung (1514–1570) und Wang Shih-chen (1526–1590) beeinflußt.

Die bedeutendsten Vertreter der Kogakuha waren Itō Jinsai (1627–1705) und Ogyū Sorai (1666–1728). Beide kamen aus der Tradition der Shushi-Schule und beide waren sich in der oben angesprochenen Zielsetzung der Kogakuha einig, doch unterscheiden sie sich in den von ihnen entwickelten Richtungen beträchtlich voneinander. So gründete Itō Jinsai in Kyōto die Horikawa Gakuha (Horikawa-Schule), aus der zahlreiche Schüler hervorgingen. Als textliche Grundlage nahm er insbesondere das ›Lun-yü‹ und das Buch ›Meng-tzu‹. Ogyū Sorai errichtete in Edo seine Schule Ken'en Gakuha (Schule der Lehre des Ken'en, benannt nach seinem Pseudonym), auch Kobunji Gakuha (Schule der Lehre der klassischen Literatur) oder Fukko Gakuha (Schule der Rückkehr zum Alten) genannt. Zu Ogyū Sorais bedeutendsten Schülern zählen Dazai Shundai (1680–1747), Hattori Nankaku (1683–1759) und Yamagata Shūnan (1687–1752). Textlich stützt sich Sorai auf die ›Sechs Klassiker‹ – ›Shu-ching‹, ›Shih-ching‹, die ›Li‹, nämlich ›I-li‹, ›Chou-li‹ und ›Li-chi‹, ›Yüeh-ching‹ (Buch der Musik), ›I-ching‹, ›Ch'un-ch'iu‹ und ›Lun-yü‹.

Neben diesen drei Hauptrichtungen, die im vorliegenden Buch behandelt werden, existierte in der Tokugawa-Zeit noch die Eklektische Schule (Setchūgakuha), die von Katayama Kenzan (1730–1782) begründet und von Inoue Kinga (1732–1784), Minagawa Ki'en (1734–1807), Yamamoto Hokuzan (1752–1812) u.a. weitergeführt wurde. Das Ziel ihres Systems war, die drei vorgenannten Richtungen zu einer Synthese zusammenzuführen.

Zu nennen sind in diesem Zusammenhang auch noch die ideengeschichtlichen Strömungen Shingaku (Lehre vom Herzen) und Mitogaku (Mito-Schule). Die Shingaku wurde von Ishida Baigan (1685–1744) begründet und von Tejima Toan (1718–1786), Nakazawa Dōni (1725–1803), Kamada Ryūkō (1754–1810) u.a. weiter ausgeformt. Sie gehört jedoch nicht mehr zu den rein konfuzianischen Schulen, da sie einen Synkretismus von Konfuzianismus, Shintōismus, Buddhismus und Taoismus vertritt. In ihrer Zielsetzung ist sie nur bedingt philosophisch zu nennen, weil es ihr in erster Linie um Volkserziehung und -aufklärung ging. In zahlreichen Lehrschriften, Vorträgen und Diskussionen haben die Gelehrten ihre praxisorientierten Gedanken vermittelt.

Einen Synkretismus zwischen den drei konfuzianischen Richtungen, dem Shintōismus und der mytho-historisch ausgerichteten Kokugaku (s. u.) bietet die national-politisch interessante Mito-Schule, die von Tokugawa Mitsukuni (1628–1700), Lehnsherr von Mito, im Jahr 1657 ins Leben gerufen und von Aizawa Seishisai (1782–1863), Fujita Tōko (1806–1855) und Tokugawa Nariaki (1800–1860) weitergeführt wurde. Zunächst war sie als eine historiographische Schule konzipiert und widmete sich der Kompilation einer ›Geschichte Groß-Japans‹ (Dainihonshi, 1657–1906), worin sie die besondere Stellung des Tennōtums herausarbeitete. In ihrer späten Entwicklung war sie stark praktisch-politisch orientiert und erarbeitete die bis in die vierziger Jahre des 20. Jahrhunderts nachwirkende Ideologie des „Landeskörpers" *(kokutai)*, welche die Besonderheit, Göttlichkeit und Unvergänglichkeit Japans und des Tennō-Hauses beinhaltet.

Trotz des konfuzianischen Schwerpunktes, der in der Tokugawa-Zeit gesetzt wurde, entwickelte sich daneben eine erstarkende Gegenströmung zum Konfuzianismus und Buddhismus: Die Kokugaku (Landesschule: Nationale Schule). Diese Schule, nicht unbeeinflußt von der konfuzianischen Kogakuha, entfaltete sich, ausgehend von philologischen Studien (Untersuchung der alten Sprache, Analysierung der klassischen Texte), schließlich zu einer solchen, die ideologisch-politische Ziele (Wiederherstellung des „Weges der Alten Zeit", des „Weges der Gottheiten") verfolgte, zu einer shintōistisch-nationalen Schule. In den Mittelpunkt ihres Strebens rückte sie den Shintōismus (Weg der Gottheiten, die einheimische religiöse Tradition Japans), der etwa vom Beginn des 8. Jahrhunderts unter Einbezug von Lokalkulten, überlieferten Kulthandlungen u. a., vor allem aber der Idealvorstellung des Gott-Kaisertums zu einem religiösen System zusammengefügt worden war. Wenn auch die Kokugaku die Abkehr von dem die Zeit beherrschenden chinesischen Gedankengut forderte, blieben von den Gelehrten doch mancherorts – bewußt oder unbewußt – chinesische Elemente im Shintō unbeachtet.

Die verschiedenen Bezeichnungen der Schule, den jeweiligen Studien ihrer Gelehrten entsprechend, wie *wagaku* (Japanische Lehre), *shingaku* (Lehre von den Gottheiten), *kogaku* (Lehre des Alten), *mikuni manabi* oder *kōkokugaku* (Lehre des Souveränen Landes) machen die Zielsetzung dieser Schule deutlich. Der Terminus Kokugaku im Sinne von *kokka no gaku* (Lehre vom Staat) kommt erst mit Kada Azumamaro in Gebrauch.

Die Hauptvertreter der Kokugaku sind Keichū (1640–1701), Kada Azumamaro (1668–1736), Kamo Mabuchi (1697–1769), Motoori Norinaga (1730–1801) und Hirata Atsutane (1776–1843), wobei die Meinungen über die Vorrangstellung der beiden ersten auseinandergehen.

Kada Azumamaro erbat mit seiner Denkschrift (›Sō gakkō kei‹, 1728) vom Shōgunat die Errichtung einer Schule, die die „Wissenschaft vom Staat“, die „Wissenschaft des Tennō-Landes“ *(kokka no gaku, kōkoku no gaku)* wieder zu Ansehen bringen sollte. Grundlegende Untersuchungen der altüberlieferten Texte, ihrer Sprache und ihres echten Gehaltes waren der Ausgangspunkt, denn „wenn man sich in den Wörtern der alten Zeiten nicht auskennt, bleibt der Sinn des Alten unklar. Wenn aber der Sinn des Alten unklar bleibt, so kann die Wissenschaft des Alten nicht wieder erstehen“ (Dumoulin 1943, 262). Im Mittelpunkt der Studien standen klassische Werke wie die älteste Liedersammlung ›Manyōshū‹, das ›Kojiki‹, das ›Nihongi‹ und andere. Auch sein Schüler Kamo Mabuchi wandte sich dem Studium des altjapanischen Liedgutes zu und sah darin zugleich einen Spiegel echten Japanertums. War Azumamaro dem Konfuzianismus gegenüber noch duldsam, so lehnte Mabuchi nicht nur den Buddhismus, sondern auch den Konfuzianismus betont ab. Unter Motoori Norinaga fand die Kokugaku dann als „Bewegung der Rückkehr zum Alten“ *(fukko)* durch seinen weiten Schülerkreis ein beachtenswertes Echo. Hirata Atsutane, der nationalistischste der Kokugaku-Gelehrten, trug durch die Betonung der theologischen Aspekte des Shintō vor allem dazu bei, daß dieser nach der Wiederherstellung der Tennō-Herrschaft in der Meiji-Zeit seinen alten Platz als Staatsreligion wiedergewann.

2. *Zur ontologischen Vorstellung von dem Allumfassenden, dem Ordnungsprinzip und der Materie-Energie in der Shushi-Schule*

Die konfuzianische Ontologie ist ein Werk späterer konfuzianischer Gelehrter. K'ung-tzu selbst hat sich zu ontologischen Fragen kaum und wenn, nur sehr zurückhaltend geäußert. Im ›Lun-yü‹ wird der Himmel (chin. *t'ien*, jap. *ten*) zwar als eine dem Seienden zugrundeliegende Norm oder Ordnungsmacht definiert, aber der Begriff ist dort noch nicht ausschließlich rational gefaßt, sondern noch mit religiösen Assoziationen verbunden. Während der Han-

Zeit (206 v.–220 n. Chr.) fand dann eine Verschmelzung der ontologischen Konzeptionen des Taoismus, der Yin-yang-Lehre und der mit ihr verbundenen Theorie von den fünf Wandlungsphasen sowie des ›Chung-yung‹ statt. Trotz der Verschiedenheit dieser Konzeptionen hatten sie einen gemeinsamen Nenner: Die Idee vom ewigen Wandel. So ist die Vorstellung von einem ewig sich im Wandel befindlichen Universum seit frühester Zeit ein Kernstück der chinesischen Philosophie überhaupt, aber innerhalb des Konfuzianismus wurde sie erst durch die Neokonfuzianer zu einem ontologischen System ausgebaut. Der Grund dafür, daß die Diskussion über ontologische Fragen im Neokonfuzianismus, und hier insbesondere in der Chu-Hsi-Philosophie, einen verhältnismäßig breiten Raum einnimmt, dürfte wohl in dem Bedürfnis zu sehen sein, der hochentwickelten buddhistischen und taoistischen Ontologie ein adäquates Gebilde entgegenzusetzen.

Die Shushi-Philosophen entwickeln ihre Ontologie von zwei Begriffen her, dem Allumfassenden *(taikyoku)* und dem Ordnungsprinzip *(ri)*. Beide Begriffe werden von ihnen mehr oder weniger als identisch angesehen, so daß keines als Oberbegriff zu dem anderen zu verstehen ist. Daß zwei Begriffe das ontologisch Höchste oder Letzte bezeichnen, erscheint sonderbar. Da der Shushi-Konfuzianismus jedoch eine Systematisierung und Zusammenschau vieler konfuzianischer Einzellehren darstellt, ist die Verwendung mehrerer Begriffe für ein und dieselbe Sache ein häufig anzutreffendes Faktum. Allerdings erfahren die früheren Philosophemen entnommenen Begriffe unter dem Gesichtspunkt der Zusammenschau durch die Shushi-Philosophen eine Uminterpretation. So handelt es sich bei *taikyoku* um einen Terminus des Chou Tun-i (1017–1073), bei *ri* um einen aus der Philosophie der Brüder Ch'eng Hao (1032–1085) und Ch'eng I (1033–1107).

Gehen wir der Grundbedeutung der beiden Begriffe nach, so bedeutet das Schriftzeichen *tai* des Binoms *taikyoku* im Verständnis der Shushi-Philosophen „unendlich groß“, „so groß, daß nichts mehr hinzugefügt werden kann“ und *kyoku* Achse, Drehpunkt, Pol, Wurzel, Basis, das Binom also „große Achse“ oder „große Basis des Universums“. Übersetzt wurde der Begriff u. a. mit Urprinzip, höchstes Weltprinzip, Allgrund, Supreme Ultimate, Great Ultimate, Supreme Pole. Das Schriftzeichen *ri* bedeutet ursprünglich die Linien oder die Äderung im Jade, die Maserung im Holz usw. und erhält später die Bedeutung von Prinzip. Verbal heißt es „regeln“, „folgerichtig ordnen“. Im philosophischen Kontext wird *ri* daher mit Vernunft, Weltprinzip, principle, form, pattern, organization u. ä. wiedergegeben.

Das Allumfassende ist in der Ontologie des Chou Tun-i der zentrale Begriff. Eine Vorlage für ein sich ewig im Wandel befindliches Universum mit dem Allumfassenden an der Spitze bietet bereits das ›I-ching‹ (Hsi-tz'u-Kommentar) mit der bekannten Stelle: „Daher gibt es in der Wandlung das Allumfassende. Dieses bringt die beiden Potenzen hervor, die beiden Potenzen schaffen die vier Gestaltungen und die vier Gestaltungen bringen die acht Trigramme hervor" (SPPY Chou-i cheng-i 3, Chou-i hsi-tz'u I, 7, 7a). Aus dem Allumfassenden als dem Höchsten gehen *yin* (jap. *in*) und *yang* (jap. *yō*) hervor, die ihrerseits wieder das starke *yang* und *yin* und das schwache *yang* und *yin* hervorbringen und, indem sich diese vier Gestaltungen jeweils noch einmal mit den beiden Potenzen *yin* und *yang* verbinden, entstehen schließlich die den Kosmos symbolisierenden acht Trigramme Himmel, Dünste, Feuer, Donner, Wind, Wasser, Berge, Erde. Das Diagramm des Chou Tun-i, das die heutige Forschung als eine Adaption eines taoistischen Diagramms ansieht, weicht vom ›I-ching‹ ab. Chou Tun-i läßt durch Bewegung und Ruhe des Äußersten Nichts (chin. *wu-chi*, jap. *mukyoku*), das zugleich das Allumfassende ist, *yin* und *yang* hervorgehen und aus diesen die fünf Wandlungsphasen (chin. *wu-hsing*, jap. *gogyō*) Wasser, Feuer, Holz, Metall und Erde. Das Wahre des Äußersten Nichts, die Essenz von *yin* und *yang* und den fünf Wandlungsphasen verbinden sich in mannigfaltiger Weise miteinander und die Konsolidierung setzt ein. Es entsteht der Himmel als der männliche, die Erde als der weibliche Faktor und aus deren Verbindung geht alles Seiende hervor. Damit vollzieht sich der ewige Wandel des Universums.

Das Diagramm von Chou Tun-i wird in der Shushi-Philosophie dann abgeändert und uminterpretiert. Bei den Brüdern Ch'eng spielt der Begriff Allumfassendes keine Rolle, sondern sie rücken den bereits im Neo-Taoismus und Buddhismus vorkommenden wichtigen Begriff Prinzip (chin. *li*, jap. *ri*) in den Vordergrund ihrer ontologischen Betrachtungen. Das Ordnunsprinzip ist durch sich selbst und von nichts abhängig, ist überall und eignet allem Seienden, es ist der universale unaufhörliche Lebensprozeß (chin. *sheng-sheng*, jap. *seisei*).

In der Shushi-Philosophie werden nun die beiden Begriffe Allumfassendes und Ordnungsprinzip gleichgesetzt. Einer der Kernsätze dieser Philosophie lautet: „Bevor Himmel und Erde waren und nachdem sie sind, das immer und beständig daseiende Ordnungsprinzip nennt man das Allumfassende" (Hayashi Razan, Santokushō, NST 28, 161). Die Shushi-Philosophen legen bezüglich des Begriffes *taikyoku* dem ersten Satz des Diagramms von Chou Tun-i „das äußerste Nichts und das Allumfassende" besonderes Gewicht bei. Unter den Neokonfuzianern hat diese schwierige Stelle Anlaß zu vielen Streitgesprächen gegeben. Heute besteht in der Forschung Konsens darüber, daß hier taoistisches und konfuzianisches Gedankengut miteinander verbunden wurde. Die Shushi-Philosophen lehnen eine taoistische Entlehnung für *mukyoku* ab. Ihrer Auffassung nach drückt der Satz eine Identität aus. Chou Tun-i habe beide Begriffe zur gegenseitigen Abklärung verwendet, damit das Allumfassende keinesfalls dinglich und das äußerste Nichts nicht als ein inhaltloses Nichts verstanden werde. Das äußerste Nichts ist nicht außerhalb des Allumfassenden und das Allumfassende ist nicht außerhalb oder jenseits des Seienden. Das Allumfassende als das Ordnungsprinzip stellt die ursprüngliche Substanz *(hontai)* für den unaufhörlichen Wandel des Seienden dar. Mit der „paradoxen Identität" beider Begriffe werden nach Needham zwei Dinge anerkannt: "First, the existence of a universal pattern of field determining all states and transformations of matter-energy, and secondly, the omnipresence of this pattern. The motive power could not be localised at any particular point in space and time. The organization centre was identical with the organism itself" (Needham 1956, 466). So kann zusammenfassend für *taikyoku* bzw. *ri* festgehalten werden, daß es als das Höchste, Letzte, als das „Urmuster" des Universums, das um zu sein keines anderen bedarf, sondern von sich aus ist, definiert wird. Es transzendiert Raum und Zeit. Obwohl es nur ein *taikyoku/ri* gibt, ist es jedem Ding in seiner Ganzheit als spezifische Natur *(sei)* immanent, so wie „es nur einen Mond am Himmel gibt, aber wenn er sein Licht über die Flüsse und Seen ergießt, ein jeder sein eigenes Mondlicht hat, ohne daß der Mond sich etwa geteilt hätte" (Chu-tzu ch'üan-shu 1714, 49, 11 a). Als Synonyme für beide Begriffe werden von den Shushi-Philosophen verwendet: Weg *(dō)*, Himmel *(ten)* und die Binome Himmelsprinzip *(tenri)*, Himmelsweg *(tendō)* und Wegprinzip *(dōri)*.

Nun muß es etwas geben, in dem sich das Ordnungsprinzip manifestieren kann und daß die Mannigfaltigkeit des Seienden erklärbar macht. Dies übernimmt im Shushi-Konfuzianismus die Materie-Energie *(ki)*. Die Grundbedeutungen dieses Schriftzeichens sind Luft, Äther, Gas, Dampf, Hauch usw. Bisherige Übersetzungen sind Fluidum, Materie (so die meisten), material force, matter-energy. Die Grundbedeutungen zeigen bereits, daß *ki* primär eigentlich mit dem Materiellen, Stofflichen, einer trägen Masse nichts zu tun hat. Da die Shushi-Philosophen aber klar zum Ausdruck bringen, daß das Ordnungsprinzip nur aufgrund des *ki* in Erscheinung treten kann, bestimmen sie *ki* eindeutig zum Gegenpart des Zeit und Raum transzendierenden Ordnungsprinzips. Allerdings ist *ki* insofern zu modifizieren, als es das Feinste, Hauchartigste bis hin zum Konkret-Stofflichen sein kann und ihm von jeher Bewegungskraft oder Wirkungspotenzen inhärent sind. Deshalb wird der Begriff in Anlehnung an Needham hier mit Materie-Energie wiedergegeben.

Das ewige Werden und Dasein des Universums gründet also im Ordnungsprinzip und in der Materie-Energie. So bleibt die Beziehung zwischen beiden zu klären. Wird in der Shushi-Philosophie die Materie-Energie dem Ordnungsprinzip untergeordnet oder wird ein Dualismus angenommen?

Eine der wichtigsten Feststellungen, die in verschiedenen Variationen in den Texten immer wieder auftaucht, ist die Annahme von dem gleichzeitigen Auftreten von Ordnungsprinzip und Materie-Energie. Als Beispiel diene das von Hayashi Razan in seinem ›Santokushō‹ Geäußerte: „Sind das Ordnungsprinzip und die Materie-Energie auch zwei, so existiert, wenn die Materie-Energie vorhanden ist, notwendigerweise auch das Ordnungsprinzip. Ist die Materie-Energie nicht vorhanden, dann gibt es nichts, worin sich das Ordnungsprinzip manifestieren könnte. Es liegt daran, daß das Ordnungsprinzip keine Gestalt besitzt. Ordnungsprinzip und Materie-Energie sind nicht trennbar ... Wenn sie existieren, existieren sie gleichzeitig“ (NST 28, 164). Trotz der Eindeutigkeit dieser Aussage findet sich bei den Shushi-Philosophen das Zugeständnis, daß das Ordnungsprinzip in irgendeiner Weise vor der Materie-Energie sein müsse. Chu Hsi hatte auf die ihm immer wieder vorgelegte Frage nach der Priorität des Ordnungsprinzips stets zögernd geantwortet. Die Tatsache, daß sich Chu Hsi doch Formulierungen wie „im Grunde läßt sich nicht sagen, es bestehe ein zeitlicher Unterschied zwischen Ordnungsprinzip und Materie-Energie. Geht man aber im Gedanken zurück bis auf ihren ersten Anfang, so kann man der Vorstellung nicht ausweichen, daß das Ordnungsprinzip doch zuerst war“ (Chu-tzu ch'üan-shu 1714, 49, 1 b) abgerungen hat, führte zu der heute im allgemeinen akzeptierten Meinung, daß Chu Hsi dem Ordnungsprinzip eine zwar nicht zeitliche, aber doch logische Präexistenz zuspreche. Ausschlaggebend dürfte für ihn hierbei gewesen sein, daß er das Ordnungsprinzip als das Immaterielle (chin. *hsing erh shang*, jap. *keijijō*) gegenüber der Materie-Energie als dem Materiellen (chin. *hsing erh hsia*, jap. *keijika*) höher ansieht, zum anderen, daß das ethisch vollkommene Ordnungsprinzip gegenüber der ethisch ambivalenten Materie-Energie höher einzustufen sei und daß die menschliche Vernunft zu Chu Hsis Zeiten nicht davon los kam "that a plan implies a planner who must be prior in time and superior in status to what which is planned" (Needham 1956, 482).

Weiter heißt es bei Hayashi Razan: „Bewegt sich dieses Allumfassende, so erzeugt es das *yō*, ruht es, so erzeugt es das *in*. Obwohl dieses *in* und *yō* ursprünglich eine einzige Materie-Energie sind, werden sie in ihrem Wechselspiel zwei. Und aus ihrem Wechselspiel entstehen die fünf Wandlungsphasen. Die fünf Wandlungsphasen sind Holz, Feuer, Erde, Metall und Wasser. Teilen sich diese fünf Wandlungsphasen weiter auf, so entstehen die zehntausend Dinge. Bei der Verbindung und Manifestation dieser fünf Wandlungsphasen entsteht auch der Mensch" (Santokushō, NST 28, 161).

Bei den beiden Wirkungspotenzen *in* und *yō* handelt es sich um zwei der ältesten und daher auch traditionsreichsten Begriffe der ostasiatischen Philosophie. Einige Lieder aus dem ›Shih-ching‹, vor allem aber die klassische Stelle des ›I-ching‹ „ein Mal *yin (in)*, ein Mal *yang (yō)*, das ist der Weg (chin. *tao*, jap. *dō*)" (SPPY Chou-i cheng-i 3, Chou-i hsi-tzʾu I, 7, 17a) gelten als die ältesten literarischen Zeugnisse für die beiden Begriffe. Dargestellt werden *yin* und *yang* in ihrer Beziehung zueinander, indem ein Kreis durch eine doppelt gekrümmte Linie, die auf das bewegliche Ineinanderfließen der beiden hindeutet, in zwei Hälften geteilt wird. *Yin* und *yang* bilden in ihren antithetischen, sich jedoch wechselseitig bedingenden Seinsweisen eine Einheit. Ihr Verhalten zueinander ist dynamisch. In ihrem rhythmischen Wechselspiel von Bewegung und Ruhe verändern sie sich ständig, ist das eine der Impuls des anderen, und somit erhalten sie das Gleichgewicht untereinander. Durch ihre antithetische Seinsweise stellen sie alle Gegensätze im All wie das Männliche-Weibliche, Negative-Positive, Lichte-Dunkle, Wachsen-Abnehmen, Außen-Innen usw. dar.

Aufgrund der Materie-Energie findet eine beständige rhythmische Veränderung am Grund aller Vorgänge des Seienden statt. Vom Ordnungsprinzip aber hängt dieses rhythmische Wirken der Materie-Energie ab, weil ihr die „Idee" des Rhythmus von allem Anfang an inhärent ist. Aus dem Rhythmus der beiden Seinsweisen gehen die fünf Wandlungsphasen hervor. Dem Schriftzeichen *gyō* liegt das Bild von zwei sich kreuzenden Straßen und damit die ursprüngliche Bedeutung von Bewegung zugrunde. Von den Missionaren des 16. bis 18. Jahrhunderts wurde das Schriftzeichen mit Element übersetzt, was jedoch eher die Assoziation von konkreten, unbeweglichen Stoffen hervorruft. Richtiger ist eine Übersetzung mit Agenzien oder Wandlungsphasen, denn die *gogyō* werden im ostasiatischen Denken in einem bestimmten, zyklisch sich stetig wandelnden, das Gesetz der Harmonie untereinander aufrechterhaltenden Bezugssystem stehend verstanden. Seit der Han-Zeit hatten sich verschiedene geometrische Anordnungen der fünf Wandlungsphasen durchgesetzt, die auch für die folgenden Jahrhunderte von Bestand blieben. In diesem Zusammenhang sei vor allem auf zwei Anordnungen aufmerksam gemacht, die auch bei den Neokonfuzianern angeführt werden. Es handelt sich um die Reihenfolge der Hervorbringung (chin. *hsiang-sheng-hsü*, jap. *sōsei jō*; I) und der Bändigung oder Bezwingung (chin. *hsiang-sheng-hsü*, jap. *sōshō jō*; auch *hsiang-k'o-hsü, sōkoku jō*; II). I liegt die Annahme zugrunde, daß die vorausgehende Wandlungsphase jeweils die nachfolgende erzeugt, wobei mit der Wandlungsphase Holz begonnen wird: Holz → Feuer → Erde → Metall → Wasser. II liegt die Annahme zugrunde, daß die jeweils einer Wandlungsphase nachfolgende die ihr vorangehende bändigt: Wasser → Feuer → Metall → Holz → Erde. Das Inbeziehungstehen der fünf Wandlungsphasen ist ein Charakteristikum, das sich ebenso wie das von *yin* und *yang* in allen Phänomenen des Makro- und Mikrokosmos widerspiegelt. Aus diesem Grund wurden mit den fünf Wandlungsphasen alle nur denkbaren Dinge, welche in die Zahl Fünf aufzugliedern waren, in Verbindung gebracht.

Die fünf Wandlungsphasen sind also Kräfte, die den Aufbau des Universums bewirken. Ihre Verschiedenheit in Eigenschaft und Wirkungsweise beruht auf der in ihnen enthaltenen unterschiedlichen Mischung von *in* und yō. Aus dem Zusammenwirken von Ordnungsprinzip und Materie-Energie mit ihren beiden Wirkungspotenzen *in* und *yō* und den fünf Wandlungsphasen geht stufenweise alles Seiende *(bambutsu)* hervor und ist in seinem Sosein von diesen geprägt.

3. Die Identität von Ordnungsprinzip und menschlicher Wesensnatur in der Shushi-Schule

Aus der Ontologie wird bereits ersichtlich, daß die mit den beiden Begriffen *ri* und *ki* verbundenen Vorstellungen auch für den Menschen von zentraler Bedeutung sein müssen, er also in seinem Da- und Sosein von ihnen bestimmt wird. Mit der Frage, wie diese Einheit von Makrokosmos und Mensch die Shushi-Philosophen erklären, ist eine Reihe von Begriffen zu klären, die den Menschen in seiner leiblichen und geistig-seelischen Erscheinung und in seinem ethischen Verhalten erfassen. Wie alle der vielen Gestaltungen im Universum erhält der Mensch sein Leben aus dem Zusammenwirken von Ordnungsprinzip und Materie-Energie. Als das höchste Geschöpf des Universums wird ihm allerdings die in ihrer Kondensation feinste und am meisten entwickelte Materie-Energie zuteil. Die Materie-Energie gibt ihm seine Leiblichkeit *(kata, kei, shin)* einschließlich des geistig-seelischen Bereiches *(shin)* mit den Funktionen des Denkens, Fühlens und Wollens. In dem Geist *(shin)* nimmt das Ordnungsprinzip als die menschliche Wesensnatur *(sei)*, auch eigentliche Wesensnatur *(honzen no sei)* oder ursprünglicher Geist *(honshin)* genannt, seinen Aufenthalt. Der Mensch ist somit von Geburt an in die kosmische Gesetzmäßigkeit eingebunden. *In* und *yō* stellen auch im Menschen antithetische, aber sich wechselseitig bedingende Modi dar, das Gleichgewicht und die Harmonie in Leib und Geist aufrechterhaltend, sofern diese nicht durch irgendwelche negativen Einflüsse gestört werden. Ebenso spielen die fünf Wandlungsphasen und ihre Charakteristika des Hervorbringens und Bändigens im Menschen eine wichtige Rolle. Einer jeden von ihr entsprechen bestimmte Organe, Hohlorgane, Körperschichten, Sinnesorgane, Geschmacksrichtungen, Gefühle usw., und es wird angenommen, daß jedes Organ, Gefühl usw. über anregende und hemmende Wirkungen verfügt. Im Verlaufe der Geschichte des ostasiatischen Denkens sind viele solcher Analogien aufgestellt worden, die oft sehr voneinander abweichen, jedoch alle das Ziel haben, den Menschen in seinem körperlichen und geistigen Bereich erklärbar zu machen.

Im Mittelpunkt des Interesses steht für die Konfuzianer jedoch der geistig-seelische Bereich, der die vernunfthafte Denk- und Verstandeskraft, alle ästhetisch-kreativen und vor allem ethischen Fähigkeiten und Leistungen und die Gefühlswelt umfaßt. Bei einer näheren Analyse des Geist-Begriffes ist festzustellen, daß die

Shushi-Philosophen eine zweifache Schichtung des Geistes vornehmen. Hierzu sei jedoch angemerkt, daß es sich bei dieser Zweiteilung um eine Hilfsvorstellung handelt, denn beide Schichten werden von ihnen in einem steten Integrationszusammenhang gesehen.

Der ersten, innersten Schicht entspricht die mit dem Ordnungsprinzip identische Wesensnatur *(sei)*. Diese Schicht stellt den geistig-psychischen Lebensgrund dar, auf dem gewissermaßen die folgenden Schichten ruhen. Er ist die Substanz *(tai)*, das noch nicht aktivierte *(mihatsu)* Wesen des Menschen, gekennzeichnet durch den geistig-seelischen Zustand vollkommener Ruhe *(jō, sei)* und Ausgeglichenheit *(chū)*. Dieser Lebensgrund enthält allen Menschen gemeinsame und zu allen Zeiten gleiche geistig-psychische und ethische Gesetzmäßigkeiten, die sogenannten vier Wirkkräfte *(shitoku)*: Menschlichkeit *(jin)*, Rechtlichkeit *(gi)*, Schicklichkeit *(rei)* und Weisheit *(chi)*. Diesen vier wird oft eine fünfte, die Wahrhaftigkeit *(shin)*, zugerechnet. Sie werden dann unter dem Terminus *gojō*, die fünf Konstanten, geführt. Diese Wirkkräfte sind allgemeingültige Urmuster menschlicher Erfahrens- und Verhaltensweisen und werden als ethisch wahr und gut angesehen. Der umfassendste Begriff innerhalb des *shitoku-* bzw. *gojō*-Komplexes ist die Menschlichkeit. Das Schriftzeichen *jin* besteht aus dem Schriftzeichen für Mensch und dem für zwei, im Sinne von Gruppe, und bedeutet daher etymologisch „ein Mensch in Gemeinschaft". Auf diese Grundbedeutung des harmonischen Miteinanders, der Mit-Menschlichkeit, stützen sich alle Konfuzianer, auch wenn ihre *jin*-Interpretationen Nuancen aufweisen. Die von den Shushi-Philosophen gegebene Inhaltsbestimmung des Begriffes weist eine Weite auf, die eine Übersetzung desselben schwierig macht. Die häufigsten Wiedergaben sind Güte, Wohlwollen, Liebe, Mitleid, Mitmenschlichkeit und Humanität. *Jin* beinhaltet sie alle und daher umfaßt keine der Übertragungen *jin* in seinem vollen Gehalt. *Jin* repräsentiert in der Schicht des Lebensgrundes *die* geistig-psychische Zuständlichkeit, die den Menschen zum Menschen macht und zu der die übrigen Wirkkräfte in einem Funktionsverhältnis stehen. Es handelt sich um die Grundstimmung, selbst in die den Kosmos beherrschende Universalharmonie einbezogen zu sein. Die Eingliederung in diese Harmonie macht den Lebenssinn aus. Deshalb wird *jin* von den Gelehrten dynamisch, zur Entfaltung drängend aufgefaßt. Es ist der Impuls, an der Sinnverwirklichung dieses Lebens im Rahmen der individuellen Lebensgestaltung teilzunehmen und sich für sie verantwortlich zu fühlen. In diesem Sinn entspricht *jin* der Grundstimmung eines liebenden Geöffnetseins gegenüber dem Dasein in seinen vielfältigen Formen und hat die Selbstinnewerdung des Menschlichen zum Ziel. Deshalb schließt der Begriff auch die übrigen Wirkkräfte ein. Denn die Rechtlichkeit beinhaltet die Verpflichtung gegenüber der objektiven Welt- und Wertordnung, die Verpflichtung diese ordnende Harmonie nicht zu stören; die Schicklichkeit ist nichts anderes als der Sinn für die nach dem Vorbild der universalen Allharmonie gestalteten und daher objektiven gesellschaftlichen Verhaltensnormen; die Weisheit ist das Wissen um das Prinzip des Weges *(dōri)*; die Wahrhaftigkeit beinhaltet die volle Übereinstimmung mit der Wahrheit.

Die zweite Schicht ist die die Individualität ausmachende Konstellation des Menschen *(kishitsu no sei)*. Sie beruht auf der Beschaffenheit der bei der Geburt mitbekommenen Materie-Energie. Es gibt unendlich viele solcher Beschaffenheiten von der hochdifferenzierten, reinen bis zu der undifferenzierten, trüb-groben. Ihre Unterschiedlichkeit hängt von dem Vorherrschen der einen oder anderen Wandlungsphase ab. Im Hinblick auf den geistig-seelischen Bereich umfaßt die Materie-Energie allgemein menschliche Reaktionsweisen, die sieben Gefühle *(shichijō)*: Freude *(ki)*, Ärger *(do)*, Traurigkeit *(ai)*, Angst *(ku)*, Liebe *(ai)*, Haß *(aku)* und Begierde *(yoku)*. Diese Gefühle werden nach dem oben ausgeführten Bezugsschema jeweils einer bestimmten Wandlungsphase zugeordnet – wobei die Zuordnung unterschiedlich vorgenommen wird – und werden nicht als an sich ethisch schlecht betrachtet. Im Falle höchster Differenziertheit der Materie-Energie halten sich die Gefühle aufgrund ihrer anregenden und hemmenden Wirkungen in gegenseitiger Ausgewogenheit; bei geringer Differenziertheit überwiegt das eine oder das andere Gefühl, so daß diese Menschen nicht über einen ausgewogenen emotionalen Haushalt verfügen und es daher zu ethisch schlechten Handlungen kommt. In dem Moment, in welchem die Aktualisierung des Geistes einsetzt, der Mensch auf Objekte der Außenwelt oder auf von außen an ihn herangetragene Situationen reagiert, werden die Schichten eins und zwei aktiviert *(ihatsu)*, was auch die Funktion oder Erscheinungsweise *(yō)* genannt wird. Es hängt von dem jeweiligen sich aus der mitbekommenen Beschaffenheit der Materie-Energie ergebenden, emotionalen Funktionsverlauf ab, welche Handlung sich ereignet. Das Entscheidende bei der Aktivierung der Schichten eins und zwei ist, daß erstere weder vernichtet werden kann noch veränderbar ist, während letztere regulierbar ist. Die wichtigste Funktion von Schicht eins ist, daß sie in einer gegebenen Situation die der Wesensnatur entsprechenden Reaktionsweisen aufzeigt. Weil jedoch bei geringerer Differenziertheit der Materie-Energie Schicht eins teilweise oder ganz verdeckt ist, kommt sie nur gering oder gar nicht zur Wirkung und der Mensch handelt seiner getrübten Materie-Energie-Beschaffenheit und seinen selbstischen Gefühlen *(jinyoku)* entsprechend mehr oder weniger ethisch schlecht. Daher ist die Einsicht in die Wesensnatur und die damit verbundene Veränderung der Materie-Energie-Beschaffenheit für den Menschen von entscheidender Bedeutung. Ist die Wesensnatur „ins Helle gerückt“, dann erfährt Schicht zwei die notwendigen Korrektiven und die Gefühle verlaufen nach dem Schema der fünf Wandlungsphasen ausgeglichen. Der Mensch lebt aus seiner geistig-physischen Ganzheit der Harmonie *(wa)* heraus, die als die Ruhe in der Aktivität definiert wird.

Aufgrund dieser Anschauung wird auch begreiflich, daß in der Shushi-Lehre, ja im Konfuzianismus überhaupt, der Gedanke eines Schuld- oder Sühnegefühls, wie es beispielsweise innerhalb des christlichen Weltbildes entwickelt wurde, nicht zu finden ist. Die dem Menschen mitgegebene Materie-Energie-Beschaffenheit wird nicht als etwas Böses im Sinne etwa der christlichen Erbsünde aufgefaßt, über die der Mensch Schuld empfinden und von der er von fremder Macht erlöst werden muß. Diese Beschaffenheit ist als solche nichts Schlechtes, auch nichts Unabdingbares und Endgültiges, sondern durch Aufarbeitung und Regulierung der die Wesensnatur gefährdenden *ki*-Komponente veränderbar.

4. Die These „die Dinge erforschen“ und „das Ordnungsprinzip offenlegen“ in der Shushi-Schule

Bisher blieb noch die Frage unberücksichtigt, wie es Menschen von geringerer Differenziertheit möglich ist, ihre für sie nur schwer erfahrbare oder völlig verdeckte Wesensnatur ins Bewußtsein zu heben. In diesem Zusammenhang gewinnt das Studium *(gaku)*, das „Wissenschaft betreiben“ *(gakumon wo suru)* an Bedeutung. Um ein Weiser zu werden, muß der Mensch in „steter Achtsamkeit verweilen“, damit keine selbstischen Gefühle aufkommen und die Wesensnatur in ihrer Wirksamkeit bewahrt wird. Diese Einstellung ist die Grundvoraussetzung für die Erwerbung von ethischer und intellektueller Erkenntnis, die für die Shushi-Gelehrten nicht trennbar ist. Wissenschaft betreiben heißt zum einen, die alten Klassiker zu studieren und das in ihnen Aufgezeichnete dem Bewußtsein zu integrieren. Die Betonung des Klassikerstudiums hat ihren tiefen Sinn darin, daß es den Heiligen und Weisen aufgrund ihrer hohen Differenziertheit gegeben war, die kosmische Allharmonie und die Verflochtenheit des Menschen mit ihr zu erkennen und der Menschheit durch ihre Schriften zugängig zu machen. In ihnen ist der „bewußte Erfahrungsschatz" der Menschheit festgehalten und ein Studium derselben bedeutet, die Sinnerfülltheit jener Begriffe zu erforschen und ihrer einsichtig zu werden.

Zum anderen bedeutet Wissenschaft zu betreiben, „die Dinge zu erforschen" *(kakubutsu)*, „das Wissen bis zum äußersten zu erweitern" *(chichi)* und „das Ordnungsprinzip offenzulegen" *(kyūri)*. Die Forderung nach der Entwicklung wissenschaftlicher Erkenntnis war für die japanische Wissenschaftsgeschichte und für die Herausbildung des modernen Geistes des 19. Jahrhunderts von tragender Bedeutung. Bei den Begriffen *kakubutsu* und *chichi* handelt es sich um zwei der insgesamt acht im ›Ta-hsüeh‹ aufgeführten Regeln, wie man sich selbst und das Volk erneuert und dadurch dem Reich Frieden beschert. Die Stelle lautet: „Wenn die Dinge erforscht sind, dann ist das Wissen bis zum äußersten erweitert; wenn das Wissen bis zum äußersten erweitert ist, dann sind die Intentionen wahrhaft; wenn die Intentionen wahrhaft sind, dann ist der Geist richtig gestellt; wenn der Geist richtig gestellt ist, dann ist das individuelle Leben kultiviert; wenn das individuelle Leben kultiviert ist, dann ist die Familie in rechter Ordnung; wenn die Familie in rechter Ordnung ist, dann sind die Staaten richtig regiert; wenn die Staaten richtig regiert sind, dann ist das ganze Reich in Frieden" (SPPY, Szu-shu chi-chu 1, 2a).

Über diese ›Ta-hsüeh‹-Stelle und den Gehalt der beiden Termini *kakubutsu* und *chichi* bestand unter den konfuzianischen Gelehrten kein Konsens. So zeigt sich gerade in den Interpretationsunterschieden dieser Stelle durch die Shushi- und die Yōmei-Schule der grundsätzlich andere philosophische Ansatz beider Richtungen (s. u.). Für die Shushi-Schule dienen „die Dinge erforschen" und „sein Wissen erweitern" als Ausgangspunkt, ein Heiliger, ein Weiser zu werden, mit anderen Worten seine Wesensnatur „ins Helle zu rücken" und damit an dem höchsten konfuzianischen Ziel – ein ethisch intaktes, friedvoll regiertes Reich – mitzuwirken. Erst die induktive wie deduktive Erforschung der Dinge in der Welt führt ihrer Ansicht nach zur Offenlegung des allen Dingen und auch dem Menschen immanenten Ordnungsprinzips. „Wenn wir unser Wissen bis zum äußersten ausweiten wollen, müssen wir das Ordnungsprinzip aller Dinge, mit welchen wir in Berührung kommen, offenlegen, denn der intelligente Geist des Menschen ist auf alle Fälle für das Wissen geschaffen ... Nur weil nicht alle Dinge erforscht sind, ist das menschliche Wissen unvollständig. Deshalb liegt der Anfang der Erwachsenenbildung in der Unterweisung des Lernenden, daß er in bezug auf alle Dinge in der Welt von seinem Wissen über ihr Ordnungsprinzip fortschreitet und solange weiterforscht, bis er an die äußerste Grenze gelangt. Wenn er sich auf diese Weise über lange Zeit hin anstrengt, wird er eines Tages einen breiten und weitreichenden Durchblick bekommen ... Dann wird der Geist in seiner totalen Substanz und großen Funktion vollkommen klar sein. Das bedeutet Erforschung der Dinge. Das bedeutet äußerstes Ausweiten des Wissens" (Ta-hsüeh, SPPY, Szu-shu chi-chu 1, 4 b f.).

Die starke Betonung des *kakubutsu, chichi* und *kyūri* in der Shushi-Philosophie führt zu der zweiten These „erst Wissen, dann Handeln" *(senchi kōkō)*. Obwohl Wissen und Handeln nicht voneinander zu trennen sind, ja das Wissen erst durch die Erfahrung, die Handlung, seine Vollendung findet, geht jedoch allem ethisch guten Handeln stets das Wissen im oben dargelegten Sinne voraus.

5. Der Geist als die Einheit und Kreativität der Wirklichkeit in der Yōmei-Schule

Die Yōmei-Schule geht von einem ganz anderen Ansatz als die Shushi-Philosophie aus. Während letztere von der Ontologie zur Theorie über die menschliche Existenzweise gelangen, gehen die Yōmei-Philosophen den umgekehrten Weg. Es geht ihnen primär um die Analyse des Geistes, um die Möglichkeit der Erfahrung und um das Verhältnis zwischen Geist und Wirklichkeit. Bei ihnen weitet sich also die Analyse des Geist-Begriffes in die der Ontologie aus. Ihr zentraler Begriff ist folglich der des Geistes *(shin)*. In der Shushi-Schule bedeutet *shin* der geistig-seelische Bereich als die Basis des menschlichen Bewußtseins und der menschlichen Aktivitäten. Er setzt sich aus der Materie-Energie und dem Ordnungsprinzip zusammen, wobei das Ordnungsprinzip als die Wesensnatur allein das Wahre, Vollkommene und Gute verkörpert. *Shin* wird von ihnen niedriger als die Wesensnatur eingestuft. Die Yōmei-

Philosophen sehen dagegen *shin* als die Quelle von allem Seienden und als das absolut Gute. *Shin* ist für sie mit dem Ordnungsprinzip identisch *(shin soku ri)*.

Obwohl die Geist-Philosophie der Yōmei-Gelehrten durchaus erkenntnistheoretische Züge aufweist, wird die Diskussion jedoch nahezu ausschließlich vom ethischen Standpunkt aus geführt. In Anlehnung an Meng-tzu wird der Geist als eine universale, für alle Menschen gleiche Realität definiert. Er wird als die Basis der bewußten und moralischen Aktivitäten beschrieben, ist somit die Quelle für Intellekt, Wille und Gefühl, das einende Zentrum für die Vielheit der Erfahrung und die ethisch kontrollierende Triebkraft. Durch den Erkenntnisprozeß bestimmt er sich selbst, wobei in jedem Erkenntnisprozeß stets das Handeln inbegriffen ist. Jedwedes Wissen von dem Selbst, der Außenwelt und von ethischen Werten muß durch den Erkenntnisprozeß, Gegenstand des Denkens zu sein, gehen. Geist, Selbst und Außenwelt werden nicht getrennt gesehen, sondern die gesamte Wirklichkeit wird von dem Geist umfaßt. Die Wirklichkeit liefert sozusagen das Material, aufgrund dessen der Geist in Funktion tritt; deshalb die Behauptung der Schule, daß ohne Geist das Universum und ohne das Universum der Geist ohne Sinn wäre.

Es werden zwei Seinsweisen des Geistes unterschieden: der Geist als Grundsubstanz *(hontai)* und der Geist in Funktion *(yō)*. Ersterer ist wie in der Shushi-Schule die Wesensnatur als der Zustand der Ruhe *(mihatsu)* und der Ausgeglichenheit. Er ist absolut gut und dieses absolut Gute des Geistes wird *ryōchi* genannt. Dieser Begriff ist der Philosophie des Meng-tzu entlehnt und bedeutet das „angeborene Wissen um das Gute“, es ist also ein a priori transzendentales Wissen um das Gute. Es eignet allen Menschen in gleicher Weise und befähigt sie zur spontanen Wahrnehmung des absolut Guten. Daher gibt es für die Schule kein ethisches Wissen außerhalb *ryōchi*, d.h. des Geistes. Die Behauptung von der allen Menschen eignenden Fähigkeit der Wahrnehmung des Guten bedeutet hinsichtlich der Gleichheit aller einen Fortschritt gegenüber der Shushi-Schule. Der von dieser betonte rationale Aspekt läßt eine Vervollkommnung nur dem Gelehrtenkreis, also der priviligierten Schicht der Tokugawa-Gesellschaft zu. Nakae Tōju setzt dem entgegen: „Weil Literatur eine Kunstfertigkeit ist, dürfe ein jeder, der sich von Geburt an leicht Dinge einprägt, lernen und Wissen anreichern; aber auch wenn er ein der Literatur Kundiger ist, die Tugend der Menschlichkeit und Rechtlichkeit bei ihm jedoch nicht erstrahlt, ist er kein Konfuzianer. Er ist ein gewöhnlicher Mensch, der gerade die Kunstfertigkeit der Literatur besitzt. Auch ein völlig Ungebildeter ist kein gewöhnlicher Mensch, wenn bei ihm die Tugend der Menschlichkeit und Rechtlichkeit erstrahlt. Er ist eben ein Konfuzianer, der nicht der Literatur kundig ist" (Okina mondō kaisei hen, TSZ 3, 282).

Der Geist wird auch als das Zentrum aller menschlichen Kreativität gesehen. Der Geist als Grundsubstanz wird also nicht als ein statischer Zustand gefaßt, sondern er drängt nach Selbstverwirklichung des „angeborenen Wissens um das Gute" *(chi ryōchi)*. Der Erkenntnisprozeß, in dem sich diese Verwirklichung vollzieht, wird als der Geist in seiner Aktivierung *(ihatsu)* bezeichnet. Ruhe und Aktivierung sind also die beiden nicht voneinander trennbaren Seinsweisen des Geistes, die eine ist in der anderen enthalten, oder, wie die Yōmei-Philosophen es formulieren, „die Ruhe in der Aktivität und die Aktivität in der Ruhe".

Bei einem Erkenntnisvorgang werden vier Relationen unterschieden: die Relation zwischen Körper und Geist, zwischen Geist und Intentio *(i)*, zwischen Intentio und Ding bzw. Sachverhalt *(ji)*, zwischen Intentio und Wissen/Handeln *(chi/kō)*. Körper und Geist stehen insofern korrelativ zueinander, weil der Körper die physische Existenz des Menschen ausmacht und der Geist als der über ihn Befehlende aufgefaßt wird. Körper und Geist können nur in Abhängigkeit voneinander funktionieren. Unter Intentio wird das Gerichtetsein des Geistes auf Objekte und der Prozeß der Erwiderung auf diese verstanden. Sie ist bewußte Aktivität des Geistes und Willensakt. Somit stellt sie die eigentliche kreative Triebkraft des Geistes dar. Der Intentio zufolge bekommen die Objekte einen Bezug zum Menschen und erhalten einen Sinn. Die Intentio ist also eine bestimmte Form der Interaktion mit der Welt. Die Yōmei-Philosophen sprechen daher nicht gern von Objekt *(butsu, mono)*, sondern von *ji*, dem Sachverhalt, weil für sie ein Sachverhalt ein Objekt ist, das durch die Intentio in Bezug zum Menschen steht. Unter diesem Gesichtspunkt wird von ihnen behauptet, daß die Intentio bzw. der Geist „alle Dinge und Sachverhalte schafft". Die Yōmei-Philosophie darf also keinesfalls dahingehend interpretiert werden, daß alles nur Vorstellung sei, die Existenz der vom denkenden Subjekt unabhängigen Außenwelt also bestritten würde.

Die Intentio ermöglicht aber nicht nur die Erkenntnis von Objekten und Zusammenhängen der objektiven Realität, sondern sie beinhaltet wahre und ethisch gute Erkenntnis. Denn sie ist in einer konkreten Situation Norm und motivierende Triebkraft für das

Wahre und Gute. Mit anderen Worten, in jedem durch die Intentio gegebenen Erkenntnisprozeß enthüllt sich spontan, sofern sich ihr kein Hindernis entgegenstellt, das Ordnungsprinzip des jeweiligen Dinges oder Sachverhaltes, sie ist also die Geistaktivität, die um das Ordnungsprinzip spontan weiß und es verwirklichen will. Diese Relation zwischen Intentio und Wissen/Handeln ist ein Kernstück der Yōmei-Philosophie und hebt sich eindeutig von der Shushi-Schule ab. Daher werden die bereits oben besprochenen Termini *kakubutsu, chichi, kyūri* und *senchi kōkō* zum Gegenstand heftiger Kritik. Ihrer Meinung nach geht es nicht um die Erforschung der Dinge in der Welt und damit um eine Erweiterung des Wissens, was schließlich zu einer Offenlegung des allem Seienden immanenten Ordnungsprinzips führt. Hierbei werde der Aspekt der Außenwelt überbetont, während doch die Ergründung des Innen das Ausschlaggebende sein muß, weil eben der Geist allein die Quelle alles Wahren und Guten ist und das Ordnungsprinzip und die Wirkkräfte *(toku)* seine Manifestationen sind. Dies führt zu einer Umdeutung der Begriffe. *Chichi* wird als *chi ryōchi*, eine Verbindung also aus dem ›Ta-hsüeh‹-Begriff *chichi* und dem ›Meng-tzu‹-Begriff *ryōchi*, interpretiert. Das erste Schriftzeichen *chi* – von den Shushi-Philosophen als „bis zum äußersten erweitern" ausgelegt – bedeutet in der Yōmei-Schule „verwirklichen", also das angeborene Wissen um das Gute verwirklichen. Bei der Verwirklichung handelt es sich nicht um eine Vermehrung des angeborenen Guten, denn dieses ist bereits in seiner Ganzheit gegeben. In der permanenten Verwirklichung des angeborenen Guten erweist sich der Mensch als in sich vollkommen und lebt sein wahres Selbst. Ein Heiliger zu werden ist auch das angestrebte Ziel der Yōmei-Schule. Während dieses Ziel für die Shushi-Schule am Ende eines Lebensweges voller Gelehrsamkeit und Selbstkultivation erreichbar erscheint, bedeutet für die Yōmei-Schule bereits die beständige Verwirklichung des *ryōchi* im Denken und Handeln, ein Heiliger zu sein. Aus diesem Grund wird *kakubutsu* als die fünf Dinge *(goji; ji = butsu)*, nämlich das Sehen, Hören, Sprechen, Denken und Bewegen, berichtigen, d.h. am *ryōchi* ausrichten (*kaku* im Sinne von *tadasu*: berichtigen), interpretiert, also die Wahrhaftigkeit der Intentio zu bewahren. Die These „erst Wissen, dann Handeln" ist für die Yōmei-Philosophen nicht annehmbar, weil in jedem Erkenntnisvorgang die Handlung notwendigerweise inbegriffen ist. Die Intentio ist in ihrer Wahrhaftigkeit von dem Wissen des Geistes durchdrungen und in ihrer kreativen Erwiderung auf die Sachverhalte ist sie damit zugleich das richtunggebende Ziel für die Handlung. Wissen und Handeln bilden daher eine Einheit *(chikō goitsu)*, sind der Ausdruck der Einheit und Kreativität des Geistes. Nakae Tōju vergleicht diese mit der Schönheit und der Liebe: Das Schöne zu suchen betrifft das Wissen, es zu lieben das Handeln. Aber es ist nicht etwa so, daß man erst das Schöne sieht und sich dann erst auf das Lieben besinnt. Wissen ist stets ein Wissen in Tat. Die auf diese Weise verwirklichte Selbstexistenz wird mit dem Begriff Harmonie *(wa)* bezeichnet, weil alle Dinge und Sachverhalte ihren angemessenen Platz in einer umfassenden Harmonie finden. In diesem Zusammenhang spricht Nakae Tōju auch von der kindlichen Pietät *(kō)*. Er erweitert den Begriffsinhalt und versteht darunter nicht nur das moralische Konzept der Pietät den Eltern gegenüber, sondern die klare Wirkkraft *(meitoku)*, die Lebenskraft der großen Leere, das von sich aus ordnende Lebensprinzip.

Auch die Yōmei-Schule hat sich mit dem Problem des Bösen auseinanderzusetzen. Die Shushi-Philosophie hat das Problem durch die Zweiteilung des Geistes in Wesensnatur und in den durch die Materie-Energie geprägten Gefühlsbereich gelöst. In der Yōmei-Philosophie wird der Geist jedoch in seiner Allumfassendheit mit dem Ordnungsprinzip identisch gesehen. Insofern sind die Gefühle dem Geist inhärent. Es wird ausdrücklich betont, daß sich kein Mensch der Gefühle und der durch sie entstehenden potentiellen Leidenschaften entziehen kann, weil er die Gefühle als etwas Gegebenes vorfindet. Eine Verlagerung nach außen, daß die Dinge in sich selbst gut oder böse und in dieser ihrer Beschaffenheit auf den Menschen einwirken, ist aufgrund der noch zu erörternden ontologischen Konzeption ihrer Philosophie nicht möglich. Also müßten die durch die Gefühle eventuell hervorgerufenen selbstischen Wünsche *(jinyoku)* ebenfalls dem Ordnungsprinzip zugeordnet werden. Dieser logische Schluß kann nicht gezogen werden, weil damit der fundamentale Lehrsatz – die Identität von Geist und Ordnungsprinzip als dem absolut Guten – in Frage gestellt würde. Tatsächlich bleibt die Schule auf die Frage nach der Herkunft des Bösen eine befriedigende Antwort schuldig. Sie konstatiert einfach die Tatsache, daß die Möglichkeit zu selbstischen Wünschen im Geist latent vorhanden ist und der Mensch zum Guten und zum Bösen gleichermaßen fähig ist. Der Geist wird zwar in seinem Zustand der Ruhe und Ausgeglichenheit als absolut gut definiert – absolut insofern, weil ein absolut Gutes den Gegensatz zum Bösen nicht mehr zuläßt. Das Böse oder das selbstische Verhalten aber entsteht bei der geringsten Abweichung von diesem absolut Guten. Solche Abweichungen sind in dem Zustand des aktivierten Geistes dann gegeben, wenn der Wille in blinder Aktivität agiert, selbstische Wünsche somit zur motivierenden Kraft des Denkens und Handelns werden und die Harmonie des Geistes stören.

Es ist abschließend noch auf das oben erwähnte Verhältnis von Geist und ontologischer Wirklichkeit einzugehen. Die Inbeziehungsetzung des Geistes mit den Begriffen Allumfassendes, Ordnungsprinzip, Himmelsweg, große Leere *(taikyō)* und Weltherr *(jōtei)* u.a. deutet die Ausweitung des Geistbegriffes auf die ontologische Ebene an und richtet zugleich den Blick auf das Verhältnis von Individualgeist und dem unendlichen wahren Sein. Es sind fast dieselben bereits von der Ontologie der Shushi-Schule her bekannten Begriffe, die sich hier wiederfinden, aber eine andere Deutung erfahren. Der von Nakae Tōju am häufigsten verwendete Begriff *jōtei* verrät eine pantheistisch-monistische Denkweise und wird von ihm so definiert: „Der Weltherr ist das äußerste Nichts *(mukyoku)* und das Allumfassende *(taikyoku)*. Er ist absolute Wahrheit und absoluter Geist … (Meitokuzusetsu, TSZ 1, 128). „Der Weltherr ist Herrscher und Eltern des Seienden im Universum. Nicht das kleinste Teilchen der sechs Richtungen (des Raumes), nicht ein einziger Augenblick aller Zeiten ist vor seinem Glanz verborgen … Es gibt nichts, das er nicht weiß, nichts, das er nicht ausführen könnte. Sein Körper füllt die große Leere, ohne Geräusch und ohne Geruch durchdringen seine wunderbaren Tätigkeiten die große Leere … Er allein ist der Verehrung würdig und ohne Ebenbild" (Meitokuzusetsu, TSZ 1, 137f.). Der Weltherr wird von ihm als geistiges, unendliches Wesen, als allgegenwärtiger und allmächtiger Schöpfer und leitendes Prinzip des Universums, als Weltgeist bestimmt. Er ist unendlich und unbegrenzt, zeitlos, einzig, unteilbar, unzerstörbar und frei. Er umfaßt alles Seiende und ist dessen harmonische Einheit. Er ist aus seiner Zielsetzung heraus schöpferisch tätig und offenbart sich in mannigfaltigen Formen und Aktivitäten. Er gibt nicht nur allem Leben, sondern bewahrt die Totalität des Seienden als lebendige Wirklichkeit. Seine Attribute sind das Ordnungsprinzip und die Materie-Energie. Das Ordnungsprinzip ist sein Geist *(shin)*, die Materie-Energie seine Form *(kei)*. Teilt sich der Geist, so entstehen die Wesensnaturen *(sei)* des Seienden, teilt sich die Form, so entstehen die verschiedenen Gestaltungen. Bei der Teilung der Form gibt es Unterschiede, bei der des Geistes keine. Im Bereich der Lebewesen nimmt Tōju eine Stufung vor, worin die

Pflanzenwelt den niedrigsten, der Mensch den höchsten Platz einnimmt. Nur der Mensch erhält das Ordnungsprinzip in seiner Ganzheit und Fülle. Ordnungsprinzip und Materie-Energie sind um so getrübter und die Fähigkeit der Perzeption nimmt um so mehr ab, je tiefer der Platz in der Hierarchie. Obwohl Tōju von zwei Attributen des Weltgeistes spricht, werden sie auf das engste miteinander harmonisch verbunden verstanden. Als Metapher zieht er Boot (Materie-Energie) und Ruder (Ordnungsprinzip) an. Das Ruder als das die Materie-Energie Lenkende, das Boot als sein Werkzeug; das eine verliert ohne das andere seinen Sinn. Um diese Einheit zu verdeutlichen, bezeichnet Tōju eben beide mit dem Oberbegriff Weltherr u. ä. Hier liegt eine eindeutige monistische Weltanschauung und damit ein Unterschied zur Shushi-Schule vor. Inoue Tetsujirō stellt in diesem Zusammenhang eine Verbindung zwischen Yōmei-Lehre und Spinoza her, wobei jedoch nicht zu übersehen ist, daß erstere metaphysisch und erkenntnistheoretisch an den europäischen Denker nicht heranreicht: Gott, bei Tōju Weltherr, als die unendliche Substanz, die in sich ist und durch sich begriffen wird, die Causa sui und zugleich Ursache von allem Seienden ist und die unendlichen, ewigen Attribute als die wesentlichen Arten des Erscheinens der Substanz. Der menschliche Intellekt kann das Wesen der Substanz allerdings nur unter den beiden Attributen der Ausdehnung, dem das *ki/kei*, und des Denkens, dem das *ri/shin/sei* entspricht, erfassen (Inoue 1900, 47).

Da nun der Weltgeist als mit dem individuellen Geist identisch erklärt wird, muß der individuelle Geist ebenfalls als der Geist des totalen Universums interpretiert werden. „Der Geist *(shin)* ist der allgemeine Ort der ganzen Substanz und eine andere Bezeichnung für das Allumfassende *(taikyoku)*. Obwohl er Ordnungsprinzip und Materie-Energie miteinander verbindet, über die geistig-seelische Grundprägung *(kishitsu)* regiert und Herr über das Selbst ist, durchdringt seine Wahrheit das Universum, nichts ist größer als er, nichts kleiner, er ist nämlich der Himmel als Schöpfer, er existiert im Selbst" (Nakae Tōju, Meitokuzusetsu, TSZ 1, 678). Die Realität des Seienden ist also selbst Teil des erfahrenden und erkennenden individuellen Geistes. Der individuelle Geist differenziert daher in seiner Identität mit dem Weltgeist nicht nur alles Seiende, sondern überwindet zugleich auch die Differenzierung, indem er alles in der großen Einheit verschmilzt. Es ist ein Einssein mit der Gottheit *(shinjin goitsu)*, dem Ich und der das Ich umgebenden Außenwelt *(butsuga ittai)* und die Manifestation des inneren Lichtes *(ryōchi/*

meitoku) nach außen *(naigai eitetsu)*. Hier werden Assoziationen zum Buddhismus und Taoismus geweckt. Ohne eine Nichts-Philosophie wie diese entwickelt zu haben, liegt Tōjus Geist-Philosophie doch derselbe Kontradiktions- und Koinzidenz-Gedanke zugrunde. Auch für ihn existieren die Gegensätze Leben und Tod, Sein und Nichts usw., die aber zugleich auch koinzident sind. Es hängt davon ab, von welcher Ebene man das Seiende betrachtet, von der eines Erleuchteten oder Unerleuchteten.

Der grundlegende Unterschied in der Deutung des Geistbegriffes zu der Shushi-Schule liegt darin, daß jene behauptet, der Geist könne nur in der Verbindung von Ordnungsprinzip und Materie-Energie existieren. Diese Behauptung impliziert jedoch zugleich, daß das Ordnungsprinzip theoretisch ewig weiterbesteht, auch wenn der Geist nicht existieren sollte. Es gibt zwar kein Ordnungsprinzip ohne Materie-Energie und umgekehrt, aber logisch denkbar ist, daß es das Ordnungsprinzip ohne Geist gibt. Insofern haben die Yōmei-Philosophen recht, wenn sie der Shushi-Schule vorwerfen, daß sie das Ordnungsprinzip von dem Geist trennt. Während die These ihrer Philosophie ist: Nur weil es den Geist gibt, gibt es das Ordnungsprinzip und umgekehrt.

6. Die Existenz als ständige Bewegung in der Schule des Itō Jinsai

Der Kogaku-Gelehrte Itō Jinsai war bis zur Mitte seines dreißigsten Lebensjahres Anhänger der Shushi-Philosophie. Nach seiner Lösung von ihr wurde seine eigene Schule, die Horikawa- oder Kogigaku-Schule, jedoch zur scharfen Kritikerin derselben. Seine Schule unterscheidet sich bereits durch die andere inhaltliche Bestimmung des Begriffes Lehre *(kyō)* grundlegend von der Shushi- und Yōmei-Philosophie. *Kyō* bedeutet bei Jinsai die Unterweisung der Heiligen im strengen Sinne. Er fordert, wie auch die Schule des Ogyū Sorai, eine Abwendung von den konfuzianischen Richtungen der chinesischen Sung- und Ming-Zeit, weil diese unter Zuhilfenahme des Buddhismus und Taoismus eine Neu- und Uminterpretation der ursprünglichen konfuzianischen Lehre vorgenommen hätten und mit einem Begriffsapparat arbeiteten, der in den alten Klassikern nicht vorkomme. Um diese Verfälschungen richtigzustellen, gründete Jinsai seine „Schule der alten Interpretation“ (Kogigakuha) und legte ihr als Hauptwerk allein das ›Lun-yü‹ und das Buch ›Meng-tzu‹ zugrunde. Das ›Lun-yü‹ hielt er für das beste Werk aller Zeiten. „Wahrlich, das Lun-yü, wie korrekt ist sein Stil! Wie tief und vernünftig seine Prinzipien! Nur ein einziges Schriftzeichen hinzuzufügen würde Überfluß, nur ein einziges wegzulassen Unzulänglichkeit bedeuten. Im Lun-yü erreicht die menschliche Sprache ihren Höhepunkt und die menschliche Vernunft ihre äußerste Tiefe. Es ist in der Tat das größte Buch, das jemals geschrieben wurde" (Itō Jinsai, Gomōjigi, NST 33, 99). Für Jinsai ist K'ung-tzu der größte Weise, weil er im Gegensatz zu den früheren Weisen eine wirkliche Lehre schuf, indem er die Gedanken dieser früheren Weisen zusammenfaßte und damit eine relative Vollendung der konfuzianischen Lehre erreichte. Damit greift die Kogigaku nicht nur die in der Shushi- und Yōmei-Schule herrschende Auffassung von der qualitativen Gleichartigkeit der Weisen, also von Yao, Shun usw. bis K'ung-tzu und Meng-tzu, an, sondern relativiert auch die hiermit in Zusammenhang stehende Geschichtsauffassung vom Goldenen Zeitalter. Beide Anschauungen lassen sich, wie später noch aufzuzeigen ist, mit Jinsais Theorie, daß Existenz Bewegung ist, nicht vereinbaren. Die Weisen, einschließlich K'ung-tzu, sind und können als Menschen nicht frei von Fehlern und keine Epoche in sich vollkommen sein. Aus diesem Grund soll man selbst K'ung-tzu nicht kritiklos folgen, sondern nur „den von ihm begonnenen Weg hin zur Wahrheit beschreiten".

Von dem Gesamtwerk des ›Lun-yü‹ hält Jinsai aufgrund von Stil und Kontext nur die ersten zehn Bücher für original, die nachfolgenden zehn für spätere Ergänzungen. Dies ist eine von der heutigen Forschung allgemein akzeptierte Meinung, sie bedeutete jedoch zur Zeit des Jinsai eine mutige Behauptung und einen Fortschritt hinsichtlich der Klassikerexegese. Meng-tzu ist für Jinsai der beste Interpret des K'ung-tzu und deshalb wertet er dessen Schrift als die nächst wichtigste. Beide Schriften bezeichnet er als *honkei*, grundlegende Klassiker, die sich ergänzen, weil sich das ›Lun-yü‹ mehr praktischen Fragen zuwendet, während des Buch ›Meng-tzu‹ die theoretischen Grundlagen erarbeitet und somit die scheinbar einfachen Aussprüche des ersteren in ihrer Tiefe durchleuchtet. Von den übrigen von Chu Hsi zusammengestellten vier Bücher *(shisho)* lehnt Jinsai das ›Ta-hsüeh‹ als eine etwa von K'ung-tzu verfaßte Schrift ab und hält Teile aus dem ›Chung-yung‹ für nicht authentisch. Auch zu den übrigen Klassikern nimmt er kritisch Stellung. Das ›Li-chi‹ betrachtet er insgesamt als Fälschung, von dem ›Shuching‹ hält er die Hälfte von den insgesamt 58 Kapiteln für Fälschungen. Das ›I-li‹ und ›Chou-li‹ haben für ihn nur geringen Aussagewert und dem ›I-ching‹ als Wahrsagebuch räumt er ebenfalls keinen hohen Stellenwert ein; er lehnt vor allem die damals noch geltende Auffassung, daß die „Zehn Flügel" von K'ung-tzu stammen sollen, ab. Der von ihm noch am meisten geschätzte Klassiker ist das ›Shih-ching‹.

Durch die Eingrenzung der Lehre auf vor allem das ›Lun-yü‹ und ›Meng-tzu‹ traf die Kogigaku mit ihrer kritischen Betrachtungsweise der Shushi-Schule in bezug auf Ontologie und Ethik diese in ihrem Kern. Denn mit dieser Eingrenzung fallen automatisch zentrale Begriffe der Shushi-Schule weg. Die Kogigaku faßt die Ontologie der Shushi-Schule als eindeutigen Monismus auf und interpretiert das Ordnungsprinzip als das vor der Materie-Energie und damit *vor der Bewegung* des Universums existierende Prinzip. Wie oben jedoch bei der Shushi-Schule festgehalten, war dort der Prioritätsgedanke nur zögernd und einschränkend akzeptiert worden. Gegen den Gebrauch des Begriffes *ri* im Sinne der Shushi-Schule wendet sich die Kogigaku. Der Begriff finde sich weder bei K'ung-tzu noch bei Meng-tzu, sei vielmehr ein unter buddhistischem und taoistischem Einfluß später in den Konfuzianismus eingeführter. Bereits die Analyse des Schriftzeichens zeige, wie weit sich die Shushi-Philosophen von der ursprünglichen Lehre entfernt hätten. Bei diesem Begriff handle es sich um ein „lebloses Schriftzeichen" *(shiji)*. Das Schriftzeichen, das in seiner ursprünglichen Bedeutung die Maserung im Jade usw. bedeute, beziehe sich allein auf die Struktur unbelebter Dinge. Tauche der Begriff auch in den Klassikern an einigen Stellen auf, so finde er niemals im neokonfuzianischen Sinne Verwendung. Von den Weisen wurde der Begriff weder mit dem des Himmels noch dem des Menschen in Verbindung gebracht. Er sei daher völlig ungeeignet, „das Wunderbare des lebendigen und steten Wandels von Himmel und Erde" auszudrücken. Die Shushi-Philosophen konstruieren nach Meinung Jinsais ein System, das auf einem statischen Prinzip aufbaut. Damit widersprechen sie der wahren Lehre. Denn in dieser werden gerade die Begriffe Weg *(dō)* und Himmelsweg *(tendō)* als zentral angesehen.

Jinsai erklärt den Begriff Weg von seinem Bedeutungsgehalt her als ein „lebendiges Schriftzeichen" *(katsuji)*. In seinem ›Gomōjigi‹ schreibt er: „Weg bedeutet nichts anderes als ein Verkehrsweg. Man versteht darunter den Bereich, den die Menschen mit ihrem Gehen und Kommen durchschreiten ... Bei dem Begriff Weg des Himmels wird das ‚ein Mal *yin*, ein Mal *yang*, ihr Gehen und Kommen ist unaufhörlich' zugrunde gelegt, und deshalb spricht man vom Weg des

Himmels … Daß vor *yin* und *yang* jeweils das Schriftzeichen eins (ein Mal) hinzugesetzt wird, ist im Grunde die bildliche Ausdrucksweise für die Bedeutung jenes ein Mal *yin* und ein Mal *yang* und wiederum ein Mal *yin*, jenes Kommen und Gehen, jenes Ab- und Zunehmen, jenes Kreislaufs ohne Ende. Schließlich gibt es zwischen Himmel und Erde nur die *eine* ursprüngliche Materie-Energie *(ichigenki)*. Bald wird sie *yin*, bald wird sie *yang*. Zwischen Himmel und Erde füllen und entleeren sich beide immerzu, nehmen ab und nehmen zu, gehen und kommen, stehen in einem dynamischen Verhältnis zueinander, ohne jemals zum Stillstand zu kommen. Das genau ist das Insgesamt des Himmelsweges, die bewegende Kraft der Natur; die zehntausend Wandlungen gehen durch sie hervor und ihr zufolge entsteht das Universum" (NST 33, 14).

Jinsai legt auf die unaufhörlich existierende kosmische Materie-Energie besonderes Gewicht. Obwohl aus ihr alles Leben im Universum entsteht, verliert sie nichts von ihrer Vitalität. Zur Verdeutlichung bringt Jinsai sein bekanntes Beispiel von der Kiste: Man nehme sechs Bretter, verbinde sie miteinander, stelle eine Kiste her und verschließe sie sorgfältig. In ihr ist von selbst Materie-Energie enthalten. Im weiteren Entwicklungsverlauf werden sich Schimmel, dann Kleintiere, also Leben entwickeln. Das Universum stellt nichts anderes als eine solche Kiste dar. Daher sollte man einsehen, „daß solche Theorien der Sung-Konfuzianer wie ‚nachdem das Ordnungsprinzip existiert, existiert die Materie-Energie' oder ‚als Himmel und Erde noch nicht existierten, gab es allem voran bereits das Ordnungsprinzip' nur Mutmaßungen sind; … sie haben keinerlei Durchblick" (Gomōjigi, NST 33, 16). Nach Ansicht Jinsais ist *ri* das jedem Seiende eigene inhärente Prinzip *(jōri)*, es ist aber unfähig, das Seiende zu regieren. So hat zwar alles sein Prinzip, „aber die eine ursprüngliche Materie-Energie stellt den Ursprung dar und das Ordnungsprinzip folgt dieser. Das Ordnungsprinzip kann nicht der Drehpunkt für alle Umwandlungen sein" (Dōjimon, NRI 5, 131).

Für Jinsai sind Himmelsweg und Materie-Energie eine Einheit; letztere läßt sich nicht von einem höheren Prinzip ableiten; es gibt also keine Substanz *(tai)*, die im Wandel ihre Selbstidentität bewahrt, und deren Funktion *(yō)*. In ihrer Einheit und Bewegtheit sind sie ein ständiger selbstschaffender Prozeß. Sie sind universal in Zeit *(chū)* und Raum *(u)*, schließen das Kontinuierliche und das Ganze ein. Denn Bewegung ist nicht nur die sich im Wandel vollziehende Verwirklichung des Seienden, sondern stets auch der Vollzug eines Eins- und Ganzwerdens. Auch wenn das Seiende nach dem Muster von *in* und *yō* in „gegensätzlicher Fixierung" existiert, weist Jinsai ausdrücklich darauf hin, daß es zu dem großen Wandel *(i)* keinen Gegenpart gibt. Diese Feststellung ist für den Existenzbegriff *(yu)* der Kogigaku bedeutsam. Er schließt die Vorstellung von „absoluter Ruhe" als dem Gegenüber von Bewegung, Wandel aus. Absolute Ruhe ist für sie Nicht-Existenz *(mu)*. Der Tod ist zwar innerhalb des großen Wandels die Beendigung allen Lebens, jedoch im Sinne eines Umwandlungsprozesses, einer Umwandlung alter Formen in neue. „Deshalb ist es richtig, zu sagen, ‚was lebt, wird sterben', ... aber unrichtig, ‚wo Leben ist, *ist* auch Tod' ..." (Gomōjigi, NST 33, 16f.). Denn das unaufhörlich Lebenspendende erlischt niemals, setzt sich bis in alle Unendlichkeit fort. Existenz und Nicht-Existenz sind Gegensätze, die einander ausschließen.

Diese von schöpferischer Entfaltung und Aktivität gekennzeichnete Auffassung von Existenz bestimmt auch die Ethik der Kogigaku. Dem Begriff menschliche Wesensnatur *(sei)* legt sie u.a. die Anfangsstelle des ›Chung-yung‹ zugrunde, wo es heißt: „Das, was vom Himmel zugeteilt wird, ist die menschliche Wesensnatur" (SPPY, Szu-shu chi-chu 1, 1a). Diese Stelle könnte auch „Das Mandat des Himmesl *(temmei)* nennt man Wesensnatur" übersetzt werden. Jinsai entscheidet sich für erstere Übersetzung und weist darauf hin, daß in den Klassikern je nach Kontext zwischen zwei Interpretationsweisen des Schriftzeichens *mei* zu unterscheiden sei. Zum einen kann *mei* als Substantiv aufgefaßt werden, also als Mandat, so z.B. in den Binomen Himmelsmandat oder Wesensnatur-Mandat, also das Mandat, das in der Wesensnatur manifestiert ist, d.h. alles, was im Leben des Menschen ohne dessen Zutun geschieht. Zum anderen kann *mei* als Verb im Sinne von *yo*, schenken, zuteilen, aufgefaßt werden, wie beispielsweise in dem angeführten Zitat. Es handelt sich um die dem Menschen bei seiner Geburt mitgegebene Wesensnatur. Dieses Zugeteilte ist als transzendentaler Wille des Himmels dem Einfluß und der Kontrolle des Menschen entzogen. Wie immer aber der Begriff in den einzelnen Klassikerstellen interpretiert wird, für die Kogigaku kann zusammenfassend festgehalten werden, daß der durch sich selbst seiende Himmel als der Herrscher, Bewahrer, Richter und Wohltäter der Menschheit angesehen wird und das Mandat das ist, was der Himmel erläßt, zu vergleichen etwa mit dem Herrscher und dessen Befehl.

Für die Kogigaku ist diese Wesensnatur Leben *(sei)* und damit ständige Bewegtheit. Es ist das bei der Geburt mitgegebene „Material“ *(shitsu)*. Infolgedessen müssen sie der Shushi-Theorie von der Identität von Ordnungsprinzip und Wesensnatur, von der Wesensnatur als dem noch nicht aktivierten Wesen des Menschen *(mihatsu)*, die durch den Zustand vollkommener Ruhe *(jō)* und Ausgeglichenheit *(chū)* gekennzeichnet ist und den allen Menschen gleichermaßen inhärenten Archetyp des Wahren und Guten darstellt, widersprechen. Die von der Kogigaku behauptete angeborene Gleichheit aller Menschen aufgrund ihrer Wesensnatur wird in einem völlig anderen Sinne verstanden. Im Gegensatz zur Shushi-Schule unterscheidet sie nicht zwischen der eigentlichen Wesensnatur *(honzen no sei)* und der die Individualität ausmachenden Konstellation des Menschen *(kishitsu no sei)*. *Sei* wird von ihr als der angeborene stete Prozeß menschlicher Aktivität mit der Zielrichtung auf das Wahre, Vollkommene hin verstanden. Der Bewegungsprozeß auf dieses Gute hin ist in der durch die Sinne gegebenen Wahrnehmung, in den Gefühlen *(jō)*, dem Willen *(i)*, vor allem aber in den vier Ursprüngen *(shitan)* begründet. Sie alle werden von der Wesensnatur umfaßt und sind die geistig-psychischen Reaktionen des Menschen auf von außen kommende Stimuli. Sie sind die Grundlage für die konkrete Erfahrung des Menschen von der Welt als Inbegriff der Dinge, Wesen und Geschehnisse. Die Gefühle sind als „Bewegungen der Wesensnatur“ natürliche Grundreaktionen des Menschen. Der Wille ist die „im ethisch Guten gehaltene Kraft der Wesensnatur“, sich gegen Leidenschaften, schlechte äußere Einflüsse usw. zu verteidigen. Solange die Gefühle unter der Kontrolle des Willens stehen, sind sie nichts Schlechtes und nichts zu Unterdrückendes. Die *shitan* sind in der Shushi-Schule die vier nach außen in Erscheinung tretenden Manifestationen der vier Wirkkräfte *(shitoku)*. Jinsai interpretiert das Schriftzeichen *tan* nicht als Ende, sondern als Anfang, Ursprung *(shi, hon)* und somit als die Ursprünge der Wirkkräfte. Sie sind die in gegebenen Situationen instinktiv erfolgenden Reaktionen des Mitgefühls, des Schamgefühls usw. Die Reaktion des Mitgefühls *(sokuin)* ist also der Ursprung der Wirkkraft Menschlichkeit *(jin)* usw. Die vier Ursprünge besitzen demnach Wertgerichtetheit auf die vier Wirkkräfte. Die Menschlichkeit gilt als der höchste Moralwert, ist durch die Liebe *(ai)* charakterisiert und die Quelle alles Guten und steht mit den übrigen Wirkkräften in Beziehung. In besonders enger Verbindung steht die Menschlichkeit mit der Rechtlichkeit als der Tugend, die jedem sein ihm zustehendes Recht zuteil werden läßt. Jinsai unterlegt, um deren engen Zusammenhang zu betonen, der Rechtlichkeit die Bedeutung von Menschlichkeit und verwendet häufig das Binom *jin-i*. Beide werden durch die Riten als die vollkommene hierarchische Ordnung und durch die Weisheit als die alles durchdringende Vernunft ergänzt.

Indem Jinsai sich auf die Fortsetzung des obigen ›Chung-yung‹-Zitates stützt, nämlich „die Übereinstimmung mit der Wesensnatur nennt man Weg" (SPPY, Szu-chu chi-chu 1, 1 a), dehnt er den Begriff Wirkkraft auf den ontologischen Bereich aus. Der Begriff Weg, welcher oben als ontologische Wahrheit hervortrat, wird zudem als der Inbegriff der vier Wirkkräfte und damit als die ethische Wahrheit schlechthin interpretiert. Weg (Wahrheit) und Wesensnatur sind aufeinander bezogen und stimmen miteinander überein. Und das häufig gebrauchte Binom *dōtoku* (Weg-Wirkkraft) ist, wie Spae es im aristotelischen Sinne interpretiert, "the universal, substantial, active, good. *Tao* [*dō*, Weg] is its participation in Human Nature; *te* [*toku*, Wirkkraft] is the virtuous habit; the Four Virtues are the Virtue in actu" (Spae 1948, 145).

Trotz der Gleichheit aller hinsichtlich dieses Bewegungsprozesses auf das Vollkommene hin kommt es jedoch bei den Menschen zu einer unterschiedlichen Verwirklichung des Guten. „Es ist wie bei den Früchten", schreibt Jinsai, „die Pflaume ist ihrer Natur nach sauer, die Persimone ihrer Natur nach süß" (Gomōjigi, NST 33, 48), und trotzdem sind es beide Früchte. Es liegt also eine Distanz zwischen der dem Menschen inhärenten Tendenz zum Guten hin und der Verwirklichung eben dieser ethischen Wahrheit. Jene Distanzüberwindung faßt Jinsai als einen Prozeß der steten Vervollkommnung auf, als die ständige Herausforderung und Bewährung des Individuums in gegebenen Situationen. Die ethische Unterschiedlichkeit der Menschen beruht demnach darauf, wie groß oder wie gering der individuelle Einsatz für die Wertverwirklichung ist. Das Unvollkommene in einer jeden Gesellschaft kommt aus der in ständigem Fluß befindlichen Wesensnatur und zwar immer dann, wenn der Wille sich nicht gegen die schlechten Einflüsse oder Neigungen durchgesetzt hat. Für die Shushi-Schule kann es theoretisch eine ideale Gesellschaft geben, für Jinsai nicht, weil der ständige Bewegungsprozeß eine wertbeständige Gesellschaft, die frei von Irrtümern ist, nicht zuläßt.

Obwohl der Weg in seiner Universalität als Tendenz zum Guten jedem eignet, ist der Mensch damit nicht automatisch ein Weiser. Mit anderen Worten, Weg (Wahrheit) und Wesensnatur können aufgrund des vorher Erläuterten nicht als ständig gleichbleibend aufeinander bezogen angesehen werden. Gerade durch die Erkenntnis, daß die Notwendigkeit und die Möglichkeit für eine Vervollkommnung besteht, gewinnen die Begriffe der Lehre *(kyō)* und des Studiums *(gaku)* an Bedeutung. Und wiederum stützt sich Jinsai auf die Fortsetzung des ›Chung-yung‹-Zitates: „Die Vervollkommnung dieses Weges nennt man Lehre" (SPPY, Szu-shu chi-chu 1, 1 a). *Kyō*, die Unterweisung der Heiligen im bereits oben definierten Sinne bzw. das Studium eben dieser Lehre, ist das geeignete Mittel für den notwendigen Distanzabbau.

Jinsai greift in diesem Zusammenhang die besondere Methode des Studierens in der Shushi- und Yōmei-Schule, die sich auf die im ›Ta-hsüeh‹ angeführten acht Stufen stützt, an. Es handelt sich um die Begriffe *kakubutsu, chichi, kyūri* und die damit in Verbindung stehende Streitfrage zwischen beiden Schulen von „erst Wissen, dann Handeln" bzw. „Wissen und Handeln bilden eine Einheit". Jinsai äußert sich hierzu: „Gemäß der Lehre des K'ung-tzu und des Meng-tzu sind die Gegenstände des Studiums in der Tat viele. Nirgends habe ich aber gehört, daß diese mit der Anordnung dieser acht Stufen verknüpft sind. Im Lun-yü heißt es: ‚Es gibt vier Gegenstände, die der Meister lehrte: Bildung, sittliches Handeln, Treue und Aufrichtigkeit.' Dies beweist, daß die Gegenstände, die der Meister lehrte, diese vier waren und daß er keine andere Methode besaß. Es heißt auch: ‚Wer die Erkenntnis hat, ist frei von Irrungen, wer die Menschlichkeit hat, ist frei von Kummer, wer Mut besitzt, ist frei von Furcht.' Dies beweist, daß diese drei Eigenschaften die das Universum durchdringenden Tugenden sind und daß der Fortschritt im Wissen nicht jenseits von ihnen liegt. Tseng-tzu sagt: ‚Die Lehre unseres Meisters ist Treue und Güte – nicht mehr'" (Gomōjigi, NST 33, 100). Für Jinsais Schule geht es weder um eine ethische Vervollkommnung auf der Grundlage des „die Dinge erforschen" noch auf der Grundlage der Intuition. Das Studium als die Unterstützung der Tendenz zum Guten hin wird hier als ein ständiger Wachstumsprozeß verstanden, der sich im Alltäglichen *(zoku)* abspielt, abspielen muß, und bei dem der Mensch selbst „Gegenstand des Studiums" ist. Die stete aktive Ausbreitung der Wahrheit aufgrund der Verwirklichung der vier Wirkkräfte erweist sich als dieses positive äußere Wachstum. Da der Mensch, solange er existent ist, immer ein den Dingen und Situationen gegenüber sich Verhaltender und Handelnder ist, kann die Wahrheit und Vollkommenheit nur innerhalb dieser Verhaltensweisen und Handlungen zum Ausdruck kommen. Es kann beim Studium weder nur um eine Anhäufung von theoretischem Wissen gehen noch um eine in meditativer Versenkung erfahrene Einsicht. Beides widerspricht den realen Gegebenheiten der „Existenz", die Aktivität fordert, mit welcher der Mensch die grenzenlose Wahrheit verfolgt und damit zugleich seiner Vervollkommnung entgegengeht.

7. Der „Weg" als objektivierte Wahrheit in der Schule des Ogyū Sorai

Auch Ogyū Sorai, der zweite große Vertreter der Kogaku-Schule, fordert wie Itō Jinsai zur Rückkehr zum Altertum *(fukko)* auf. Im Gegensatz zu Jinsai, der das ›Lun-yü‹ und das Buch ›Meng-tzu‹ in den Mittelpunkt seiner Studien stellt, erklärt Sorai die sechs Klassiker und das ›Lun-yü‹, das er sozusagen als den siebenten Klassiker ansieht, zur Grundlage seiner Lehre. Während Jinsai die Klassiker äußerst kritisch betrachtet hinsichtlich ihrer Authentizität, nimmt Sorai einen weniger kritischen Standpunkt ein und hält sie insgesamt für authentisch und von K'ung-tzu zusammengestellt. Sorai unterläuft dabei der Fehler, seine Theorie oftmals mit Textstellen zu unterlegen, die heute nachgewiesenermaßen aus nicht authentischen Teilen der Klassiker stammen. Dies ist vom heutigen Standpunkt der Forschung her gesehen ein Mangel, ändert aber nichts an dem systemimmanenten Wert des Soraischen Werkes. Sein philosophisches System entwickelte Sorai erst nach seinem fünfzigsten Lebensjahr. Das ist insofern entscheidend, als er bis zu diesem Zeitpunkt ein treuer Anhänger der Shushi-Schule war und sich bis zu seinem vierzigsten Lebensjahr auch mit philologischen Fragen zur Sung-Literatur befaßte, sich dann aber literaturkritischen Fragen zur alten chinesischen Prosa und Dichtung zuwandte. Hierbei wird er vor allem durch zwei Ming-Klassizisten, Li P'an-lung (Yü-lin, 1514–1570) und Wang Shih-chen (Yüan-mei, 1526–1590) beeinflußt, die den bereits zu Beginn des 17. Jahrhunderts in China entstandenen klassischen Literaturstil *ku-wen-tzu* (jap. *kobunji*) vertraten und bei ihren Vorbildern in Dichtung und Prosa bis auf die Han und Ch'in-Zeit zurückgriffen. Die entscheidende Wende hinsichtlich der Literaturkritik vollzog sich bei Sorai also zehn Jahre früher als diejenige der Philosophie. Seine philologische und literaturkritische Beschäftigung der vierziger Jahre wird schließlich auch zum methodischen Ausgangspunkt seiner Philosophie.

Sorais Lehre verwirft das die Shushi- und Yōmei-Philosophie

kennzeichnende Moment von der Einheit von Ordnungsprinzip, menschlicher Wesensnatur und gesellschaftlich-ethischen Normen und die damit implizierte Einheit von Individual- und Gesellschaftsethik. Man kann das Ergebnis der Soraischen Philosophie in der totalen Politisierung des Konfuzianismus sehen. Sorais Ausgangspunkt ist die Theorie vom Wandel der Geschichte und der Sprache. Die einzelnen aufeinanderfolgenden Gesellschaften unterliegen einem Wandlungsprozeß und dieser schlägt sich in der Sprache als dem wichtigsten Mittel, Ideen und Erfahrung für die eigene Zeit und die zukünftiger Generationen festzuhalten, nieder. Für die heutige Forschung ist diese Feststellung vom Wandel der Sprache selbstverständlich, für die damalige Zeit war sie eine neue und wesentliche Erkenntnis. Wenn man bedenkt, daß die konfuzianische Philosophie primär auf Exegese beruht, wird deutlich, welch neuen Gesichtspunkt dieser philologisch-literaturkritische Standpunkt Sorais für die konfuzianische Philosophiegeschichte darstellt. Den historischen und sprachlichen Wandel durch linguistische und historische Studien herauszuarbeiten und damit die ursprüngliche konfuzianische Lehre und ihre Begriffe *(mei)* in ihrem wahren Gehalt zu erfassen ist das eine Anliegen von Sorai, die Überlegenheit der klassischen Sprache nachzuweisen und deren Nachahmung zu forcieren das andere. Denn die klassische Sprache hat nach Sorai die Vorzüge der Knappheit und verfeinerten Ausdrucksweise. Sie beschreibt Tatsachen *(joji)* und stellt den deskriptiven Typ der Sprache *(joji no bun)* dar. „Die sechs Klassiker handeln von Realitäten *(mono)*. Das Li-chi und das Lun-yü geben ihre Bedeutung wieder. Die Bedeutung muß aber mit den Realitäten in Beziehung gesetzt werden. Nur so kann der Weg erstellt werden“ (Ogyū Sorai, Bendō, NST 36, 12). Die nachfolgenden Generationen sind in ihrer jeweiligen Zeitsprache und den jeweiligen historischen Gegebenheiten entsprechend dem disputativen Sprachtyp *(giron no bun)* verfallen, der durch Wortreichtum und vulgäre Ausdrücke gekennzeichnet ist. Darüber hinaus „wurden die Realitäten nicht beachtet und nur ihre Bedeutungen herangezogen“ (Bendō, NST 36, 12). Hier zielt Sorai besonders auf die nach K'ung-tzu auftretenden Gelehrten Meng-tzu und Tzu-szu (492–431), dem das ›Chung-yung‹ zugeschrieben wird, die beide in Auseinandersetzung mit den damals in China aufkommenden hundert Philosophenschulen den Konfuzianismus zu verteidigen hatten, aber auch auf die Konfuzianer Han-yü (768–824) und Liu Tsung-yüan (773–819). Ihre Werke sind argumentativ und polemisch. Der Fehler der nachfolgenden konfuzianischen Gelehrten beruhte darauf, daß sie gerade solche Aussagen – man denke u. a. an die von der Shushi- und Yōmei-Schule propagierten vier Bücher – für mit der alten Lehre übereinstimmende hielten. Es handelte sich aber vielmehr um Argumente, die sich aus der konkreten historischen Situation ergaben. Sich der Gebundenheit an den Geist seiner Zeit nicht bewußt zu sein und die klassischen Quellen in den Geist und die Sprache seiner Zeit zu übertragen, sich ferner nur um den Bedeutungsgehalt im Sinne von Meng-tzu und Tzu-szu zu bemühen führt nach Sorai unweigerlich zu einem Objektivitätsverlust gegenüber den Aussagen in diesen Quellen. Denn man bewegt sich unreflektiert in dem in seiner Gesellschaft herrschenden denkerischen Bezugsrahmen, und das „Alte“ wird nicht in seinem wahren Aussagewert wiedergegeben, sondern gemäß den Anforderungen der eigenen Gesellschaft uminterpretiert. Deshalb hat der disputive Sprachtyp stets das Überzeugen zum Ziel, greift nur Teile aus der einheitlich-ganzen Realität des Altertums heraus, so daß der Blick für das Ganze und damit der objektiv gültige Sinngehalt verlorengeht. Das richtige Verhältnis von Realität und Begriff *(mei)* ist nicht mehr gegeben, die Begriffe sind ihres eigentlichen Inhalts entleert. Diese Fehlentwicklung hat sich nach Sorai seit der Han-Zeit durchgesetzt. Unter diesem Gesichtspunkt zählt Sorai alle nach-hanzeitlichen Kommentarwerke zu den konfuzianischen Klassikern zum disputativen Typ und mißt ihnen wenig Wert bei. Die Shushi- und Yōmei-Philosophie, aber auch die des Itō Jinsai stellen den Höhepunkt dieser Entwicklung dar und gehören zu den den Konfuzianismus verfälschenden Lehren. Die Sung-Konfuzianer „betrachten die alte Literatur mittels der Gegenwartsliteratur und die alten Begriffe mittels der gegenwärtigen. Das Ergebnis ist, daß sie, obgleich sie ihren Geist eifrig bemühen, letztendlich nicht fähig sind, den alten Weg zu verstehen“ (Ogyū Sorai, Bemmei, NST 36, 170). Und im ›Bendō‹ äußert Sorai: „In Itō Jinsai, einem Gelehrten von Format aus neuerer Zeit, entdeckte ich etwas [dem Weg der früheren Könige] sehr Nahekommendes. Da er jedoch das Lun-yü mit Hilfe des Meng-tzu interpretiert und die alte Literatur im Lichte der modernen betrachtet, läuft es auf die Schule der Brüder Ch'eng und des Chu Hsi hinaus. Außerdem teilt er ausdrücklich den Weg der früheren Könige und den des K'ung-tzu in zwei Wege auf und stellt die sechs Klassiker beiseite und zieht allein das Lun-yü heran. Auch entzieht er sich nicht der Tatsache, daß er das Chinesische japanisch betrachtet. Wenn ich lese, was er als alte Bedeutung *(kogi)* hinstellt, [kann ich nur ausrufen:] Wie kann man das alt nennen!“ (NST 36, 11).

Die Aufgabe der neuen Methode liegt im Lesen der Originale, in der Vertiefung in die klassische Sprache und in der Aneignung derselben, denn die Basis des Studierens bildet nach Sorai die Nachahmung. Man müsse versuchen, den alten Stil mit der eigenen Hand zu reproduzieren. Denn hat man im Schreiben dieses Stils Fertigkeit erreicht, werden die Klassiker wie aus dem eigenen Mund fließen. Erst danach vermag man auch seine eigenen Erfahrungen in jenem Stil und Geist auszudrücken.

Der die Soraische Philosophie beherrschende Grundgedanke ist unter Zugrundelegung der neuen Methode die Richtigstellung des in alter Zeit absolut existierenden und verwirklichten Weges der früheren Könige *(sennō no michi)*, der in den Klassikern und dem ›Lun-yü‹ überliefert ist. Sorai zielt also durchaus auf eine, wenn auch modifizierte Rekonstruktion des Denkmodells jener Zeit ab. Die Heiligen sind die ältesten politischen Herrscher Chinas Fu Hsi, Sheng Nung, Huang Ti, Chuan Hsü, Ti K'u, denn „die Kunst des Jagens, Fischens, Bodenbestellens, der Seidenraupenzucht, des Webens, des Bauens, des Verkehrs, der Seefahrt und des Schreibens, die von ihnen erfunden wurde, hat in ihrer Bedeutung während der Jahrhunderte nicht abgenommen, und sie wird täglich von den Menschen angewendet, und sie betrachten diese als normalen Aspekt der Lebensweise, sind aber über deren Ursprung im Dunkeln ... [Wegen ihrer Erfindungen] vergöttlichten die Heiligen späterer Jahrhunderte diese, setzten sie mit dem Himmel gleich und nannten sie Herrscher“ (Bemmei, NST 36, 126f.). Aber die Heiligen unter den Heiligen sind die Herrscher der drei Dynastien (Hsia, Shang, Chou), die sieben weisen Könige Yao, Shun, Yü, T'ang, Wen, Wu und Chou. Sie haben den Weg errichtet. Insofern K'ung-tzu die sechs Klassiker herausgab und somit der Weg der früheren Könige nicht in Vergessenheit geriet, sondern den nachfolgenden Generationen übermittelt wurde, sieht Sorai ihn ebenfalls als einen Heiligen. Das Entscheidende ist, daß Sorai mit seinem Weg-Begriff das ontologisch-logische Ordnungsprinzip der Shushi-Schule eliminiert, unter Weg also nicht ein Prinzip oder Gesetz zu verstehen ist, welches das Universum regiert. Sorai erkennt zwar, wie später noch ausgeführt wird, das Universum beherrschende Gesetzmäßigkeiten an, hält diese aber für rational nicht erfaßbar. Der Weg ist ein von mehreren Heiligen in einem zivilisatorischen Prozeß künstlich geschaffener. „Der Weg der früheren Könige wurde von diesen errichtet. Es ist nicht der natürliche Weg von Himmel und Erde. Aufgrund ihrer Wirkkraft, der hohen Intelligenz und Weisheit erhielten sie das Mandat des Himmels und wurden Könige über das Reich. Ihr Herz strebte einzig und allein danach, dem Reich Frieden zu bringen. So erschöpften sie ihre geistigen Kräfte und bedienten sich bis zum äußersten ihres Wissens und erstellten den Weg, um ihn von den späteren Generationen im Reiche anwenden zu lassen. Wie könnten Himmel und Erde ihn auf natürliche Weise besitzen? ... Es bedurfte mehrerer tausend Jahre und der geistigen Kräfte und des Wissens mehrerer Heiliger, um [den Weg] zu vollenden. Keinesfalls hätte ein einziger Heiliger in seinem Leben dies vollbringen können" (Bendō, NST 36, 14).

Durch die Identifizierung der Heiligen mit dem Himmel werden diese vom gewöhnlichen Menschen abgehoben und eine absolute Personalität, die hinter dem Weg als Schöpfer steht, konzipiert. Maruyama spricht von einer Verjenseitigung der Heiligen, die für Sorai die letzte Garantie für den universalen Wert des Weges darstellt (Maruyama 1974, 96). Wichtig hierbei ist, daß Sorai die Heiligen nicht wie die Shushi-Schule mit dem Ordnungsprinzip identisch setzt und sie für ihn nicht von unfehlbarer Tugend sind. „Auch die Heiligen sind nichts anderes als Menschen. Die Wirkkräfte der Menschen unterscheiden sich entsprechend ihrer Wesensnaturen. Warum sollten dann die Heiligen in ihren Wirkkräften identisch sein? Wir nennen sie alle gleichermaßen Heilige aufgrund dessen, was sie errichteten" (Bemmei, NST 36, 67). Infolge ihrer je eigenen Schöpferkraft, Tugendhaftigkeit und intuitiven Einsicht in das Wesen der Dinge und des Menschen hielten die Heiligen in dem Weg das für den Menschen Gemäße und Förderliche fest; er übermittelt die Tatsachen, aufgrund derer die früheren Könige wirkten, d.h. die Normen des gesellschaftlichen Lebens schlechthin. Diese sind die Verhaltensriten *(rei)*, Regierungs- *(sei)* und Strafrechtsinstitutionen *(kei)* und die Musik *(gaku)*. Sorai spricht in diesem Zusammenhang auch von den sogenannten vier Künsten *(shijutsu)*, nämlich den Riten und der Musik als den Tatsachen an sich *(ji)* sowie der Dichtung *(shi)* – als Schilderung von Lebenstatsachen in Versform – und den Büchern *(sho)* – als solchen in Prosa –, die er beide als die den Tatsachen sehr nahe stehenden dichterischen Formulierungen *(shi)* ansieht. Tatsachen und dichterische Formulierungen bezeichnet er als die grundlegenden Bedingungen der Lehre *(oshie no jōken)*, als die Realitäten *(mono)*.

Der Weg ist seinem Wesen nach politisch, weil er die Methode des richtigen Regierens, die Methode, welche die Menschen als Masse kultiviert, darstellt. Durch ihn können Frieden und Sicherheit in einer Gesellschaft erzielt werden. In seiner Jenseitigkeit transzendiert der Weg Zeit und Raum, ist universal, da er alles umfaßt und besitzt objektive Gültigkeit für jede Gesellschaft. In seiner Absolutheit entfaltet sich der Weg jedoch in der Geschichte konkret und empirisch. Bei dieser seiner Entfaltung ist es durchaus zulässig, den Weg den geschichtlichen Umständen der jeweiligen Zeit anzupassen. Sorai weist ausdrücklich darauf hin, daß der Weg auch während der drei Dynastien stets flexibel war. Er vertritt also keinen ahistorischen Dogmatismus, sondern ist den geschichtlichen Tatsachen gegenüber voll aufgeschlossen. Der Sinn der Geschichte kann nach Sorai nur darin liegen, die jeder Epoche eignenden spezifischen Tatsachen in ihrer Totalität zu begreifen. Die hierauf erfolgende Angleichung des Weges an die Zeitumstände, die ja auf dem persönlichen Urteil der Herrschenden beruht, bewegt sich solange in einem dem Weg gerechten Ordnungsgefüge, solange sie mit diesem konform geht. Sorais Theorie beinhaltet also nicht eine Ablehnung der Gegenwart, sondern fordert permanent das historische Bewußtsein heraus, eine Achse zwischen Vergangenheit und Gegenwart zu legen. Insofern handelt es sich bei ihm um eine modifizierte Rekonstruktion des Denkmodells aus alter Zeit. Maruyama interpretiert Sorais geschichtlichen Aspekt im Gegensatz zur Shushi-Schule treffend, wenn er schreibt: “So long as the Way is seen as the way of the universe and nature, in other words, so long as it is based ultimately on an impersonal idea, history is inevitably examined only to see wether or not it corresponds to this idea, a moralistic idea at that. Such a historical consciousness is crucially limited ... Only by denying the idea that the Way itself is the ultimate source of authority, founding it upon a number of personalities who have made a unique appearance in ancient China, and by raising these personalities to an otherworldly level is it possible to free ‘thiswordly’ [diesseitig] history for the first time from the fetters of fixed standards; only then is it possible for history to develop freely” (Maruyama 1974, 99).

Mit der Politisierung des Konfuzianismus gewinnt bei Sorai die Ethik eine gegenüber den bereits abgehandelten konfuzianischen Schulen grundsätzlich andere Interpretation. Es wurde bereits erwähnt, daß Sorai das Universum leitende Gesetzmäßigkeiten anerkennt. Für diese Gesetzmäßigkeiten ist der Himmel verantwortlich, der das Seiende in seinen mannigfachen Wandlungen hervorbringt und sich entfalten läßt. Es gibt für Sorai nichts, das den Himmel übertreffen könnte. Aber man kann ihn nicht hinterfragen. „Man spricht vom Weg des Himmels und dem der Erde. Sonne, Mond und Sterne haben hier [am Himmel] ihren Platz, Wind und Donner, Wolken und Regen wirken darin, kaltes und heißes Wetter, Tag und Nacht kommen und gehen unaufhörlich. Dies tiefe Geheimnis kann man nicht erfassen, das Dunkel nicht ausleuchten. Die zehntausend Dinge hängen in ihrem Entstehen davon ab. Das gute und schlechte Schicksal, Glück und Unglück kann man in ihrem Sosein nicht kennen, und trotzdem existieren sie. Wenn man sie in aller Ruhe überdenkt, so scheint es, daß alle diese Phänomene darin gründen. Aus diesem Grunde sprechen wir vom Weg des Himmels. [Die Erde] trägt hohe Berge, aber sie spürt nicht ihr Gewicht, sie hält Flüsse und Meere in Gang, verliert aber [kein Wasser]. Man vermag dies nicht in seiner Weite zu erforschen, in seiner Tiefe nicht auszuloten ... Wir nennen dies den Weg der Erde. Sie alle stützen sich auf den Weg der Heiligen und nur in Anlehnung an ihn bezeichnet man sie so" (Bemmei, NST 36, 45 f.). Der Weg der früheren Könige beruht allein auf der Verehrung des Himmels, nicht auf der Erkenntnis desselben. Das einzige, was die Heiligen wußten, so Sorai, war, daß sie dem Willen des Himmels zu gehorchen und ihn aktiv zu unterstützen hatten. Im Gegensatz zur Shushi-/Yōmei-Schule, die den Himmelsweg als mit dem Ordnungsprinzip identisch und für erkennbar betrachten, und zu Jinsai, der die ursprüngliche Materie-Energie mit dem Himmelsweg gleichsetzt, ihn allerdings auch nicht für erkennbar hält, ist für Sorai der Himmel nur Gegenstand der Verehrung. Damit eliminiert er die bisherige Auffassung von der Einheit vom Weg des Himmels und dem des Menschen *(jindō)*.

Theoretisch ist bei den bisher genannten konfuzianischen Richtungen jeder Mensch seinem innersten Wesen nach daraufhin angelegt, ethische Vollkommenheit zu erlangen. Mit der ethischen Vervollkommnung hängt auch die „Vollkommenheit", d.h. Frieden und Sicherheit, einer Gesellschaft zusammen. Individual- und Kollektivwerte decken sich also weitgehend. Für Sorai ist jedwede These, ob der Mensch von Natur aus gut oder schlecht ist, irrelevant. Solche Überlegungen führten nur zu konstruierten Theorien über die Beschaffenheit der menschlichen Wesensnatur, die von keinerlei praktischem Nutzen seien. Denn auch die Erfassung der menschlichen Komplexität liegt für Sorai nicht im Bereich des Intellektes. Tatsache ist für ihn, daß der Mensch in seiner Wesensnatur, seinem Denken und Handeln, vom Himmel bestimmt ist. Mit seiner Geburt erhält der Mensch eine seine Individualität ausmachende geistig-seelische Grundprägung *(kishitsu)*, die seine Wesensnatur charakterisiert und sich von Mensch zu Mensch unterscheidet. Entscheidend ist für Sorai, daß die mitbekommene Wesensnatur mehr oder weniger unveränderlich ist, und damit steht er im krassen Widerspruch zu den übrigen Schulen. „Wir empfangen unsere geistig-seelische Grundprägung vom Himmel. Von Vater und Mutter geboren, wird sie uns vermittelt. Das Gerede, daß man seine Grundprägung verändern könne, ist ein Trugschluß der Sung-Konfuzianer, denn es ist völlig sinnlos, von den Menschen etwas zu verlangen, was zu tun ihnen unmöglich ist“ (Ogyū Sorai, Tōmonsho, NRI 174). Es ist nach Sorai daher eine falsche Auffassung, daß man das Wahre und Gute in sich selbst suchen könne. Auch den Weg der früheren Könige kann man nicht in sich suchen, weil er nichts dem Menschen Inhärentes ist. Im Vermögen des Menschen steht allein, den Weg zu praktizieren. Durch das Praktizieren kann er sich in dem vom Himmel gegebenen Rahmen bedingt vervollkommnen. Den Weg zu praktizieren heißt, Bücher, Lieder, Riten und Musik zu lernen, da sie mit den Realitäten des Menschen übereinstimmen und ihm die Wirkkräfte erschließen. Deshalb interpretiert Sorai das in Zusammenhang mit den anderen Schulen bereits herangezogene ›Ta-hsüeh‹-Zitat *kakubutsu chichi* als „sich den Realitäten *(butsu = mono)* hingeben und damit Wissen erlangen“. Die Wirkkraft definiert er als „erlangen“ *(toku)*. Die Wirkkräfte sind also etwas von der Wesensnatur Verschiedenes, sie müssen mit Hilfe des Weges erst erlangt werden. Und eben dieses der Wirkkräfte Teilhaftigwerden fördert die bedingte Vervollkommnung der mitbekommenen Wesensnatur. Notwendigerweise sind daher die erworbenen Wirkkräfte der Menschen ebenfalls graduell verschieden.

Zu den höchsten Wirkkräften gehören für Sorai Ausgeglichenheit *(chū)* und Harmonie *(wa)*. Während in der Shushi- und Yōmei-Philosophie die Ausgeglichenheit den Zustand der vollkommenen Ruhe *(mihatsu)*, die Substanz *(tai)* der Wesensnatur beinhaltet und die Harmonie die im Einklang mit dem Ordnungsprinzip verwirklichte Selbstexistenz, die Funktion *(yō)*, darstellt, definiert Sorai die beiden Begriffe wie folgt: „Riten und Musik stellen die Normen der Wirkkräfte dar. Sie verkörpern den Höhepunkt an Reinheit und Feinheit, nichts muß ihnen hinzugefügt werden. Da nun Ausgeglichenheit und Harmonie etwas ohne Form *(mukei)* sind, kann man sie in ihrem Bedeutungsgehalt nicht [mit Worten] ausschöpfen. Deswegen sind es die Riten, womit man Ausgeglichenheit, und die Musik, womit man Harmonie lehrt. Und die früheren Könige verliehen damit der Ausgeglichenheit und Harmonie Form. Ohne

Worte sind Riten und Musik in der Lage, die Wirkkräfte und die Wesensnatur der Menschen zu fördern, und fähig, die Herzen und das Denken der Menschen zu wandeln" (Bendō, NST 36, 32).

Die durch den Weg erzielte Förderung der Wesensnatur liegt jedoch noch im individuellen Bereich. Die individuelle Verfolgung des Wahren und Guten kann aber niemals das Gute im Ganzen erreichen, weil kein Mensch die Größe des Weges allein ausschöpfen kann. Deshalb muß der individuelle Bereich überschritten werden, der Mensch muß sich als ein soziales Wesen mit einem politischen Auftrag verstehen. Die Weg-Verwirklichung hat allein das harmonische Miteinander in der Gesellschaft, das Frieden und Sicherheit impliziert, zum Ziel. Insofern ist die Gesellschaft als das Insgesamt der vielen Individuen zu begreifen, innerhalb derer jeder unter dem Aspekt der Intersubjektivität seinen ihm gemäßen Platz ausfüllt und gegebenenfalls seine persönlichen Wünsche unterzuordnen hat. Nicht der Einzelne allein, sondern die Regierenden als die Sachwalter des Weges in Gemeinsamkeit mit den Individuen entsprechend ihrer jeweiligen kultivierten Naturanlage vermögen den Weg in seiner Allumfassendheit zu verwirklichen.

8. Die Erneuerung des „Weges des Alten" in der Kokugaku

Als akademische Bewegung der Selbst- und Rückbesinnung versteht die Kokugaku ihre Lehre als Antithese zum Buddhismus und Konfuzianismus. Ihr Ausgangspunkt liegt, wie bereits erwähnt, zunächst im Bereich philologischer Studien. In dem altüberlieferten *uta* (Liedern, Gedichten) des Manyōshū, der gegen Ende des 8. Jahrhunderts entstandenen Anthologie ›Zehntausend-(Wort-)Blätter-Sammlung‹, sieht man die unverfälschte, echte japanische Geisteshaltung. Das *uta* oder *waka* – das japanische 31silbige Gedicht – ist nach Ansicht der Kokugaku-Gelehrten ein Spiegel des reinen und wahren Gefühls der Menschen der alten Zeit, unbeeinflußt von moralischen Prinzipien und Theorien, also eine ehrliche menschliche, nicht-normative Aussage. Damit aber ist der Gegensatz zum Buddhismus und Konfuzianismus gegeben. Von diesem Ausgangspunkt führt der Weg der Kokugaku weiter, führt hin zu einem ideologisch-politischen Ziel, dessen Zentrum die Erneuerung des „Weges des Alten" *(kodō)* ist, die Rückkehr zum Ideal echten Japanertums. Hierdurch schafft sie sich jedoch selbst eine Norm. Ōkubo behauptet somit zurecht: "Thus, the normative aspect of Kokugaku came to light as its fundamental problem and as the reverse side of its non-normative character in the whole structure of Kokugaku" (Ōkubo 1973, 72).

Motoori Norinaga definiert die Kokugaku als Wissenschaft, die, ohne sich um spätere Lehren zu kümmern, aufgrund der alten Schriften den Ursprung von allem erforscht. Sie konzentriert sich allein auf das Studium des Altertums des eignen Landes und schließt Artfremdes aus. Er vergleicht das Altertum Japans mit einer auf dem Gipfel eines Berges stehenden knorrigen Kiefer, der gegenüber die Lehren anderer Länder einem im Garten wachsenden Zwergbäumchen gleichen, dessen Zweige man ausgerichtet und in künstliche Formen gepreßt hat (Kuzubana, MNZ 5, 473). Mit der Erforschung des Altertums und seiner Geschichte im Kokugaku-Sinne erlebt die Mythologie folgerichtig eine neue Wertung. Der Mythos wird jetzt definiert als „die Tatsachen“ *(jijitsu)* des Götterzeitalters und wird damit Grundlage eines wirkenden Staatsdenkens.

Die Kokugaku geht davon aus, daß die Lehre des Tennō-Reiches in der Natur des japanischen Menschen selbst, in dem wahren Herzen *(magokoro)* oder dem japanischen Herzen *(yamatogokoro)*, zum Ausdruck kommt, man diese Lehre daher nicht auf der Grundlage wissenschaftlicher Theorien verwirklichen kann. Die Kokugaku setzt das *yamatogokoro*, der dem japanischen Menschen angeborene reine Gefühlsurgrund, dem chinesischen Herzen *(karagokoro)* entgegen, dessen Charakteristikum das Unnatürliche, Formal-Erzwungene, die Vernünftelei ist.

Diese Gedanken werden gemeinsam von den Kokugaku-Gelehrten getragen, doch unterscheiden sich die einzelnen Gelehrten in ihrer Beweisführung. Für Keichū steht Dichtung im Mittelpunkt des Interesses, während Kada Azumamaro die Schaffung einer originalen Shintō-Theorie als das Ziel der Kokugaku formuliert und Dichtung gegenüber Politik und Moral als untergeordnet betrachtet. Mabuchi wiederum verneint die Anschauungen seiner Vorgänger und versucht, Moral und Politik der Dichtung einzuverleiben. Auch Motoori sieht Dichtung und Politik aufeinander bezogen. Erst nach ihm trennen sich beide Strömungen, „Studium der Dichtung“ *(kagaku)* und „Weg des Alten“ *(kodō)*. Die Schüler der Motoori-Schule vertreten die Richtung der Kagaku als ein unabhängiges philologisches Studium, Atsutane sieht in der Kokugaku die „Reinigung des Alten Weges“ mit politischer Zielsetzung.

Mabuchis wohl wichtigstes Werk ist das ›Manyōshūkō‹ ein Kommentar zu der alten Liedersammlung ›Manyōshū‹. „Um den Geist von früher verstehen zu können, muß man die Kenntnis der alten Sprache besitzen. Und die erwirbt man nur, wenn man das Manyōshū gut verstanden hat. Deshalb habe ich mich zuerst vor allem anderen um das Verständnis des Manyōshū bemüht und bin darüber alt geworden", so hält Norinaga in seinem ›Tamakatsuma‹ (Dumoulin 1939a, 154; MNZ 8, 59) ein Gespräch mit seinem Lehrer Mabuchi fest. In den Liedern endet das Herz des Menschen; sie sind die natürlichen Gefühle des Menschen in sprachlicher Form, Sinnbilder für das gerade Herz *(naoki kokoro)*, der menschlichen Natur mit dem Zug der Männlichkeit *(masurao)*, im Gegensatz zu dem engherzigen Vernünfteln *(semaki kotowari)* der Konfuzianer und Buddhisten. Sprache also als Ausdruck des wahren Herzens *(magokoro)*. Die Lieder geben nach Mabuchi den ewigen, unaufhaltsamen und lebendigen Rhythmus von dem Dreiklang von Himmel, Erde, Natur *(ten chi shizen)* wieder. „Was jener Lao-tzu über das In-Harmonie-Sein mit Himmel und Erde gesprochen hat, entspricht wohl dem Weg unseres Landes" (Dumoulin 1939, 180; Kokuikō, KMZ 4, 3952). Es gleicht dem „*tao* ist ewig Nicht-Tun" (chin. *tao ch'ang wu-wei*, jap. *dō shō mu i*), der Spontaneität (chin. *tzu-jan*, jap. *shizen*) eines Lao-tzu und Chuang-tzu, dem – wie Jaspers es nennt – „Ursprung der erfüllenden Unabsichtlichkeit", der „Spontaneität des Ursprungs selbst" (Jaspers 1957, 907). Alles, was in Einklang mit Himmel, Erde und Natur steht, in gemeinsamer Tätigkeit mit ihnen geschaffen wird, ist Tun im Nicht-Tun, ist rein und klar. Dichtung beruht für Mabuchi auf reinem Emotionalismus, es ist das bereits angesprochene nicht-normative Selbst, das in ihr zum Ausdruck kommt.

Ohne die Unabhängigkeit der Dichtung in Frage zu stellen, besteht für Mabuchi aber ihr Ziel, „den Sinn des Landes" *(kokui)* oder den „Weg des Alten" klarzulegen, Dichtung als eine Unterstützung der Politik zu sehen. „Der Weg des Alten unseres erlauchten Tennō-Landes aber ist in Harmonie mit Himmel und Erde, er ist rund und eben" (Dumoulin 1939, 182; Kokuikō, KMZ 4, 3953). Und an anderer Stelle: „Wie überall auf der ganzen Welt im wilden Gebirge oder auf unwirtlichen Feldern ein Weg entsteht, so hat sich hier von selbst der Weg des Götterzeitalters ausgebreitet. Weil dieser natürliche, von selbst entstandene Weg unseres Landes besteht, mußte auch der Glanz der Tennō wachsen" (Dumoulin 1939, 172; Kokuikō, KMZ 4, 3948). Mabuchi versteht den „Weg des Alten" selbst im nicht-normativen Sinn, d. h. daß man in alter Zeit auf ganz natürliche Weise im Einklang mit Himmel, Erde, Natur friedlich regierte.

Das Nicht-Normative wird bei ihm zur politischen Idee. „Wenn man die Lieder gut versteht, kennt man auch das menschliche Herz, und wenn man das Menschenherz kennt, versteht man auch von selbst die Gründe von guter Regierung und Wirrnis“ (Dumoulin 1939, 173; Kokuikō, KMZ 4, 3948). Das wahre Herz und der „Weg des Alten“ stehen für Mabuchi voll in Einklang miteinander. Eine Unterwerfung unter den Weg bedeutete nach Mabuchi in alter Zeit nicht eine Unterdrückung der menschlichen Gefühle, sondern im Gegenteil eine Verwirklichung derselben. Wenn man nun anhand der Lieder die Vergangenheit wieder erlebt, dann tritt damit der „Weg des Alten“ von selbst zutage. Mabuchi idealisiert das japanische Altertum und sieht in der Erneuerung desselben den Garant für ein friedvoll regiertes Reich in der Gegenwart. Dieser Gedankengang beinhaltet zwei wesentliche Faktoren: die Transzendierung aller historischen und sozialen Bedingungen in der *ten chi shizen*-Idee und die Verneinung eines kreativen Fortschritts der Geschichte; denn die historische Entwicklung nach dem Altertum ist für ihn Abstieg. Gerade diese Problematik wird von seinem Nachfolger Norinaga aufgegriffen und neu interpretiert.

Norinaga erhebt die Dichtung zu einem eigenen Bereich. Im gewissen Sinn kommt der Individualismus des Keichū bei ihm wieder zum Tragen. Die Dichtung besitzt unabhängig von Politik und Moral einen einzigartigen Wert: den spontanen Ausdruck dessen, was man im Herzen fühlt. Zur Bezeichnung dieser Spontaneität greift Norinaga auf den Begriff *mono no aware* aus dem Mittelalter zurück und arbeitet seine Idee hauptsächlich am ›Genji monogatari‹ (Erzählung des Prinzen Genji, um 1010) der Murasaki Shikibu (978–1016) aus. Während der Begriff in jener Zeit durch den buddhistischen Einfluß etwas Wehmütig-Entsagendes verkörperte, mit einem überfeinerten, rührseligen, wehleidigen Gefühl behaftet war, definiert Motoori *aware* als die beim Sehen, Hören, Berühren von etwas aus dem Herzen fühlend-hervorgehende Seufzerstimme und *mono* als ein Wort, das man hinzufügt, sobald man in weiterem Sinne davon spricht. Um *mono no aware* zu wissen, bedeutet also die Fähigkeit, für alle Dinge, die das Gefühl affizieren, ob sie nun traurig oder komisch, fröhlich oder interessant, gut oder böse sind, ein einfühlendes Herz zu zeigen; d.h. um das Herz, die gefühlsmäßig bewegende Bedeutung der Dinge oder Geschehnisse zu wissen *(mono/koto no kokoro wo shiru)* ist identisch mit dem Wissen um *mono no aware*.

Der Urgrund des Menschen ist also auch bei Norinaga ausschließlich Gefühl; um *mono no aware* zu wissen bedeutet, den Urgrund des Menschentums zu kennen. Da Motoori die menschliche Natur im Gegensatz zu Mabuchi in ihrem Wesen mehr feminin und weich sieht, sie also auch bewußt antithetisch zu der konfuzianischen Auffassung setzt, welche die Selbstvervollkommnung durch Überwindung der menschlichen selbstischen Gefühle und ein mehr maskulines Bild der menschlichen Natur vertritt, trägt auch der Begriff diese Färbung. Nun verspürt der Mensch den Drang, seine tief empfundenen Gefühle auch anderen mitzuteilen. Allein aus dieser zum Ausdruck drängenden Motivation entsteht die Dichtung. Somit ist für Norinaga *mono no aware* die Essenz der Literatur; sie ist für ihn frei von jedweder moralistischen und politischen Interpretation, also jenem Aspekt, dem angeblich die Konfuzianer und Buddhisten den Vorrang geben. Das *mono no aware*-Gefühl schließt zwar die Läuterung des Herzens ein, aber eben nicht im ethischen Sinne, sondern an die Stelle des ethischen Reinen tritt das *miyabigokoro*, das Herz voller Eleganz oder Anmut, also ein ausgesprochen intuitiv erfaßter ästhetischer Wert. Somit kann auch nicht jedes Gefühl *mono no aware* sein. Norinaga definiert, was für ihn nicht *mono no aware* ist: alle unnatürlichen, erzwungenen Gefühle; natürliche Gefühle, die aber trotzdem nicht in Beziehung zu *mono no aware* stehen, beispielsweise Eifersucht; Gefühle, die nur äußerlich zur Schau getragen werden; Gefühle, die auf innerer Übertreibung beruhen (Kressler 1935, 105 f.).

Insofern die Dichtung durch *mono no aware* erklärt wird, das sich in ihr objektiviert, spricht Motoori von ihr als einem eigenständigen Bereich. Wo aber liegt für ihn die Beziehung zwischen Literatur und Politik? Worin vollzieht sich der Übergang vom Nicht-Normativen zum Normativen? Während Mabuchis Hauptinteresse dem ›Manyōshū‹ gilt, er die Dichtung mit der *ten chi shizen*-Idee verknüpft und die Geschichte transzendiert, geht es Norinaga neben seiner *mono no aware*-Theorie um die Erklärung der Tatsachen des Götterzeitalters *(jijitsu)*, wie sie im ›Kojiki‹, ›Nihongi‹ und anderen Schriften enthalten sind. Dem ›Kojiki‹ gibt Norinaga vor allen anderen den Vorzug, weil es für ihn am genauesten die mündlich überlieferte Tradition wiedergebe. Sein 48bändiges ›Kojikiden‹ (Kommentar zum Kojiki, 1764–1798) legt von seinen Bemühungen der Rekonstruktion der alten Tatsachen Zeugnis ab. Interessanterweise entwickelte er anhand des ›Kojiki‹ eine These des Wissens auf der Grundlage der Verneinung der rationalen Erkenntnis. Als wesentliches Kriterium des ›Kojiki‹ stellt er heraus, daß es die grundlegende

Quelle für den „Weg des Alten“, den Weg der Gottheiten *(kami no michi)*, ist, man den Sinn des Alten nur auf der Basis der alten Worte *(kogen)* erfassen kann, da eine Kohärenz zwischen Sprache *(kotoba)*, Handlung *(waza)* und Geist *(kokoro)* bestehe. Das genannte Werk beschreibe nur die Tatsachen der Gottheiten, in ihm seien keine Prinzipien enthalten, das Werk erkläre also den Weg nicht theoretisierend konkret, sondern weise nur auf ihn hin. Das Werk unterscheidet sich daher von den konfuzianischen Klassikern und ihren Interpreten, die nach Motoori mit dem Intellekt die Wirklichkeit zu erforschen suchen und Prinzipien aufstellen. In den alten japanischen Schriften wird der „Weg“ zwar nicht begrifflich erwähnt, aber Japan besaß den Weg, so daß man gar nicht von ihm sprechen mußte. Daß man trotzdem später von einem „Weg“ spricht, liegt daran: „In späterer Zeit, nachdem Bücher nach Japan gekommen und man begonnen hatte, diese zu lesen und zu studieren, lernte man die Sitten Chinas kennen, und bald kam die Zeit, wo man diese ganz übernahm. Dem althergebrachten, ehrwürdigen Brauchtum des hehren Landes gab man den besonderen Namen ‘Kami-Weg’: ‘Kami’, um ihn nicht mit den verschiedenen chinesischen Wegen zu verwechseln, und ‘Weg’, weil man diesen Begriff von China übernommen hatte“ (Stolte 1939, 198; Naobi no mitama, MNZ 1, 56). Und sich von Mabuchi absetzend, heißt es an anderer Stelle: „Als einer einmal fragte, ob etwa der Kami-Weg nicht vielleicht dasselbe sei, als was Lao-tzu und Chuang-tzu gemeint haben, habe ich geantwortet: Lao-tzu und Chuang-tzu waren der Spitzfindigkeiten der Ju-Gelehrten (d.i. Konfuzianer) überdrüssig und schätzten daher das Natürliche hoch. Und dies Natürliche haben der Kami-Weg und die Lehre des Lao-tzu und Chuang-tzu gemeinsam. Aber bei beiden ist die Auffassung vom Natürlichen grundverschieden. Lao-tzu und Chuang-tzu sind nicht Kinder des hehren Kami-Landes, sondern sie sind in einem schlechten Land geboren. Sie konnten nicht wissen, daß alle Dinge aus dem Willen der Kami hervorgehen und deren Werke sind“ (Stolte 1939, 210; Naobi no mitama, MNZ 1, 66). Interessant hierbei ist, daß Norinaga das taoistisch Natürliche antithetisch zum konfuzianisch Unnatürlich-Gekünstelten sieht, während er ausdrücklich betont, daß das japanisch Natürliche aus sich selbst heraus natürlich ist.

Der Weg ist ein von den Gottheiten hervorgebrachter. Damit erhält das ›Kojiki‹ für Norinaga eine Art Offenbarungswert. Die in ihm beschriebenen Tatsachen betrachtet er als Urbilder der Wirklichkeit, sie sind Wille und Taten der Gottheiten und als solche zu akzeptieren. Denn die Erkenntnis der komplexen Wirklichkeit liegt für Norinaga jenseits des intellektuellen Vermögens und bleibt für den Menschen ein Geheimnis. Er lehnt daher auch den Versuch einer Rationalisierung der Gottheiten ab. Norinaga erklärt den Terminus *kami* als die Gottheiten von Himmel und Erde, wie sie in den alten Schriften genannt sind, ferner die eingeschreinten Geister und alle Wesen wie Menschen und Tiere, aber auch Gräser, Bäume, Berge, Gewässer usw., die etwas Ungewöhnliches, Ehrfurchtgebietendes im guten wie im schlechten Sinne an sich haben. Die *kami* sind nach ihm vielfältig; einige sind gut, andere böse. Entsprechend dieser Vielfalt ist auch der Wille und sind auch die Taten der *kami* unterschiedlich. Motoori hält es für schwierig, in eindeutigen Worten von den *kami* zu sprechen. Als die wichtigsten Gottheiten erkennt er zweifelsohne die Schöpfergottheiten an. Es sind dies die drei am Anfang des ›Kojiki‹ genannten Gottheiten Takamimusubi no kami (auch Musubi no kami), Ame no minakanushi no kami und Kamimusubi no kami, ferner Izanagi und Izanami no kami und Amaterasu Ōmikami. Bei den ersten drei Gottheiten kommt es Motoori vor allem auf Takamimusubi und Kamimusubi an, die er mehr oder weniger als identisch betrachtet. Das beiden gemeinsame Wort *musubi* setzt sich nach Norinaga aus *musu* (hervorbringen, geboren werden) und *bi*, das *hi* entspricht und soviel wie geheimnisvoller Geist bedeutet, zusammen. Somit handelt es sich bei Musubi no kami um die alle Dinge und Geschehnisse hervorbringende Gottheit; sie erschafft die nachfolgenden Gottheiten, Himmel und Erde, Menschen, Tiere, Pflanzen u. a. Hinter allem wirkt, auch wenn von anderen Gottheiten hervorgebracht, die geheimnisvolle Macht dieser Gottheit. Festzuhalten ist, daß Norinaga mit dieser Gottheitsauslegung in die Nähe eines primitiven Monotheismus rückt, aber daß er diese Gottheit keinesfalls als absoluten, allwissenden und allmächtigen Schöpfergott im christlichen Sinne auffaßt. Auch lehnt er die Frage nach einem Absoluten, das hinter den Gottheiten steht, als unvernünftig ab, weil eine solche Erkenntnis, wie auch die der komplexen Wirklichkeit, jenseits des intellektuellen Vermögens liegt.

Die wichtigste Gottheit im Shintō-Glauben ist Amaterasu. Für Norinaga stellt sie „das zentrale Symbol des Weges" dar. Ihr Name *ama* (Himmel) und *terasu* (scheinen) weist sie für ihn als mit der Sonne identische Gottheit aus, welche die himmlische Welt regiert, für ewig über der Welt scheinen wird, universal, gütig und barmherzig und als Ahnherrin der Tennō zugleich Schutzgottheit des Tennō-Hauses ist. Deshalb heißt es gleich zu Anfang seiner Schrift

›Naobi no mitama‹: „Japan ist das erhabene Geburtsland der hehren Gottheit Amaterasu Ōmikami. Als Amaterasu Ōmikami die Himmelszeichen in ihre Hände nahm – dies sind die drei göttlichen Schätze, die von Geschlecht zu Geschlecht als heilige Zeichen überliefert werden – und diese ihrem Enkel überreichte, sprach sie die Worte: Tausend mal zehntausend lange Herbste wird das Reich dauern, das meine Nachkommen regieren sollen ... Bis zur letzten Generation der tausend mal zehntausend Welten bleiben die Söhne der hehren Göttin Tennō" (Stolte 1939, 193, MNZ 1, 52). Im ›Kojiki‹ wird gemäß eines Ediktes der Enkel der Amaterasu, Ninigi no mikoto, zum Herrscher bestimmt, es werden ihm die himmlischen Symbole Spiegel, Krummjuwelen und Schwert überreicht, und er wird in das Inselland hinabgeschickt. Diese Tatsache ist für Motoori die Begründung des „Weges". Ninigi ist der eigentliche Begründer des Tennō-Reiches, einer seiner Nachkommen, Jimmu Tennō, der erste Menschenkaiser. Die damit gegebene ungebrochene Linie der Thronfolge, die Vorstellung also, daß der Tennō Sohn der Sonnengottheit ist, gibt für alle Kokugaku-Gelehrten das Fundament ihrer Auffassung von der Einzigartigkeit Japans und seiner Erhabenheit über alle anderen Länder ab.

Es wurde bereits oben erwähnt, daß für Norinaga die gesamte Wirklichkeit und die in ihr sich vollziehenden Geschehnisse einschließlich des Guten und des Bösen auf dem Werk und dem Willen der Gottheiten beruhen, sie daher für den Menschen nicht rational erfaßbar sind, eben auch nicht für die dies zwar vorgebenden Konfuzianer und Buddhisten. Er lehnt die konfuzianische Theorie vom Himmelsmandat *(temmei)* und die buddhistische von der Kausalität und Widervergeltung *(inga)* scharf ab. Die von den Gottheiten geschaffene Welt teilt sich nach ihm in eine sichtbare *(kenkai)*, d.i. diese Welt, und eine unsichtbare *(yūkai)*, d.i. die Welt der Gottheiten. Entsprechend werden die von den Menschen ausgeführten Taten die sichtbaren Dinge *(arawanigoto)*, die von den Gottheiten ausgeführten die verborgenen Dinge *(kamigoto)* genannt. Diese Welt ist voll von Glück und Unglück, Gutem *(yogoto)* und Bösem *(magoto)*, das eine schließt das andere ein. Das Gute und das Böse in der Welt – von Motoori dem Wirken bestimmter Gottheiten (Naobi- und Magatsu no kami) zugeschrieben – ist weniger im moralischen Sinne aufzufassen. Es bedeutet im körperlichen und geistigen Sinne ganz allgemein das Reine, Klare, Helle bzw. das Unreine, die Befleckung. Vom Bösen kann man sich – Norinaga stützt sich wiederum auf das ›Kojiki‹ – durch Reinigung befreien.

Aufgrund dessen, daß der Mensch durch den Geist des Musubi no kami geboren wird, weiß er von sich aus, was gut, natürlich, das wahre Herz *(magokoro)* ist. Es bedarf also gar nicht der konfuzianischen und buddhistischen Unterweisungen. Dem Tod selbst und dem Leben nach dem Tod widmet sich Norinaga weniger ausführlich. Der Tod ist für ihn das Desolateste, was dem Menschen widerfährt, denn es bedeutet für alle gleichermaßen das Eingehen in die Unterwelt. Für ihn sind Jenseitsvorstellungen anderer Lehren, die einzig aus dem Unbehagen des Menschen herrühren, nicht zu wissen, was nach dem Tode komme, nur Blendwerk.

Die Auffassung von dem „Weg des Alten“ und die Betrachtung des Menschen innerhalb dieses Weges ist für Norinagas Geschichtsauffassung von Bedeutung. Sowohl im *mono no aware*-Prinzip als auch im „Weg“ definiert er den Menschen in seiner Wesensnatur feminin, bzw. klein, schwach und begrenzt. Während er innerhalb des *mono no aware*-Prinzips dieses Kriterium schlicht als die Wesensnatur als solche anerkennt, geht er innerhalb des „Weges“ einen Schritt weiter und stellt einen Bezug des Menschen zu den Gottheiten, einer Macht, die größer als der Mensch ist, her, deren Willen die Menschen zwar unterworfen sind, die ihn aber auch schützen und segnen. Dies ist für ihn der einzige Garant dafür, sich nicht einem blinden Fatalismus hinzugeben, sondern in dieser Welt auch seelischen Frieden zu finden. Aus dem Vertrauen in die Gottheiten wird auch der Gedanke gespeist, daß der in Übereinstimmung mit dem „Weg“ Lebende in wesentlich engerer Beziehung zu der höheren Macht steht als die konfuzianischen Heiligen oder all jene, die auf ihre eigene Vernunft bauen. Wie überhaupt Norinaga die Beziehung zwischen Gottheit und Mensch “understood and formulated essentially in terms of *oya-ko* (parent-child) relationship in distinction to a creator-creature relationship. In the creator-creature symbol, man, as a being created *ex nihilo* by the transcendent God, is in essence radically separated from the divine ... In contrast to this, *kami*, for Motoori, are in their most important aspect *oyagami (oya-kami*, parent- or ancestor-*kami*), and the lineage of any human being can be traced back to *kami*, and eventually to Izanagi and Izanami, without any radical break. In this *oya-ko* symbol system, man is conceived to be by nature inseparable from the divine ... Motoori also pointed out that ‘there is no distinct boundary between the age of *kami* and the human age’” (Matsumoto 1970, 115). Hieraus resultiert nicht zuletzt auch der Gedanke des bedingungslosen Gehorsams und der Unterwerfung unter den Tennō sowie die intensive Verehrung der Gottheiten.

Norinaga definiert den „Weg“ nicht nur als das Urbild der menschlichen Wirklichkeit und der Politik, sondern erklärt den Fortschritt der Geschichte als den Willen der Gottheiten. Für ihn ist das Prinzip von *ten chi shizen* gerade der historische Wandel, und die Dichtung wandelt sich notwendigerweise mit ihm. Der Mensch, der im Vertrauen in die Gottheiten lebt, kann und darf daher nicht den Fortschritt der Geschichte aufhalten. Es kann also weder – wie Mabuchi es anstrebt – allein um eine Wiederbelebung des Altertums in der Gegenwart gehen noch um die Idee von degenerierten Zeitaltern. Zwar liegt der auf dem Willen der Gottheiten beruhende Fortschritt jenseits des intellektuellen Begreifens, es bleibt jedoch die Tatsache bestehen, daß das Individuum in Abhängigkeit von ihm und der mit ihm verbundenen Politik lebt. Das besagt letztendlich, daß die menschlichen Gefühle auch und gerade in Berührung mit den historischen Gegebenheiten entstehen und als die jeweils gegebene historische Realität anzunehmen sind.

Hirata Atsutane hält sich, obwohl er Norinaga niemals persönlich kennengelernt hatte, als sein eigentlicher Nachfolger. Während Norinaga seine Studien ausschließlich als „Studien des Altertums“ *(kogaku)* versteht, gewinnt unter Atsutane und seinen Nachfolgern die Idee eines „Studiums des Landes“ *(kokugaku)* an Bedeutung, zwar mit Orientierung am Altertum und dessen Schriften, aber zusammen mit ideologisch-politischer Zielsetzung: Er baut die Lehre vom „Weg“ des Norinaga politisch und religiös aus, wobei im Zusammenhang dieser Darstellung nur letzteres von Interesse ist. Vor allem die Ansichten Norinagas hinsichtlich der Kosmologie und der Jenseitsvorstellung finden bei Atsutane eine Konkretisierung und Modifikation. Er ist ein allseitig interessierter Gelehrter, im Konfuzianismus und Buddhismus bestens bewandert, und zieht bei seinen Ausführungen durchaus auch geeignetes Material daraus zur Untermauerung seiner Thesen hinzu. Auch seine Kenntnisse in den westlichen Wissenschaften, hier besonders in den Bereichen der Medizin, Astronomie und Geographie, sind beträchtlich (s. Keene 1953). Viele Shintō-Gelehrte seiner Zeit begrüßten Atsutanes Aufgeschlossenheit gegenüber den westlichen Wissenschaften nicht, da sie der Meinung waren, daß ein echter Kokugaku-Gelehrter sich nicht den verführerischen rationalistischen Theorien Europas hingeben, sondern die Einfachheit des Menschen des Altertums bewahren sollte. Atsutane argumentiert jedoch, daß die Aufgabe des Menschen darin bestehe, gemeinsam mit dem wissenschaftlichen Fortschritt die Wahrheit des Alten zu suchen. Auch Erkenntnisse, die nicht in den alten japanischen Schriften stünden, können trotzdem wahr sein. Solange solche Erkenntnisse nicht mit der Shintō-Lehre kollidierten, sollte man sie übernehmen. So bestätige beispielsweise die heliozentrische Theorie des Kopernikus die shintōistische Lehre von der zentralen Stellung der Sonnengottheit. „Der Weg von Sumera mi Kuni (Japan) ist das Fundament, die Wege von Ju (Konfuzianer) und Buddha und Holland usw. sind Nebensachen. Das Studium bemüht sich um das Fundament, aber man muß auch die Nebensachen wissen. Wenn man sich aber nur um die Nebensachen bemüht, dann ist es schwer, das Fundament zu kennen. Im Lun-yü heißt es: ‚Der Edle bemüht sich um das Fundament; ist das Fundament gelegt, ergibt sich der Weg.' Und demgemäß bemüht sich jeder um die Dinge von Sumera mi Kuni, die das Fundament der Persönlichkeit bilden: zuerst macht er seine Seele zur Seele eines Menschen aus Sumera mi Kuni, und dann bemüht er sich auch um die Dinge des Auslandes. Was daran gut ist, soll er nehmen, und es soll ihm Hilfe sein für den rechten Weg. Wer dafür sorgt, daß er sich nicht in den erwähnten schlechten Weg des Auslandes hineinverirrt, den muß man einen echten Japaner nennen" (Schiffer 1939, 227; Taidōwakumon, HAZ 2, 8f.).

Atsutane entwirft eine shintōistische Kosmologie und Weltanschauung, die er mit chinesischen und westlichen Ideen verbindet. Bereits Hattori Nakatsune (1757–1824), ein Schüler des Norinaga, hatte in seinem Werk ›Sandaikō‹ (Gedanken über die drei Großen, 1791) eine Rationalisierung der Mythen vorgenommen, und dieses Werk ist als Vorläufer des ›Tama no mihashira‹ (Pfeiler der Seele, 1812) von Atsutane anzusehen. Auch Atsutane versucht die Schöpfung zu rationalisieren. In dem genannten Werk wird u.a. die Teilung der Urmaterie und die Formation der drei Welten Himmel, Erde, Unterwelt abgehandelt, wobei der Mond mit der Unterwelt *(yomi)*, der Himmel mit dem Ort, wo die Gottheiten wohnen, dem Himmelsgefilde *(takamagahara)* identifiziert wird. Im Mittelpunkt stehen auch bei ihm die bei Norinaga bereits erwähnten Schöpfergottheiten. Atsutane betont ausdrücklich den monistischen Aspekt im Shintō. Für ihn ist Ame no minakanushi die erste Ahngottheit, sie hat weder Anfang noch Ende, sie gibt allem Leben und, obwohl sie alles durchdringt, regiert sie die Schöpfung in Stille; Takamimusubi und Kamimusubi werden als Emanationen dieser Gottheit erklärt. Übrigens wird Amaterasu nicht mit der Sonne identisch gesehen, sondern sie ist für ihn der Geist, der die Sonne kontrolliert. Die drei Schöpfergottheiten existierten vor Himmel und Erde und schufen diese erst. Man dürfe nach Atsutane nicht länger dem Skeptizismus anheimfallen und erklären, daß diese alten Wahrheiten bloße japanische Legende seien. „In vielen anderen Ländern wird ebenfalls geglaubt, daß die Saat des Menschen und aller übrigen Dinge ihr Dasein der Macht der Gottheit verdanken“ (Kodō taii, HAZ 1, 27). Als Beleg führt er die chinesische Vorstellung von Shang Ti und T'ien Ti (Himmelsgott) und dem indischen Brahma an. Vor allem aber bedient er sich gerne christlicher Vorlagen hinsichtlich der Vorstellung eines Schöpfergottes. Atsutane war mit Schriften jesuitischer Missionare wie Matteo Ricci (1552–1610), Diego de Pantoja (1571–1618), Guilio Aleni (1582–1649), die im 17. Jahrhundert in China tätig waren, vertraut. In Anlehnung an eine Schrift Alenis äußert er, daß man wissen müsse, daß es einen Herrscher im Himmel gibt. Wenn man dies in seiner Totalität begreife, daß da ein Gott ist, könne man leichter verstehen, daß die Welt danach geschaffen wurde. Dieser Gott hat weder Anfang noch Ende und nach diesem Gott sei die Welt geschaffen. Er sei der Herrscher der gesamten Schöpfung. Wenn Gott nicht vor Himmel und Erde existiert hätte, sondern man von ihm sagen würde, daß er erst nach der Schaffung der Welt erschienen wäre, wie sei dann diese Welt entstanden? Wenn er später gekommen wäre, von woher wäre er dann gekommen? Wer macht ihn dann zum Herrscher? (Ishida 1970, 310).

Himmel und Erde bilden für Atsutane eine Einheit und umfassen alle Nationen. Daher müssen auch die Schöpfungsmythen aller Länder mehr oder weniger gleich sein. Es komme nur darauf an, die Mythen zu modifizieren und zu systematisieren, um diese Wahrheit zu erreichen. Allerdings bildeten die japanischen Schöpfungsmythen den Kern einer solchen Systematisierung. Hieraus resultiert wiederum Atsutanes ultranationalistischer Anspruch, daß das Tennō-Reich das zentrale Land aller Nationen darstelle und der Tennō ihr Herrscher sei. „Japan unterscheidet sich vollständig von allen anderen Völkern wie China, Indien, Rußland, Holland, Siam, Kambodja und den übrigen Ländern und ist diesen überlegen; daß wir unser Land das ‚Land der Gottheiten‘ genannt haben, war nicht bloße Prahlerei. Die Gottheiten formten bei der Schöpfung alle Länder der Welt, und diese Gottheiten waren ausnahmslos in Japan geboren. Japan ist somit das Heimatland der Gottheiten, und deshalb nennen wir es das Land der Gottheiten. Dies ist Angelegenheit eines universalen Glaubens und über jede Diskussion erhaben" (Kodō taii, HAZ 1, 23).

Den Jenseitsgedanken mehr ins Blickfeld zu rücken sieht Atsutane als eine Vorbedingung für die Verwirklichung des *yamatogokoro* oder *magokoro* an. Auch hier stark vom Christentum beeinflußt, sieht er bereits in zwei seiner Frühwerke, dem ›Honkyō gaihen‹ (Summa der ursprünglichen Lehre, 1806) und dem ›Kishin shinron‹ (Neue Abhandlung über die Geister, 1806) diese Welt nur als eine vorübergehende an. In Anlehnung an Riccis ›Chi jen shih p'ien‹ (Die wahre Bedeutung des Christentums, 1603) beschreibt er den Menschen zwar als den Höhepunkt der Schöpfung, aber sein Leben ist mit Mühsal beladen, es besteht aus Widersprüchen und Konflikten. Die Gottheiten erlauben uns, in dieser Welt zu leben, um ein aufrechtes Herz zu entwickeln und um uns auf das spätere, wahre Leben vorzubereiten. Unsere Bestimmung liegt im Jenseits. In der Hoffnung auf ein Leben danach überwindet Atsutane den fast fatalistischen Standpunkt Norinagas. Die Berichte über das Leben danach seien so irreführend, daß es ganz natürlich sei, daß sie Verwirrung hervorriefen. Selbst sein Lehrer (Norinaga) entkam dieser Irreführung nicht ... Die Ansicht, daß die Seelen der Menschen, nachdem sie gestorben sind, in die Unterwelt eingehen, ist Teil einer Tradition, die vom Ausland nach Japan eingeführt wurde, für die es aber nicht das geringste Zeugnis in der Vergangenheit Japans gibt (vgl. Tama no mihashira, HAZ 2, 27f.). Der Tod ist für Atsutane nichts Desolates mehr, vielmehr kann man ihm friedlich entgegensehen, wenn man nur auf ihn vorbereitet ist. Denn der Tod ist nichts anderes als die Trennung der Seele vom Körper. Die Gottheiten formen den Menschen aus Luft, Wasser, Feuer und Erde und geben ihm eine Seele *(tamashii)*. Nach seinem Tod entweicht die Seele und ist von allen irdischen Leiden befreit. Sie geht in das für den Menschen unsichtbare Reich der Toten *(yūmei)* ein und unterwirft sich dessen Herrscher Ōkuninushi no kami. Ausführlich handelt Atsutane im ›Tama no mihashira‹ jenes Leben nach dem Tod ab, das in vieler Hinsicht dem Leben in dieser Welt gleicht. Es wird zwar auch das Reich des Dunklen genannt, aber nach ihm darf dies nur vergleichend aufgefaßt werden, denn es ist nicht bar jeglichen Lichtes.

Entscheidend ist auch, daß Norinagas Auffassung von der Verursachung aller Werke durch die Gottheiten modifiziert wird. Die Gottheit Magatsu wird nicht mehr als Haupt der bösen Gottheiten erklärt, sondern als eine Gottheit, die das Böse immer dann veranlaßt, wenn die gegenwärtige Welt durch das schlechte Verhalten der

Menschen verunreinigt wird. Der Mensch ist also für sein Tun voll verantwortlich, und seine Seele wird im Reich der Toten für die Taten im irdischen Leben zur Verantwortung gezogen. Je nachdem, ob der Mensch entsprechend der guten Natur, die ihm von den Gottheiten bei seiner Geburt zuteil wurde, gehandelt hat oder nicht, erhält er von Ōkuninushi Belohnung oder Strafe, und seine Seele wird zu einer der Belohnung und Strafe graduell entsprechenden Gottheit.

III. DIE PHILOSOPHIE VON 1868 BIS 1945

1. Historische Bemerkungen

Japan entwickelte sich mit dem Beginn der Meiji-Zeit, in der die Öffnung zum Westen hin erfolgte und eine gesellschaftspolitische, wirtschaftliche, technologische und kulturelle Ausrichtung am Westen stattfand, von einem abgeschlossenen Feudalstaat zu einer Industrienation, dabei den Nationalismus und Ultranationalismus hin zur Demokratisierung nach 1945 durchlaufend. Die Öffnung Japans brachte auch einen Umbruch im philosophischen Denken. Das Spektrum an philosophischen Systemen des Westens, das sich uns im Japan der Meiji-Zeit bietet, ist beachtlich. Positivismus, Utilitarismus, Darwinismus und Spencerianismus fanden in der damaligen japanischen Gelehrtenwelt ebenso ihre Anhänger wie speziell die Philosophie von Green und Psychologie von Bain und Haven. Daneben entwickelte sich auch eine idealistische Strömung. Die ersten fünfzehn Jahre standen ganz unter dem Einfluß des Positivismus und Utilitarismus, dem dann eine Spaltung in Idealismus und Materialismus folgte. Zugleich ist auch eine Rückbesinnung auf das traditionelle Denken, besonders auf den Konfuzianismus und Shintō, zu verzeichnen. Sie spielte bis 1945 eine gesellschaftspolitisch wesentliche Rolle. Sie hatte ihren Ursprung in dem durch die Politik forcierten Konservatismus, der mit der Ideologie vom japanischen Nationalwesen *(kokutai)* der Nationalisten und später der Faschisten konform ging. Das besondere japanische Nationalwesen rühre vor allem daher, so behauptete man, daß Japan in seiner Geschichte frei von Einmischungen fremder Völker geblieben war, sich somit ein wahrer, reiner japanischer Geist *(Nihon seishin)* entfalten konnte. Zur Erhaltung dieses Geistes schuf man eine Nationale Lehre *(kokkyō)* mit der Tennō-Ideologie und den konfuzianischen Grundtugenden als Kern. Mit dem Konservatismus setzte auch ein starkes Bedürfnis nach philosophiehistorischer Forschung in bezug auf die traditionelle Philosophie ein. Man begann nach bestimmten methodischen Gesichtspunkten, die man der philosophiehistorischen Forschung des Westens abgeschaut hatte, den Konfuzianismus, Buddhismus und andere traditionelle Geistesströmungen zu durchleuchten. Man verfaßte Gesamtdarstellungen über die traditionelle Philosophie und Einzeldarstellungen über bestimmte Denker und gab große Quellensammlungen heraus.

Das Charakteristische der Meiji-Philosophie mag mit den oben genannten Systemschlagwörtern eingefangen sein. Eine eingehende Betrachtung der Philosophie jener Epoche zeigt jedoch, daß die genannten Strömungen unter bestimmten Voraussetzungen ihre Aufnahme, Verarbeitung und Auswertung durch die japanischen Philosophen erfuhren.

Japan fand verhältnismäßig rasch den Anschluß an die westliche Philosophie. Dies war dem großen Interesse, das die japanischen Philosophen ihr entgegenbrachten, der Zeitnotwendigkeit und dem regen Austausch von Gelehrten – es wurden sowohl japanische Gelehrte ins Ausland gesandt als auch westliche nach Japan geholt – zu verdanken. Für ein Studium im Ausland galten als bevorzugte Länder die Niederlande, England, Deutschland, Frankreich und Amerika. Englisch, Holländisch, Französisch und Deutsch waren auch die am meisten verwendeten Fremdsprachen der damaligen Zeit. Trotz dieser günstigen Gegebenheiten kann jedoch die Problematik, welche die Begegnung mit der westlichen Philosophie brachte, nicht übersehen werden. Obwohl in der Gelehrtenwelt eine gewisse sprachliche Vorbildung vorhanden war, war das Unterfangen, geeignetes Lehrmaterial, philosophische Lexika und Übersetzungen von westlichen Philosophen oder von bedeutenden historischen Darstellungen über die westliche Philosophie zu erstellen, äußerst schwierig. Die Unterschiedlichkeit der westlichen und japanischen Sprachstruktur erwies sich gerade im Bereich der Philosophie als ein besonders großes Hindernis. Aber auch die notwendige neue Begriffsbildung war ein nicht enden wollendes Unternehmen. Bisher innerhalb der traditionellen Philosophie verwendete Begriffe auf westlich-philosophische zu übertragen war nicht ohne Problematik, da die traditionellen Assoziationen mitschwangen und dadurch Mißverständnisse im Verstehen ihres neuen Gehaltes oft nicht auszuschließen waren.

Ein weiteres Problem bot sich bei dem Bemühen, eine möglichst systematische Übernahme und Vermittlung der westlichen Philosophie zu geben. Daß die oben genannten Ismen als erste in Japan Fuß fassen konnten, lag keinesfalls an einer vorhandenen Systematik oder einem bewußten methodischen Vorgehen auf seiten der japanischen Philosophen. Vielmehr waren es eben die das 19. Jahrhundert Europas gerade beherrschenden Strömungen. Die Konfrontation mit diesen war in der Andersartigkeit ihres Inhalts schon allein ein großes Problem. Es vergrößerte sich jedoch für die japanischen Philosophen, weil sie die Theorien nur unvollständig in Raum und Zeit des europäischen 19. Jahrhunderts stellen konnten und auch der philosophiehistorische Nachvollzug, der zu diesen Theorien geführt hat, in so kurzer Zeit der Rezeption nicht herzustellen war. So wurden die westlichen Philosopheme wie Steine aus einem Mosaikbild genommen, ohne daß die Japaner das Gesamtbild kannten. Die Vielschichtigkeit der Aussagen der herangezogenen westlichen Philosophen ging bei der Übernahme durch die Japaner nur allzuoft verloren. Die Übernahme war auf das Wesentliche, auf die Kernideen dieser Denker fixiert. Verarbeitet wurde stets das, was im Hinblick auf die besondere gesellschaftspolitische Problematik der Meiji-Zeit von Nutzen sein konnte. Unter diesen Umständen wird auch verständlich, daß von einem japanischen Denker durchaus mehrere unterschiedliche Theorien selektiv miteinander verwoben wurden. Es ging nicht nur um die Rezeption der westlichen Philosophie um ihrer selbst willen, sondern um eine Rezeption, die auch in einem engen Zusammenhang mit dem gleichzeitig einsetzenden Wissenstransfer in der Naturwissenschaft und Technologie gesehen werden muß, da sie von ihnen nicht unberührt blieb. Weil man zudem die traditionellen Richtungen aus dem Bereich der Philosophie verdrängt hatte, mußte ein neuer Horizont erschlossen werden, mußte nach einem neuen sinngebenden Etwas gesucht werden. Die Meiji-Philosophie sah jenes sinngebende tragende Bewußtsein in den ersten Jahrzehnten maßgeblich in der Konzentration auf die physische Welt und auf den evolutionären Aufstieg und war damit beschäftigt, aus der Vielzahl der Ismen ganz bestimmte gesellschaftspolitische Schwerpunkte zu setzen.

Im allgemeinen traten während der Meiji-Zeit keine festen philosophischen Schulbildungen wie in der traditionellen Philosophie hervor, sondern Namen einzelner Philosophen, die auf den oben genannten Gebieten arbeiteten. Diese Philosophen können im Rahmen dieser räumlich begrenzten Darstellung weder alle Erwähnung noch Würdigung finden. Als besonders wichtige Denker erwiesen sich Nishi Amane (1829–1897), der eigentliche Begründer der modernen japanischen Philosophie, und Fukuzawa Yukichi (1835–1901) für den Positivismus und Utilitarismus, Inoue Enryō (1858–1919), Inoue Tetsujirō (1855–1944) und Ōnishi Hajime (1864–1900) für den Idealismus, Katō Hiroyuki (1836–1916) für den Evolutionismus. In seinen frühen Werken vertritt Katō noch die Idee vom

Recht eines jeden Individuums auf Freiheit, Gleichheit und Selbstbestimmung, während er in der zweiten Hälfte seines Schaffens ganz unter dem Einfluß des Evolutionismus eines Spencer und vor allem Darwins steht. In seinem bekannten Werk ›Jinken shinsetsu‹ (Neue Theorie über die Menschenrechte, 1882) erklärt er die Unterschiedlichkeit der Menschen durch Darwins Theorie von der Variabilität, Heredität und Überproduktion von Nachkommen, die den Daseinskampf hervorruft und zu einer Selektion führt. Seine wohl bedeutendste Schrift ›Kyōsha no kenri no kyōsō‹ (Der Kampf um das Recht des Stärkeren, 1893) beinhaltet neben Darwinschen Ideen auch solche von Gumplowicz und Haeckel. Auch seine späteren Werke ›Dōtoku hōritsu no shimpo‹ (Die Entwicklung des Moralgesetzes, 1894), ›Shizenkai no mujun to shinka‹ (Der Widerspruch in der Natur und Evolutionismus, 1906) und ›Shizen to rini‹ (Natur und Ethik, 1912) tragen deutlich die Züge eines biologischen Materialismus. Da sich Katō jedoch vor allem als politischer Denker einen Namen gemacht hat, findet er in dieser Darstellung keine gesonderte Berücksichtigung.

Ab der Taishō-Zeit erweiterte sich der Blickwinkel der japanischen Philosophen. Man widmete sich jetzt einem systematischeren und spezielleren Studium der westlichen Philosophie. Interessant ist die Feststellung, daß sich nunmehr auch Gelehrte der Natur- und Geisteswissenschaften der Philosophie zuwandten, um ihren wissenschaftlichen Methoden eine philosophische Basis zu geben. Die Taishō-Zeit gilt als eine liberale Phase in der japanischen Geschichte, in der sich demokratische Ideen durchsetzten. Sie gab den Nährboden für den Kulturismus *(bunkashugi)* mit seinem Hauptvertreter Tsuchida Kyōson (1891–1934) ab und begünstigte die Strömungen des Individualismus *(kojinshugi, jigashugi)*, der von Ideen eines Green, E. Hartmann und Nietzsche getragen war und zu dessen Vertretern u. a. Takayama Rinjirō (Chogyū, 1871–1902) und Tanaka Ōdō (Kiichi, 1867–1932) gehörten, des Personalismus *(jinkakushugi)*, in dem sich die Philosophie von Lipps widerspiegelt und der von Abe Jirō (1883–1959) vertreten wurde, und des Pragmatismus *(puragumateizumu)*, der sich vor allem auf James und Dewey stützte und sein Zentrum in der Waseda-Universität (Tōkyō) hatte.

Die philosophiegeschichtliche Forschung bezog seit der Taishō-Zeit nahezu alle Epochen ein, die griechische und mittelalterliche ebenso wie die neuzeitliche Philosophie. Abgesehen von der Veröffentlichung zahlreicher „Einführungen" in die westliche Philosophie von namhaften japanischen Philosophen und der philosophischer Sammelwerke (›Tetsugaku sōsho‹, Philosophische Sammlung, 1915; ›Iwanami kōza Tetsugaku‹, Iwanami-Reihe: Philosophie, 1931 u.a.) widmete man sich verstärkt der Übersetzung von Werken westlicher Philosophen oder von westlichen Philosophiegeschichten. Im Vordergrund des Interesses standen vor allem die Philosophie von Bergson und die deutsche Philosophie, besonders der Kantianismus/Neukantianismus, welchen die Phänomenologie, der Existentialismus, der Hegelianismus und der Marxismus folgten. Bergson fand mit seiner Lebensphilosophie und ihrer Betonung der Intuition und des *élan vital*, die nach japanischer Ansicht sehr große Ähnlichkeit mit dem ostasiatischen Denken hat, großes Interesse. Kaneko Umaji (Chikusui, 1870–1937) übersetzte bereits 1913 Bergsons ›L'évolution créatrice‹, Takahashi Satomi (1886–1964) das Werk ›Matière et mémoire‹. Bergsons Ideen wurden von vielen Philosophen, so z.B. auch von Nishida Kitarō, verarbeitet. Zu den ersten Verbreitern des Kantianismus/Neukantianismus gehören Kuwaki Genyoku (1874–1946; ›Kanto to gendai tetsugaku‹, Kant und die gegenwärtige Philosophie, 1917 u.a.), Tomonaga Sanjūrō (1871–1951; ›Kanto no eien heiwa ron‹, Über den ewigen Frieden von Kant, 1922 u.a.), Abe Yoshishige (1883–1966; ›Kanto no jissen tetsugaku‹, Die praktische Philishophie von Kant, 1924) und Amano Teiyū (1884–1980; ›Kanto junsui risei hihan‹, Kants Kritik der reinen Vernunft, 1935 u.a.). Neben Kant und den Neukantianern fanden auch Fichte und Schelling große Aufmerksamkeit. Für die Einführung von Husserls Phänomenologie sind Takahashi Satomi, Mutai Risaku (1890–1974; ›Genshōgaku kenkyū‹, Studie über die Phänomenologie, 1940) und Yamanouchi Tokuryū (1890–1982; ›Genshōgaku josetsu‹, Einführung in die Phänomenologie, 1929; ›Sonzai no genshō keitai‹, Die phänomenologische Form des Seins, 1930) zu nennen. Neben Husserl wurden aber auch Bolzano, Brentano und Meinong studiert. Unter den Existentialisten fanden besonders Kierkegaard und Heidegger Anklang. Kuki Shūzō (1888–1941) gehört u.a. mit seiner Abhandlung ›Jitsuzontetsugaku‹ (Existenzphilosophie, 1933) zu den damals bekanntesten Vertretern dieser Strömung. Einen besonders nachhaltigen Einfluß hatte ab etwa den dreißiger Jahren die Philosophie Hegels, in dessen Dialektik man Parallelen zum östlich-philosophischen Denken, vor allem zu Strömungen des Mahāyāna-Buddhismus, sah. Alle bedeutenderen Werke Hegels sind ins Japanische übertragen worden, daneben aber auch die bekannten Arbeiten über Hegel von Haym, Rosenkranz, Glockner

u. a. Nahezu alle namhaften Philosophen der damaligen Zeit – so beispielsweise auch Nishida und Tanabe – setzten sich mit Hegel auseinander. Das allgemeine Interesse an Hegel ist nicht nur rein philosophischer Natur gewesen, sondern fand seine Motivation auch in der politischen Situation der damaligen Zeit, in der die Hegelsche Staatstheorie eine willkommene Untermauerung für die Anhänger der Nationalismus-Idee abgab. Und nicht zuletzt sah man in der Hegelschen Dialektik auch ein geeignetes „Kampfwerkzeug" gegen die immer mehr in Mode kommende Dialektik von Marx.

Im japanischen Denken kommt der marxistischen Strömung besonders als politischer Faktor ein beachtlicher Stellenwert zu. Ihre Anhänger wandten sich gegen die in der japanischen Politik und Sozialwirtschaft zunehmende Tendenz hin zum totalitären Imperialismus, autoritären Nationalismus und aggressiven Militarismus. Den sich in Partei (Nihon Kyōsantō) und Diskussionsgruppen zusammenfindenden Marxisten ging es darum, das marxistische Ideengut durch Publikationen und Übersetzungen von einschlägiger westlicher Literatur sowie von Primärquellen bekannt zu machen, um aufklärend auf die Intellektuellen einzuwirken und durch eine Reform die bestehende politische Wirklichkeit zu verändern. Obwohl der Marxismus auch bei vielen Philosophen große Beachtung und in ihren Systemen kritische Berücksichtigung fand, konnte sich jedoch eine eigenständige japanisch-marxistische Philosophie aufgrund der politischen Gegebenheiten bis 1945 nicht entwickeln.

Anfänge sozialphilosophischer Reflexionen sind bereits bei Nishi Amane, der ein Anhänger des französischen Sozialismus war, auszumachen (›Shakaitōron no setsu‹, Diskurs über das sozialpolitische Programm, um 1873). Eine kritische Auseinandersetzung mit dem Sozialismus findet sich auch bei Katō Hiroyuki. Einen besonderen Namen haben sich jedoch die politischen Denker Nakae Tokusuke (Chōmin, 1847–1901), Katayama Sen (1859–1933) mit seinem Werk ›Waga shakaishugi‹ (Mein Sozialismus, 1903) und Kōtoku Shūsui (1871–1911) mit den Werken ›Nijū seiki no kaibutsu – Teikokushugi‹ (Imperialismus – Ein Monster im 20. Jahrhundert, 1901) und ›Shakaishugi shinzui‹ (Die Quintessenz des Sozialismus, 1903) gemacht. Nakae übersetzte 1882 Rousseaus ›Contrat social‹ und wurde der „orientalische Rousseau" genannt. Er vertrat die Idee der konstitutionellen Monarchie und des japanischen Nationalismus und stand dem französischen Materialismus des 18. Jahrhunderts nahe. Von besonderem philosophischen Wert sind seine Schrift

›Ichinen yūhan‹ (Ein Jahr und ein halbes) und deren Fortsetzung ›Zoku ichinen yūhan‹, die er in seinem letzten Lebensjahr verfaßte und die Essays und kritische Artikel enthalten. Katayama und Kōtoku geben in ihren Werken einen allgemeinen Überblick über das Wesen des Sozialismus und weisen auf dessen politische, wirtschaftliche, soziale und kulturelle Überlegenheit und die Notwendigkeit, den Wandel von der kapitalistischen zur sozialistischen Gesellschaft zu vollziehen, hin. Kōtoku – von Lassalle und Ely beeinflußt – arbeitet in seinem ›Teikokushugi‹ die drei Charakteristika des Imperialismus, nämlich Patriotismus, Militarismus und Expansionspolitik, heraus und leitet sie von dem im Menschen latent vorhandenen und jederzeit zu aktivierenden Grundgefühlen des Hasses, der Liebe zum Kampf und der Besitzgier ab.

Die marxistische Methodologie, die dann vor allem ab den zwanziger Jahren erneuten Aufschwung erfuhr, bedeutete einen neuen Aufwind im Wissenschaftsbereich. Sie wurde als eine neue Sicht einer integrierenden und systematischen Wissenschaft, welche die spezialisierten Wissenschaften unter einer umfassenden Weltanschauung einigte, angesehen. Die Marxisten gingen davon aus, daß die religiösen, ethischen und metaphysischen Lehren jeder historischen Periode einen Überbau darstellten, der sich auf den wirtschaftlichen Grundlagen der Gesellschaft aufbaute. Unter diesem Gesichtspunkt herrschte bei den marxistischen Gelehrten der Aspekt vor, sich in erster Linie mit dem Wirtschaftssystem, der Klassenstruktur und dem Klassenkampf zu beschäftigen. Die marxistischen Gelehrten waren in ihrer überwältigenden Mehrheit nicht Philosophen, sondern entstammten dem Bereich der Wirtschaftswissenschaft, so etwa Kawakami Hajime (1879–1946), der Politikwissenschaft, Yoshino Sakuzō (1878–1933), oder es handelte sich um führende Persönlichkeiten sozialer/marxistischer Bewegungen, z.B. Fukumoto Kazuo (1894–1983) und Yamakawa Hitoshi (1880–1958), oder um Kritiker der damaligen politischen Lage, wie Tosaka Jun (1900–1945).

Kawakami verhalf der marxistischen Philosophie zum entscheidenden Durchbruch. Er übersetzte 1905 ›The Economic Interpretation of History‹ von Seligman und später einige Schriften von Marx, Lenin, Bucharin u.a. In seinen Werken ›Bimbō monogatari‹ (Geschichte über die Armut, 1917) – hier geht er auf die Armut als einem Hauptproblem in der modernen Gesellschaft ein und schlägt eine Erneuerung des menschlichen Geistes vor – und ›Shakai mondai kanken‹ (Persönliche Ansichten über soziale Probleme, 1918) sind seine Anschauungen noch stark von der modernen Volkswirtschaft geprägt. Damals wurde Kawakami von den marxistisch orientierten Wirtschaftlern angegriffen, was für ihn den Ausschlag gab, sich intensiv mit dem Marxismus zu beschäftigen. Die Schriften ›Shihonshugi keizaigaku no shiteki hatten‹ (Die geschichtliche Entwicklung der kapitalistischen Ökonomie, 1923), ›Keizaigaku taikō‹ (Grundriß der Wirtschaftswissenschaft, 1928) und ›Shihonron nyūmon‹ (Einführung in den Kapitalismus, 1928) zeigen deutlich seine Wende zum Marxismus. In seinem Spätwerk ›Gokuchū zeigo‹ (Überflüssige Worte im Gefängnis, 1937), das den Höhepunkt seines Denkens darstellt, bemüht sich Kawakami um eine dialektische Vereinigung der wissenschaftlichen und religiösen Wahrheit. Kawakamis Standpunkt, sich als Marxist zu bezeichnen und trotzdem an die religiöse Wahrheit zu glauben, erscheint als ein Widerspruch. Für ihn ist der Ausgangspunkt, daß ein Materialist das Bewußtsein *(kokoro)* als ein Produkt der Materie ansieht, entscheidend. In diesem Verständnis ist die religiöse Wahrheit das Sich-Selbst-Bewußtwerden des Bewußtseins, während es sich bei der wissenschaftlichen Wahrheit um ein Wissen der Objekte handelt und dies sich in der Beobachtung der Objekte verwirklicht. Beide Wahrheiten sind in ihren Objekten und in ihren Methoden der Verwirklichung verschieden, die eine bezieht sich auf die innere Welt, die andere auf die äußere. Trotzdem lassen sie sich nach Kawakami – obwohl diese Lösung nicht überzeugend ist, da er keine wirkliche dialektische Beziehung zwischen den beiden Wahrheiten herstellt – zu einer Einheit bringen. Kawakami kommt zu dem einfachen Schluß, daß beide Wahrheiten gleichermaßen durch unser Bewußtsein verwirklicht werden. Da unser Bewußtsein eine hochentwickelte materielle Funktion darstellt, ist es weder einsehbar noch widersprüchlich, die religiöse Wahrheit im Materialismus nicht zuzulassen.

Als Interpret der sowjetischen Philosophie machte sich Nagata Hiroshi (1904–1947) einen Namen. Er übersetzte Werke von Deborin, Akselrod und Stalin und verfaßte mehrere Werke zum dialektischen Materialismus. Besondere Bedeutung kommt ihm auch als Historiker des japanischen Denkens zu (›Nihon yuibutsuronshi‹, Geschichte des japanischen Materialismus, 1936; ›Nihon hōkensei ideorogī‹, Die feudalistische Ideologie Japans, 1938; ›Nihon tetsugaku shisōshi‹, Geschichte der philosophischen Ideen Japans, 1938). Nagata kommt es darauf an, vom marxistischen Standpunkt aus die theoretischen Probleme, die bei einem Studium der japanischen Ideengeschichte entstehen, herauszuarbeiten. Wesentlich ist ihm, das japanische Denken in einem universalen Zusammenhang und nicht unter dem Aspekt des isolierten Japan zu deuten. Philosophiehistorisch unterscheidet er die beiden Hauptrichtungen des Idealismus und Materialismus. Denn es gehe in der gesamten Geschichte der Philosophie stets um die Frage, ob man die Materie oder den Geist als primär annehme. Erst wenn unter diesen Aspekten eine Analyse des japanischen Denkens erfolgt ist, wird man nicht mehr die Vorteile, sondern die erheblicheren Nachteile des traditionellen Denkens und die Brüchigkeit der sogenannten Theorien vom „japanischen Geist“ erkennen. Mit dieser Einsicht wird man aber auch den Weg in eine bessere Zukunft weisen können.

Überblickt man die Zeit von 1912 bis 1945, so haben sich neben den Vertretern der verschiedenen Ismen, neben einer Reihe christlich orientierter Religionsphilosophen, wie etwa dem bedeutenden Hatano Seiichi (1877–1950), und neben den Philosophiehistorikern auch Philosophen hervorgetan, welchen man mit Recht die Erstellung eigenständiger Systeme zuspricht. Neben Watsuji Tetsurō (1889–1960), der sich als Ethiker Anerkennung verschaffte, gehörte Nishida Kitarō (1870–1945) zu den hervorragendsten Philosophen jener Zeit. Es ist sein Verdienst, die japanische Philosophie aus dem Stadium der Rezeption herausgeführt und mit seiner Philosophie eine als Kyōto-Schule bekannte und auch heute noch wirksame und aktive philosophische Richtung ins Leben gerufen zu haben. Sein Nachfolger an der Kyōto-Universität, Tanabe Hajime (1885–1962), und sein Schüler Miki Kiyoshi (1897–1945) entwickelten beide in der ihnen eigenen Weise seine Gedanken weiter. Nach 1945 zeichneten sich als bedeutende Vertreter der Kyōto-Schule die Philosophen Masaaki Kosaka (1900–1969), Iwao Koyama (geb. 1905), Hisamatsu Shin'ichi (1889–1981), Shimomura Toratarō (geb. 1902), vor allem aber der heute noch führende und bedeutendste Philosoph Japans Nishitani Keiji (geb. 1900) aus.

2. *Positivismus und Utilitarismus*

a) Zivilisation und Geschichtsauffassung

Nishi Amane und Fukuzawa Yukichi treten fast zur gleichen Zeit mit Publikationen über die neue Theorie vom Fortschritt an die Öffentlichkeit. Nishis Gewährsmann ist vor allem Comte, dessen Lehre er zum ersten Mal während seines Studienaufenthaltes in

Leiden (1862–1865) kennenlernte. Als Quellen dienen ihm besonders die ›Biographical History of Philosophy‹ (1843) und die ›Philosophy of Sciences‹ (1845) von George H. Lewes. Nishi setzt sich mit dem positivistischen Denken eingehend auseinander. Die Früchte dieser Beschäftigung fanden in einer Reihe von Publikationen ihren Niederschlag, von denen hier das ›Seisei hatsuun‹ (Die Beziehung zwischen dem Physischen und Geistigen, 1873) und das ›Hyakugaku renkan‹ (Die Beziehungen aller Wissenschaften, 1870–71) genannt seien.

Aus einer anderen Quelle schöpft Fukuzawa. Sein Interesse gilt vor allem der europäischen Geschichtsschreibung der zweiten Hälfte des 19. Jahrhunderts und hier vornehmlich den Historikern Buckle und Guizot. Fukuzawa kommt es in seinem Theorem in erster Linie auf die Frage an, wie Japan weiter zivilisiert werden könnte. Hier nimmt er von Buckle und Guizot das ihm dafür wesentlich Erscheinende, ohne im einzelnen auf die unterschiedlichen Positionen von beiden einzugehen. Da die Fortschrittstheorie das zentrale Thema im Denken des Fukuzawa darstellt, finden sich hierzu in den meisten seiner Schriften Abhandlungen. Ausführlich und systematisch diskutiert er die Fortschrittstheorie jedoch in seinem ›Bummeiron no gairyaku‹ (Überblick über eine Theorie der Zivilisation, 1875).

Durch die Hinwendung zum positivistischen Fortschrittsdenken ist für Nishi und Fukuzawa die Frage nach dem Sinn der Geschichte eine zentrale. Auch im traditionellen Denken ist diese Frage aufgeworfen worden. Die Geschichtskonstruktion der das tokugawazeitliche Denken beherrschenden Shushi-Schule, die besonders von Nishi und Fukuzawa angegriffen wird, ist an der Richtschnur eines Prinzips ausgedeutet worden. Dieses Prinzip stellt den Zusammenhang allen historischen Geschehens her und verleiht ihm auch den letzten Sinn. Die Shushi-Schule geht von der sichtbaren Ordnung des Kosmos aus, und das kosmische Gesetz ist das Vorbild ihres Geschichtsverständnisses. Ihr natürliches Verständnis des Universums bringt sie zu der Auffassung, daß sich alles in ewiger Wiederkehr bewege. Nicht die zeitliche Veränderung, der Bruch mit einer geschichtlichen Überlieferung, ist von Interesse, sondern das Unveränderliche als das Immer-so-Seiende in Form des natürlichen kreisförmigen Umlaufs, das mit der Rückbesinnung auf das sogenannte Goldene Zeitalter aufs engste verbunden ist. Der Shushi-Schule gegenüber hat Ogyū Sorai, wie wir gesehen haben, fortschrittlichere Akzente gesetzt und war damit nicht nur gedanklich seiner Zeit weit voraus, sondern bot den Meiji-Denkern sogar Anknüpfungspunkte.

Nishi und Fukuzawa lehnen die Deutung der Geschichte der Shushi-Schule als vorwissenschaftlich-dogmatisch ab. An die Stelle theologischer oder ontologischer Ordnungsschemata tritt für sie das positivistische Schema mit dem Leitgedanken, daß der Geschichte eine universale Ordnung zugrunde liegt, daß der historische Fortschritt sich genauso wissenschaftlich exakt feststellen läßt wie die naturwissenschaftlichen Wahrheiten, daß der Wille des Menschen die Geschichte bestimmt und seine vernünftige Vorsorge der Menschheit den Fortschritt und damit verbunden die harmonische Gesellschaft bringt. Die lineare Auffassung von der Geschichte gewinnt damit die Oberhand. Die Sinnhaftigkeit aller zeitlichen Bewegung liegt in der Zukunft. Mit dem so wichtig gewordenen Zukunftsbegriff erhalten Vergangenheit und Gegenwart ebenfalls einen neuen Stellenwert.

Bei der Analyse der japanischen Geschichte wird das historisch-konstruktive Schema Comtes zugrunde gelegt. Das von Comte während der Jahre 1830–42 endgültig ausformulierte Drei-Stadien-Gesetz *(lois des trois états)* legt den kontinuierlichen Ablauf des historischen Geschehens von Ursprung und Ziel dar. Es zeigt die historische Notwendigkeit des linearen Fortschritts von primitiven zu entwickelteren Stadien auf. Der lineare Fortschritt hat seinen Anfang im theologischen Stadium, in welchem der primitive Geist mit Hilfe einfacher Methoden alle Phänomene dem Eingreifen höherer Mächte zuschreibt. Das zweite metaphysische Stadium nimmt die rationale Methode zu Hilfe. An die Stelle der höheren Mächte treten die abstrakten Ideen, aus welchen alles erklärt wird. Das dritte positive Stadium sieht in den metaphysischen Ursachen nur noch abstrakte Begriffe und ersetzt diese durch Gesetze. Es geht also nicht mehr um die Erforschung von „letzten Ursachen", sondern um die Darlegung der konstanten Beziehung zwischen den Tatsachen auf der Grundlage von Erfahrung und Beobachtung.

In Anlehnung an diese Grundposition neuen geschichtlichen Denkens enthüllt für Nishi die Geschichte analog zu den Naturwissenschaften die Gesetzmäßigkeiten des menschlichen Verhaltens. Für Fukuzawa ist die Geschichte dazu berufen, den Beweis der Kontinuität des Fortschritts anzutreten und die falsche Meinung auszuräumen, daß Regierende und Regierungen viel mit der Sicherheit und dem Wohlergehen des Volkes zu tun hätten. Das historische Geschehen Japans wird von ihnen nach Herkunft und Bestimmung, nach Funktion und der relativen Berechtigung im Gesamtverlauf der Geschichte befragt. Von Wichtigkeit ist hier die Einführung des Begriffes Relativität. Nishi und Fukuzawa weisen darauf hin, daß die positive Philosophie in ihrer Konzeption relativ ist und sich von der metaphysischen gerade dadurch unterscheidet, daß sie die absoluten Begriffe relativiert. So sind auch die für die Meiji-Zeit so wichtigen Begriffe Zivilisation *(bummei)* und Aufklärung *(kaika)* relativ. Zivilisation ist als ein offener Prozess mit dem Merkmal eines kausalen Verhältnisses zu verstehen. Jede geschichtliche Epoche ist eine notwendig heilsame Phase in der kontinuierlichen Evolution. Eine Analyse der japanischen Geschichte bedeutet für sie daher die Herausarbeitung jener Faktoren, die Japan so lange im ersten bzw. zweiten Stadium festgehalten haben.

Als kritische Faktoren werden im wesentlichen herausgestellt (vgl. Bummeiron 5, FYZ 4, 145–161):

1. Die die japanische Geschichte beherrschende Zweiteilung der Gesellschaft in Herrschende und Beherrschte: Die materielle und kulturelle Macht ruhte einseitig bei den Herrschenden, also dem Kaiserhaus, dem Hof- oder Militäradel. Jeder Machtausgleich vollzog sich in der japanischen Geschichte nur innerhalb der herrschenden Klasse. Ihre Autorität und ihr Wohl waren für die unteren Gesellschaftsschichten unantastbar. Während im Westen das Aufkommen von Handel und Industrie die Stärkung einer sogenannten Mittelklasse mit sich brachte, konnte sich in Japan eine solche Macht der Mittelklasse nicht durchsetzen.

   Durch den Druck der Herrschenden hat sich bei den Beherrschten ein durch Servilität geprägtes gesellschaftliches Verhaltensmuster entwickelt. Die Einbindung des Individuums in starre Verhaltensregeln führte zur Motivationslosigkeit, so daß jegliche Initiative fehlte, die eigenen Kräfte für eine Weiterentwicklung zu mobilisieren. Obwohl Evolution und freie Entwicklung die eigentliche Wesensnatur des Menschen ausmachen, war der Einzelne zur Passivität verurteilt, welche gleichsam zur zweiten Natur des japanischen Individuums wurde. Daher befindet sich das Individuum trotz dieser künstlichen Einbindung in einer totalen Isolation.
2. Die Einschätzung der Wissenschaft und der Wissenschaftler: Mit der Übernahme der chinesischen Kultur begann in Japan auch die Entwicklung der Wissenschaft. Geistes- und Naturwissenschaften bewegten sich im traditionellen Japan maßgeblich im Rahmen des Konfuzianismus. Hier stand nicht die Empirie im

Mittelpunkt, sondern eine Weltanschauung, aus der ontologische, ethische, rechtliche, politische und naturwissenschaftliche Erkenntnisse abgeleitet wurden. Selbst wenn sich verschiedene Theorien nebeneinander entwickelt hatten, wurden sie in keiner Epoche des japanischen Zivilisationsprozesses als These und Antithese erfaßt. Es konnte sich deshalb auch keine Synthese als wissenschaftlich fortschreitende Erkenntnis entwickeln. Die einzelnen Theorien blieben isolierte An- und Einsichten.

Es wird von Nishi und Fukuzawa zwar zugestanden, daß vor allem der Konfuzianismus Japan vor dem Barbarismus bewahrt und auf die zweite Stufe der Zivilisation gestellt hat, weil er jedoch weder Evolution, Fortschritt noch Relativität in seinem System anerkannte und stets nach „rückwärts gerichtet" war, wirkte er auf alle Wissenschaften stagnierend. Insbesondere stand er der Entwicklung der Naturwissenschaften im westlichen Sinne entgegen.

Als ein weiteres Hemmnis wird die Monopolisierung der Wissenschaft durch die Herrschenden angesprochen. Die Wissenschaft konnte in Japan nicht aus dem Volk heraus wachsen und daher auch nicht Angelegenheit des Volkes werden. Sie wurde aber von den Herrschenden in erster Linie als ein geeignetes gesellschaftspolitisches Instrument zur Durchsetzung des Absolutismus eingesetzt. Durch die Monopolisierung der Wissenschaft war auch die Stellung der Wissenschaftler niemals eine unabhängige. Gelehrter zu sein war mehr oder weniger ein politischer Auftrag und somit waren die Gelehrten stets „Gefolgsleute von irgend jemandem". Von ihnen wurde nur erwartet, so Fukuzawa, daß sie den Regierungsabsolutismus weiterentwickelten.

Die entscheidenden Momente der Neuinterpretation der japanischen Geschichte liegen im folgenden: Die Vergangenheit wird zwar kritisiert, aber sie wird nicht als an sich schlecht angesehen. Sie ist für Japan von Bedeutung und hat innerhalb des ersten und zweiten Stadiums ihre Berechtigung. Denn der Positivismus verwirft nicht die traditionellen Denkströmungen, sondern erklärt sie als ein wesentliches Stadium menschlichen Denkens. Allerdings sind Bedeutung und Berechtigung wiederum relativ zu sehen. Die Zeit ist nun in Japan zu einer Ablösung des zweiten Stadiums reif. Fukuzawa spricht von den drei Stadien des Naturzustandes, der Halbzivilisation und Zivilisation. Das Stadium der Halbzivilisation entspricht der feudalistischen Gesellschaftsformation, die Japan nun im Begriff ist aufzugeben, um in das von Liberalismus und Wissenschaft gekennzeichnete Stadium der Zivilisation einzutreten. Die Vergangenheit wird ihres Absolutheitsanspruches enthoben und bewußt in Bezug zur Gegenwart und Zukunft gestellt. Dies ist für die damalige Zeit ein wichtiger Denkschritt, denn er bedeutet die Herausforderung zu einer kritischen, d.h. systematisch-rationalen Bewältigung der Vergangenheit, aber nicht eine Abtrennung der Wurzeln der eigenen Tradition. Das bedeutet nicht zuletzt auch Freisetzung von Dynamik und Kreativität. Denn für beide Denker beinhalten Zivilisation und Aufklärung die Befreiung der angeborenen physischen und mentalen Kräfte. Die Gegenwart wird als die historische Existenz gesehen, in der sich die fortschreitende Ordung erweisen muß. Der ängstigenden Erfahrung der zivilisatorischen Überlegenheit des Westens steht die befreiende Möglichkeit der Aufhebung der Unterlegenheit Japans gegenüber, mit anderen Worten, Zeit- und Wertbegriff sind relativiert worden. Es ist letztlich nur eine Frage der Dauer und der nationalen Anstrengung, wie rasch und wie umfassend Japan das positive Stadium verwirklichen wird.

Selbstverständlich wird die für Japan besondere Problematik des Übergangs in das positive Stadium von den Denkern nicht übersehen. Sie lassen keinen Zweifel daran, daß in der gegenwärtigen weltgeschichtlichen Situation der Westen die höchste Zivilisationsstufe erreicht hat und daher auch dieses Entwicklungsstadium als Diskussionsgrundlage über den Fortschritt zu gelten hat. Dabei dürfe nicht vergessen werden, daß auch das gegenwärtige westliche Stadium nicht als das letzte anzusehen ist. Die westliche Zivilisation befindet sich im Augenblick in der Mitte des Fortschritts. Mit der Übernahme desselben erwirbt Japan also keinesfalls ein vollkommenes Stadium, das wäre reine Utopie.

Die eigentliche Problematik der Übernahme liegt in dem Wie der Übernahme. Nishi weist ausdrücklich darauf hin, daß die Übernahme der politischen und rechtlichen Systeme, wie sie in der westlichen Zivilisation angewendet werden, bedeuten würde, die Regierung und die Gesetze eines dritten Stadiums auf eine Zivilisation des zweiten Stadiums zu übertragen. Das sieht er als äußerst gefährlich an und warnt, wie auch Fukuzawa, vor einer blinden, kritiklosen Übernahme. Eine reine Imitation des Westens kann keinesfalls Zivilisation genannt werden. Für Fukuzawa umfaßt diese zwei Aspekte, einen äußeren, dessen Basis die Empirie ist und sich im materiellen Wohlstand ausdrückt, und einen inneren, den „menschlichen Geist", dem in konstanter Bewegung befindlichen Lebensstrom, der Wesenheit eines Volkes, den man auf die jeweilige Zeit bezogen

Trend, auf das Individuum bezogen menschliches Wertgefühl, auf die Nation bezogen Weg der Nation oder nationale Meinung nennen kann. Hierbei ist der äußere Aspekt wesentlich leichter als der innere zu übernehmen. Echtes Fortschrittsdenken beginnt jedoch mit dem inneren Aspekt. Dieser kann weder ver- noch gekauft werden. Ihn zu erwerben ist nur möglich, wenn der Mensch in seinem echten Menschsein und seiner wahren Bestimmung erkannt wird und alle Hindernisse, um jenes Menschsein zu verwirklichen, beseitigt werden. Der äußere zivilisatorische Wandel sollte sich stets im Einklang mit diesem inneren Wandel vollziehen. Beide Denker sind von der positivistischen Geschichtsauffassung so fasziniert, daß die Gefahr, die in ihr liegt, nicht von ihnen erkannt wird. Der Positivismus polemisiert zwar gegen die sogenannten absoluten Begriffe des metaphysischen Stadiums, aber er ist sich selbst nicht bewußt, daß der ihm zugrundeliegende wissenschaftliche Relativismus ebenfalls verabsolutiert wird, denn die Relativität wird zum absoluten Prinzip erklärt. Alle Phänomene sind durch dieses Prinzip, dieses Gesetz in Zusammenhang gebracht.

b) Neuer Wissensbegriff – Neue Ethik

Im Rahmen des Positivismus nimmt die wissenschaftstheoretische Diskussion einen breiten Raum ein. Diese konnte unter den japanischen Positivisten selbstverständlich nicht unberücksichtigt bleiben, auch wenn sie keinesfalls in ihrer Vollständigkeit übernommen wurde. Weil die Fortschrittlichkeit einer Gesellschaft vom erreichten Wissensstand abhängt, waren Inhalt und Ziel der Wissenschaft neu zu überdenken. Wiederum sind es Nishi und Fukuzawa, die hierzu Wesentliches beigetragen haben. Beide gehen davon aus, daß das historische Stadium der Zivilisation sich im Ausbruch geistiger Aktivität zeigen muß. Es ist also notwendig, den vorhandenen Überfluß an intellektuellen Energien im japanischen Volk freizusetzen und zu entfalten. Die wichtigste Forderung der Zivilisation ist, die natürliche Ausstattung des Körpers und des komplexen und stetig sich wandelnden Geistes bis zum äußersten zu nutzen. Denn der Mensch besitzt angeborene intellektuelle Fähigkeiten, besitzt die natürliche Befähigung zur Zivilisation. Der Ansatz muß zweifelsohne in dem richtigen Einsatz und der richtigen Bewertung des Intellektes und dem zu ihm gehörenden kognitiven Bereich liegen. Die Funktion des Intellektes ist zu überdenken, zu begreifen und die Dinge sind in Beziehung zueinander zu setzen. Die Funktion hat ihren Ursprung im Zweifel an vorgefaßten Meinungen über die Dinge. Der Zweifel muß also als eine Methode angesehen werden, womit die Dinge erschöpfend erforscht werden. Bei der Erforschung der Dinge muß der Geist der Freiheit herrschen, der nur in einer Atmosphäre der Vielfalt der Ideen existieren kann. Jede einseitige Orientierung, wie sie das traditionelle Denken pflegte, muß daher aufgegeben werden. Geist der Freiheit bedeutet objektives Wissen um die Dinge; das kann allein als Basis von Urteil und Verhalten dienen.

Objektives Wissen heißt für beide Denker positives Wissen. In Anlehnung an Comte liegt vor allem Nishis Wissenschaftsauffassung zugrunde, daß man von dem Tatsachenbegriff ausgehen müsse. Es gibt keine gesicherte Erkenntnis einer einzelnen Tatsache. Es geht daher um die Einsicht in die Abhängigkeit – sie kann statisch oder dynamisch sein – zweier oder mehrerer Tatsachen voneinander auf der Grundlage von Erfahrung und Beobachtung. Die Wissenschaft legt jene Abhängigkeit in relativen Gesetzen fest. Solche relativen Gesetze sind positives Wissen. Und dieses positive Wissen läßt das „Eintreten von Erscheinungen in der Zukunft voraussehen" *(voir pour prévoir)*. Entscheidend gegenüber dem traditionellen Denken ist also, daß das positive Wissen eine Ableitung aus Grundprinzipien oder eine Rückführung auf eine Einheit ablehnt. Allein ein auf Erfahrung und Beobachtung aufgebautes Wissen garantiert den weiteren Fortschritt. Metaphysische Spekulationen sind zugunsten dieses positiven Wissens aufzugeben. Ebenso haben Wissenschaft und Religion nichts miteinander zu tun, die dem Glauben zugrundeliegenden Prinzipien stehen jenseits des menschlichen Begreifens. Jede religiöse Erkenntnis wurzelt in der Sphäre des Gefühls und entzieht sich dem Zugriff des Intellekts. Wissenschaft und Religion sowie Staat und Religion nicht voneinander zu trennen bedeutet, die noch nicht aufgeklärten Menschen weiterhin glauben zu machen, daß sie von einer transzendenten, den Menschen kontrollierenden Autorität abhängig seien (vgl. Nishi, Kyōmonron [Über die Religion], 1874; NAZ 1, 493–513).

Positives Wissen zu erlangen erfordert die Kenntnis von der Vielzahl der Wissenschaften und das methodische Arbeiten mit ihnen. Besonders ausführlich hat sich mit diesem Problem Nishi auseinandergesetzt. Das bereits oben erwähnte ›Hyakugaku renkan‹ mit dem englischen Untertitel ›Encyclopedia‹ stellt in der Meiji-Zeit den erstmaligen Versuch einer Systematisierung der Wissenschaften dar.

Es handelt sich hierbei jedoch nicht, wie der Untertitel vermuten läßt, um eine Darstellung im Sinne der französischen Enzyklopädisten des 18. Jahrhunderts, vielmehr ist Nishi auch hier stark vom Positivismus beeinflußt. In dem genannten Werk geht es um die Frage, wie die sich aus der wissenschaftlichen Forschung ergebenden Erkenntnisse in ihrem Verhältnis zueinander systematisiert werden sollen. Während der Westen sich dieser Problematik seit dem Altertum immer wieder erneut stellte, war es für Japan eine neue Problemlage. Auch das traditionelle Denken weist eine Einteilung der Wissenschaften nach ihrem jeweiligen Gegenstand auf, aber diese Systematik ist angesichts der Vielfalt der wissenschaftlichen Disziplinen des Westens zu wenig differenziert. Im traditionellen Wissenschaftsgefüge fehlt vor allem die betonte Herausstellung der Naturwissenschaft, die im Westen seit der Renaissance ihren Siegeszug antrat und gerade dem wissenschaftstheoretischen Bereich entscheidende Impulse gab. Mit der experimentell-mathematischen Wissenschaft, die ihren praktischen Niederschlag in der das Handwerk ablösenden Technik fand, trat eine Veränderung der Weltanschauung des abendländischen Menschen ein. Von solchen weltanschaulichen Veränderungen war in Japan bis zum Beginn der Meiji-Zeit kaum etwas zu spüren.

Des weiteren darf nicht vergessen werden, daß die traditionelle Wissenschaftsauffassung maßgeblich vom Konfuzianismus geprägt wurde. Aus den oben abgehandelten konfuzianischen Begriffen *kakubutsu* und *kyūri* geht eindeutig hervor, daß Lernen und wissenschaftliche Forschung allein unter dem Aspekt der ethischen Vervollkommnung ihren Sinn hat. Alles andere ist leere, eitle Wissenschaft *(kyogaku, zokugaku, nise gakumon)* und steht im Gegensatz zu der wahren Wissenschaft *(jitsugaku)*, die von jenem nutzbringenden, ethisch-praktischen Charakter getragen ist. Der Begriff *jitsugaku* wird in der Meiji-Zeit mit einem neuen Sinngehalt ausgefüllt. Alles, was zu einem positiven Wissen beiträgt, Zivilisation und Fortschritt fördert, ist wahre Wissenschaft. An der ethischen Ausrichtung der traditionellen Wissenschaftsauffassung wird starke Kritik geübt. Fukuzawa weist in seinem ›Bummeiron‹ darauf hin, daß die Konfuzianer, die das moralische Verhalten so sehr in den Vordergrund stellen, einer echten Diskussion über die Funktionen des Geistes schon in ihrem Anfang Einhalt gebieten, indem sie keinen Raum für objektives Denken lassen. Sie kennen weder die Weite noch die Komplexheit der Zivilisation, da sie die Komplexheit des Geistes nicht realisieren. Das einzige Ziel, wofür sie plädieren, ist, die Zahl der ethisch schlechten Menschen zu reduzieren. Zwar wenden sich, wie wir noch sehen werden, weder Fukuzawa noch Nishi gegen den Begriff der Ethik, der hat im Gegenteil einen hohen Stellenwert bei ihnen. Wird aber das ethische Prinzip zu dem alles Beherrschenden, hemmt es das Denken und verurteilt den Menschen zu Inaktivität und Unwissenheit; dann handelt es sich auch um eine falsch verstandene Ethik, die jeden zivilisatorischen Fortschritt unmöglich macht. Diese Art von Wissenschaft nennen sie nun leere, eitle Wissenschaft *(kyogaku)*.

Nishis Wissenschaftssystematik weist folgende Gebiete auf:

Allgemeine Wissenschaft *(futsūgaku)*
1. Geschichte *(rekishi)*
2. Geographie *(chirigaku)*
3. Literatur *(bunshōgaku)*
4. Mathematik *(sūgaku)*

Besondere Wissenschaft *(shubetsugaku)*

I. Geisteswissenschaft *(shinrijōgaku)*
1. Theologie *(shinrigaku)*
2. Philosophie *(tetsugaku)*
3. Politik- *(seijigaku)*, Rechtswissenschaft *(hōgaku)*
4. Volkswirtschaftslehre *(seisangaku)*
5. Statistik *(keishigaku)*

II. Naturwissenschaft *(butsurijōgaku)*
1. Physik *(kakubutsugaku)*
2. Astronomie *(temmongaku)*
3. Chemie *(kagaku)*
4. Naturgeschichte *(zōkashi)*

Trotz der Abweichungen von Comtes Klassifikation der Wissenschaften merkt man doch dessen Handschrift. Es ist sicherlich Nishis Verdienst gewesen, als erster über einen so weiten Bereich von Wissenschaftsdisziplinen abgehandelt zu haben. Dabei darf jedoch nicht vergessen werden, daß die hier von ihm genannten Wissenschaften zum Teil durch Publikationen schon einige Zeit vorher in Japan bekannt geworden waren. Vor allem das Material zu den Naturwissenschaften hatte teilweise in seinen Ansätzen die Arbeit der Vertreter der Westlichen Wissenschaft *(yōgaku)*, die ab dem 18. Jahrhundert in Japan einen Aufschwung erfuhr, vorgestellt.

Nishi äußert sich in seinen Schriften wiederholt zu Wesen, Methode und Ziel der Wissenschaft. Grundsätzlich unterscheidet er zwischen *science (gaku)* und *art (jutsu)* und setzt *gaku* mit *knowledge*, also Wissen, und *jutsu* mit *application*, also Anwendung, gleich. Die englischen Termini stammen von ihm selbst. Beide dienen der Erforschung der Wahrheit. *Gaku* dient der Wissensergründung, *jutsu* der Umsetzung des Wissens. Erfahrung *(kōmon)*, nicht abstrakte Theorie *(kammon)*, ist die Grundlage der Wissenschaft, und die letzten Gesetze und ihre Anwendung müssen mit positivistischen Mitteln erforscht werden (Nishi, Ronri shinsetsu [Neue Theorie der Logik], 1884; NAZ 1, 576).

Das Charakteristikum der „Allgemeinen Wissenschaft" ist für Nishi, daß sie universal und allen Zivilisationen bekannt ist. Hierbei legt Nishi der Geschichte besondere Bedeutung bei. Sie beinhaltet für ihn die methodische Aufzeichnung von wichtigen Ereignissen, die eine Gemeinschaft von Menschen betreffen und gewöhnlich so angeordnet sind, daß die Beziehung von Ursache und Wirkung klar hervortritt. Innerhalb der gesamten Wissenschaft macht allein die Geschichtswissenschaft es möglich, alle Dinge der Vergangenheit und Gegenwart in ihrer Abhängigkeit voneinander zu verstehen. Sie ist überdies fähig, die Entwicklung von Erkenntnissen in jedem Bereich der Wissenschaft nachzuzeichnen.

Innerhalb der Geisteswissenschaft ist für uns von besonderem Interesse, was Nishi zur Philosophie äußert. Er definiert sie als eine Wissenschaft, welche die Grundlage für viele andere abgibt und mit Hilfe des Intellektes *(chi)* die dem Denken, dem Menschen und der Gesellschaft zugrundeliegenden Gesetze erforscht. Hier steht Nishi mehr unter dem Einfluß des englischen Utilitarismus, welcher der Philosophie im Gegensatz zu Comte die Vorherrschaft einräumt. Als Einzelbereiche der Philosophie listet Nishi die Logik, Psychologie, Ontologie, Ethik, Politische Philosophie, Ästhetik, Geschichtsphilosophie und Positive Philosophie auf. Nishi hat mehrmals versucht, eine adäquate Übersetzung für den Terminus Philosophie zu finden. Er schlägt *kitetsugaku* (Wissenschaft von der Suche nach Weisheit), *kyūrigaku* (Wissenschaft von der Offenlegung des Prinzips), *rigaku* (Wissenschaft von dem Prinzip), wobei *kyūri* und *ri* ja zwei Hauptbegriffe des neokonfuzianischen Denkens sind, *hirosohī* (phonetische Transkription des englichen Wortes "philosophy") und schließlich *tetsugaku* (Wissenschaft von der Weisheit) vor. Letztere Übersetzung hat sich in der japanischen Fachterminologie durchgesetzt, wobei von den japanischen Wissenschaftlern *tetsugaku* zunächst nur auf die westliche und westlich beeinflußte japanische Philosophie ab der Meiji-Zeit angewandt, im Laufe der Zeit aber unter *tetsugaku* dann das Insgesamt philosophischen Denkens in Ost und West in Vergangenheit und Gegenwart verstanden wurde. Für Nishi selbst gibt es in China und Japan nichts der westlichen Philosophie Ebenbürtiges. Man bezeichne zwar den Konfuzianismus gerne als die Philosophie des Ostens, doch bestehe ein großer Unterschied in der geschichtlichen Entwicklung beider. Während man im Westen bemüht war, jede wichtige geistes- oder naturwissenschaftliche Entdeckung in das Philosophieren miteinzubeziehen und sich kritisch mit dem Problem auseinanderzusetzen, war man in China und Japan daran interessiert, K'ung-tzu und Meng-tzu zu bewahren. Deshalb zeigt der Westen philosophischen Fortschritt, der Osten hingegen Stagnation. Nishi beschäftigte sich auch eingehend mit der induktiven Logik Mills und erläuterte sie im ›Hyakugaku renkan‹ und in der Schrift ›Chichi keimō‹ (Logik und Aufklärung, 1874). Diese Darstellungen sind der erste Abriß einer formalen Logik auf Japanisch. Nishi geht sowohl auf die Deduktion *(en'eki)* als auch Induktion *(kinō)* ein und stellt die induktive Logik als eine große Reform wissenschaftlichen Denkens heraus. In seinem Werk ›Hyakuichi shinron‹ (Neue Theorie der Hundert und Einen, 1874) übt er eine logisch detaillierte Kritik an dem neokonfuzianischen Denken. Anhand der induktiven Logik versucht er nachzuweisen, daß das neokonfuzianische Denken der deduktiven Methode folgt. Nach dem Neokonfuzianismus existiere das Wissen a priori, daher gibt es für ihn auch keine neuen Wahrheiten im Universum zu entdecken. Außerdem gehe das neokonfuzianische Denken ohne empirische Verifikation vor.

Im gleichen Werk geht Nishi auch der Frage nach den universalen Prinzipien nach und setzt sich eingehend mit dem neokonfuzianischen Begriff Ordungsprinzip *(ri)* auseinander. Die traditionelle Auffassung, nach der das ontologische und das ethische Prinzip identisch sind, ist für ihn ebensowenig haltbar wie die Ablehnung, unabhängig von Ontologie und Ethik eine Erforschung der Prinzipien der Natur und der wissenschaftlichen Welt vorzunehmen. Bereits die von einigen konfuzianischen Gelehrten und Anhängern der Westlichen Wissenschaft ab 1800 vorgenommene Erforschung der Naturprinzipien ohne ontologische und ethische Bindung wie andererseits die angestrebte Entwicklung einer mitmenschlichen Regierung *(jinsei)* und Vervollkommnung der Gesellschaft ohne Bezug auf kosmologische Spekulation können hier als Vorläufer von Nishis Prinzip-Auffassung gesehen werden. Die Tatsache, daß diese Gelehrten für ihre Methode der Erforschung der Naturprinzipien den neokonfuzianischen Begriff *kyūri* (Offenlegung des Ordnungsprinzips) entlehnten, hatte zu heftigen Debatten mit den Neokonfuzianern darüber geführt, ob die westliche Wissenschaft überhaupt in der Lage sei, das Ordnungsprinzip zu ergründen, der Begriff *kyūri* also für diese Methode die richtige Bezeichnung sei. Auch Sorai hat in seinem Philosophem eine Trennung zwischen dem „Weg des Menschen" *(jindō)* und dem „Weg des Himmels" *(tendō)* vorgenommen. Doch Nishi bezweifelt zu Recht, ob sein „Dualismus" bereits vollständig entwickelt ist. Nishi setzte diesen Debatten mit seiner Neuinterpretation von *ri* ein Ende. *Ri* bedeutet für ihn Prinzip, Regel. Es gibt verschiedene Arten von Prinzipien, die sich jedoch in zwei große Bereiche aufteilen lassen: die Naturprinzipien *(butsuri)* und die von ihm im engeren Sinne als die ethisch aufgefaßten menschlichen Prinzipien *(shinri)*. Bereits in seiner Wissenschaftssystematik hat Nishi diese Begriffe als tragende eingeführt. Beide Arten von Prinzipien haben für ihn nichts miteinander zu tun, und er betont ausdrücklich, daß es diese Trennung im traditionellen chinesischen und japanischen Denken nicht gegeben habe. „*Butsuri* sind die Naturgesetze; spricht man von ihnen im Großen, so sind sie die Größe des Weltalls oder die Weite des Sternenzeltes, spricht man von ihnen im Kleinen, so sind sie ein Wassertropfen oder ein Körnchen Erde, alle Lebewesen, von den Tieren angefangen bis zu den Menschen, alle Pflanzen wie Gräser und Bäume, alles und jedes ist mit diesen Naturgesetzen ausgestattet und entspringt daraus. Die menschlichen Prinzipien *(shinri)* sind nicht etwas in der Art Umfassendes, sie sind Prinzipien, die nur bei den Menschen in Kraft treten ... Obwohl ihre Grundlage in der Natur liegt, kann man sich ihnen, wenn man es wünscht, widersetzen oder sie ändern ... Deshalb nenne ich die Naturprinzipien a priori und die menschlichen Prinzipien a posteriori" (Hyakuichi shinron, NAZ 1, 277).

Mit dem Begriff *shinri* bewegen wir uns bereits in dem ethischen Bereich, der in der Umbruchszeit ebenfalls eine entscheidende Rolle spielte. Für Nishi und Fukuzawa ergibt sich aus ihrer neu gewonnenen Einstellung zur Zivilisation und dem damit verbundenen positiven Wissen die Notwendigkeit, die alte Ethik zugunsten einer neuen aufzugeben. Denn durch die Trennung von Natur- und menschlichen Prinzipien öffnete sich für die japanische Wissenschaft nicht nur eine in dieser Form bisher kaum bekannte empirische Erforschung der Natur, sondern sie befreite auch die Gesellschafts- und Moralphilosophie endgültig von den kosmologischen Spekulationen der Neokonfuzianer. Damit konnte die Gesellschaft nicht länger als ein Abbild der Struktur des Kosmos aufgefaßt werden, und es bestand kein zwingender Grund mehr dafür, die tokugawazeitliche Gesellschaftshierarchie aufrechtzuerhalten.

Es mußte also ein Moralschema, das eine Ergänzung zu der neuen Wissensauffassung liefert, entworfen werden. Es ging um eine Definition der Moral, die u. a. die Verfolgung des zivilisatorischen Wissens rechtfertigt und ihr einen höheren Wert als nur die Stärkung und Bereicherung der Nation zuerkennt. Zunächst ist festzuhalten, daß von Fukuzawa und Nishi das Individuum entscheidend aufgewertet wird. Im Gegensatz zu der Feudalideologie der Tokugawa-Zeit vertreten sie die Idee der Gleichheit, Freiheit und des individuellen Selbstbewußtseins aller. Jeder Mensch, gleichgültig welchen sozialen Status er einnimmt, hat das Recht, seine individuellen Interessen zu vertreten. Die Entwicklung der eigenen Persönlichkeit darf nicht länger dadurch behindert werden, daß der Japaner stets seine Eigeninteressen den Interessen der nächst größeren sozialen Gruppe unterzuordnen hatte. Die Freisetzung des Selbst durch die Stärkung eines freiheitlichen und unabhängigen Geistes und die Freisetzung des Interesses an materiellen Gütern gelten als die beiden unabdingbaren Voraussetzungen für den Aufbau einer neuen, menschenwürdigeren Ethik.

Fukuzawa setzt sich in den Kapiteln sechs und sieben seines ›Bummeiron‹ eingehend mit den Begriffen Wissen *(chi)* und Tugend *(toku)* als die entscheidende Basis für den zivilisatorischen Fortschritt auseinander. Es geht Fukuzawa dabei darum, deren Unterschied und deren Aufeinanderbezogenheit klarzustellen. *Toku* entspricht für ihn dem westlichsprachlichen Begriff Moral und bezieht sich auf das gute Verhalten eines Menschen, das ihm ermöglicht, sich in Frieden mit sich selbst zu fühlen, sich keiner Sache zu schämen, nicht einmal seiner innersten Gedanken. Der Begriff weist zwei Typen auf: Die im Individualbereich geltende Tugend *(shitoku)*, worunter die zur Psyche eines Menschen gehörenden Eigenschaften wie Treue, Reinheit, Bescheidenheit, Integrität u. ä. zu verstehen sind. Und die im gesellschaftlichen Bereich geltende Tugend *(kōtoku)*, wozu Eigenschaften wie Scham, Gerechtigkeit, Ehrlichkeit, Mut u. ä. gehören. Grundsätzlich betrifft die Moral das Innere des Menschen. Auch wenn die verändernde Macht der Moral einen weiten Einflußbereich besitzen kann, bleibt sie doch gegenüber dem des Wissens begrenzt. Die Moral kann nicht durch konkrete Methoden gelehrt werden, vielmehr hängt alles von den individuellen Anstrengungen ab.

Wissen *(chi)* entspricht dem westlichsprachlichen Begriff Intellekt und schließt die Funktion des Nachdenkens und Begreifens in sich. Auch bei dem Wissen sind zwei Typen zu unterscheiden, das im individuellen Bereich geltende Wissen *(shichi)*, nämlich die Fähigkeit, die Prinzipien der Dinge zu erforschen und ihnen zu folgen, und das im gesellschaftlichen Bereich geltende Wissen *(kōchi)*, nämlich die Fähigkeit, Menschen und Ereignisse zu bewerten, den wichtigeren Dingen Priorität einzuräumen und den richtigen Ort und Zeitpunkt für sie zu bestimmen. Das Wissen setzt sich im Gegensatz zu der Moral mit den äußeren Dingen auseinander und betrachtet ihre relativen Vorteile und Nachteile; es kann rasch vermittelt werden, und sein Einflußbereich ist groß. Wissen unterliegt dem Fortschritt und vermag grenzenlos zu wachsen. Es kann eindeutig verifiziert werden, und ein einmal gewonnenes Wissen geht nicht mehr verloren. Der wichtigste dieser vier genannten Typen ist das im gesellschaftlichen Bereich geltende Wissen, das Fukuzawa auch Weisheit *(sōmei)* nennt. Die Funktion der Weisheit sei es, das individuelle Wissen und die Tugend zu regulieren.

Fukuzawa wird also auch hier eindeutig vom Fortschrittsdenken bestimmt. Schließlich zeige ein Blick auf die Geschichte, daß die zivilisierte Menschheit nicht nur an Wissen zugenommen habe, sondern auch moralischer geworden sei. Für ihn gilt die Regel, je größer das Wissen, um so besser die Moral. Hier setzt auch seine Kritik an der traditionellen Moralauffassung ein, die seiner Meinung nach auf die im individuellen Bereich geltende Tugend Bezug nimmt und etwas mit passiver Haltung, aber nichts mit aggressiver, dynamischer Initiative zu tun hat. Japan sei durchaus nicht das einzige Land, das in einem unaufgeklärten Zeitalter diesen Tugendtyp betonte. Alle Länder sind in ihrem nicht-zivilisierten Stadium getragen von der Idee, die animalischen Begierden zu kontrollieren, um die menschlichen Tugenden zu vervollkommnen. Der Fehler ist, daß man in diesem Stadium die im individuellen Bereich geltende Tugend als ein für alle Zeiten geltendes universales Prinzip auffasse und die späteren Generationen es daher nicht wagten, dieses anzuzweifeln und zurückzuweisen. Im Gegenteil, man fühlte sich bemüßigt, dieses Prinzip mit den gesellschaftlichen Veränderungen in Einklang zu bringen. Für Fukuzawa gibt es jedoch kein natürliches Prinzip, das diktiert, daß die menschliche Gesellschaft bei fortschreitender Zivilisation fortfahren muß, sich von dem Mechanismus dieses Tugendtyps kontrollieren zu lassen. Es gilt den traditionellen engen Blickwinkel, der die Funktion der Weisheit *(sōmei)* als allein zu dem intellektuellen Bereich gehörend ausschließt, zu überwinden. Die Chance für mehr Wissen und damit für eine bessere Moral liegt in der Zukunft und nicht im „Goldenen Zeitalter" der Konfuzianer. Moral ist nicht etwas unveränderlich Fixiertes, sondern etwas Wandelbares, weil eben Intellekt und Moral zusammen im zivilisatorischen Stadium den „vollständigen" Menschen ausmachen und nur in ihrer gemeinsamen Funktion der Vielfalt menschlicher Angelegenheiten in richtiger Weise begegnen können. Zwei Tatsachen leiten den Menschen, das anwachsende Wissen und die damit gegebene Vielfalt nach ihrem moralischen Wert zu hinterfragen: der Fortschritt als ein natürliches Gesetz und das Prinzip des ursprünglichen Geistes *(honshin)*. Mit *honshin* greift Fukuzawa wiederum auf einen konfuzianischen Begriff zurück. Auch für ihn ist dieser Geist absolut gut und dem Menschen angeboren. So gesehen leugnet Fukuzawa nicht, daß es konstante Werte gibt. Da er aber eine Vervollkommnung des Individuums in diesem Leben nicht für möglich hält, sondern dies ein Prozeß über viele Generationen hinweg ist, kann sich der ursprüngliche Geist nur mit dem fortschreitenden Wissen allmählich freisetzen und können auch erst die Menschen des vollkommenen Stadiums, das am Ende des Fortschrittsprozesses liegt, um die im ursprünglichen Geist enthaltenen konstanten Werte wissen.

Nishi legt seine neue ethische Theorie vor allem in den Werken ›Jinsei sampōsetsu‹ (Theorie von den drei Werten im menschlichen Leben, 1875) und dem bereits erwähnten ›Hyakuichi shinron‹ dar. Er definiert die Ethik als die „Lehre des Menschenweges" *(jindō, hito no michi no oshie)*, die den praktischen Teil der Philosophie umfaßt und die Wissenschaft von den ethischen Prinzipien und sittlichen Werten und ihrer Verwirklichung durch den Menschen darstellt. Nishi gebraucht für Ethik und Moral die Bezeichnungen *rinri* (Prinzip der menschlichen Beziehungen), *dōtoku* (Weg-Tugend) und den allgemeineren Terminus *oshie* (Lehre). Als wesentlichen neuen Punkt gegenüber dem konfuzianischen Denken finden wir die oben bereits angesprochene Trennung von Natur- und menschlichen Prinzipien. Dies impliziert eine Eigenbewertung des Menschen und die Anerkennung der Ethik als eigenständigen Wissenschaftsbereich.

Bei der Bestimmung des ethisch Guten, des kennzeichnenden Gehalts des ethischen Wertes, folgt Nishi dem europäischen Utilitarismus insbesondere in der Ausformung des J. St. Mill, wenn er die Moral als das Nützliche schlechthin bezeichnet: Gut ist das, was nützlich ist. Aber Nishi verwendet die utilitaristischen Gedanken nur in sehr allgemeiner Form. Er sieht das oberste Ziel der Ethik in der Erreichung der höchsten menschlichen Glückseligkeit, die aufgrund der drei Werte Gesundheit *(mame, kenkō)*, Wissen *(chi'e, chishiki)* und Wohlstand *(tomi, fuyū)* zu erlangen ist. Der erste Wert besteht in der Achtung und Erhaltung seines eigenen Lebens durch Förderung der Gesundheit. Der zweite Wert besteht in der ständigen Erweiterung seines Wissens als eines Kapitals, seine eigene Person aufzubauen und dadurch der eigenen Familie und schließlich dem Staat zu nützen. Der dritte Wert besteht im Streben nach Wohlstand, zunächst, um den Besitz von Nahrung, Kleidung und Haus sicherzustellen, darüber hinaus jedoch den größtmöglichen Gewinn zu erzielen. Wir finden bei Nishi also eine auf materielle Werte bezogene Ethik vor. Die drei Werte werden als Nützlichkeitswerte definiert, die dem Individuum und durch dieses der Gesellschaft *the most great happiness* (Nishi) ermöglichen. Es sind Werte, nach welchen jeder von Natur aus strebt und welche die Grundbedürfnisse des Menschen befriedigen. Sie besitzen für Nishi daher Geltungsanspruch auf Universalität, und deshalb erhebt er sie zum Maßstab allen sittlichen Tuns. Sie sind Ziel aller individuellen Handlungen. In diesem Zusammenhang stellt Nishi auch die Frage nach der Feststellbarkeit des Ursprungs moralischer Gefühle schlechthin. Für ihn sind die oben erwähnten menschlichen Prinzipien *(shinri)* angeboren, sie sind „Gesetze von verpflichtender Kraft" und von der Erfahrung her beweisbar. Der Mensch kann sie zwar in einem bestimmten Rahmen abwandeln, er kann sich ihnen widersetzen, aber auf keinen Fall sind es von ihm geschaffene Prinzipien. Ihre Wirksamkeit besteht nun darin, daß in der jeweiligen Handlungssituation im Menschen ein Gefühl *(jō)* der Zu- oder Abneigung für die auszuführende Handlung entsteht. Aufgrund dieser Gefühle weiß der Mensch, was moralisch gut oder schlecht ist. Die verpflichtende Kraft (*necessity*; Nishi) für die menschliche Willensentscheidung liegt also in jenen dem Menschen inhärenten Gefühlen.

Nishi kann jedoch nicht bei einer nur auf das Individuum bezogenen Ethik stehen bleiben, da eine solche sich lediglich um das eigene Wohl *(shiri)* zentrieren würde. Er vollzieht den Schritt vom Individuum zur Gesellschaft, indem er die Gesellschaft als die Summe der Individuen definiert. Er vergleicht die Erscheinungsform der Gesellschaft mit dem Perlenkreis eines Rosenkranzes. So wie jede Perle notwendig für den Rosenkranz ist, so jedes Individuum für die Gesellschaft. So wie jede Perle gleichen Rang und Wert besitzt, so auch jedes Individuum. Jeder Mensch ist bei der Verwirklichung der drei Werte von unentbehrlicher Wichtigkeit. Die soziale Hierarchie läßt sich nicht aufgrund einer mehr oder weniger reinen Materie-Energie-Beschaffenheit *(ki)* im konfuzianischen Sinne erklären, sondern leitet sich davon ab, daß die Menschen, obwohl sie alle die gleichen Rechte auf die drei Werte haben, diese unterschiedlich intensiv verfolgen und somit unterschiedliche Plätze in einer Gesellschaft einnehmen. Neben dem Drang nach der Verwirklichung des Eigenwohls sieht Nishi in der Natur des Menschen jedoch reale Beziehungen zum anderen. Er nennt es das *social feeling*, das sich aus dem aufrichtigen Gefühl zum anderen und den beiden Komponenten Patriotismus und Nationalgefühl zusammensetzt. Das *social feeling* gewährleistet das Streben der Menschen nach Gemeinsamkeit und nach Gemeinwohl *(kōeki)*. Daher gilt es, die individuellen Strebungen nach den drei Werten mit dem *social feeling* in Einklang zu bringen. Nishi wandelt daher die drei Werte in hypothetische Forderungen um: Jedes Individuum soll nach den drei Werten streben unter der Bedingung, daß denselben eines anderen kein Schaden zugefügt wird, diese vielmehr durch sein Handeln gefördert werden. Die Antinomie Eigen- und Allgemeinwohl hebt Nishi also durch die These „das Allgemeinwohl ist das Aggregat des Eigenwohls“ auf. Je mehr die Menschen nach jenen Werten unter Harmonisierung von Eigen- und Gemeinwohl streben, um so mehr treten sie in ein zivilisierteres und aufgeklärteres Stadium der Gesellschaft ein.

3. Die idealistische Strömung

In der sich als Gegenrichtung zum Positivismus, Utilitarismus und Evolutionismus formierenden Idealismus-Bewegung haben sich vor allem drei Denker einen Namen gemacht: Inoue Enryō, Inoue Tetsujirō und Ōnishi Hajime.

Inoue Enryō vertritt eine Art Identitätsphilosophie, wobei er eine Verbindung zwischen westlichen philosophischen Kategorien – hier besonders die Energie-Theorie von Oswald heranziehend – und dem Buddhismus in der Ausformung der Kegon- und Tendai-Lehre eingeht. Er setzt sich auch intensiv mit theologischen Fragen auseinander, wie beispielsweise seine Studie ›Shūkyō shinron‹ (Eine neue Theorie zur Religion, 1888) zeigt. Im Zusammenhang mit der Theologie befaßt er sich auch mit dem Christentum, das er einer scharfen Kritik unterzieht, die er u.a. in seinen Werken ›Bukkyō katsuron joron‹ (Einführung und die Vitalität des Buddhismus, 1887) und ›Shinri kinshin‹ (Das Wesen der Wahrheit, 1886–87) darlegt. Von besonderem Interesse ist jedoch seine Schrift ›Tetsugaku issekiwa‹ (Ein philosophisches Abendgespräch, 1886–87), in der er ausführlich seine philosophische Position klarmacht. Das Werk besteht aus drei Hauptteilen, die sich der Ontologie, Theologie und Erkenntnistheorie zuwenden. Inoue geht vor allem gegen drei philosophische Grundpositionen an: gegen den Materialismus *(yuibutsuron)*, nach welchem nur die physische Substanz oder Materie existiert und der Gott leugnet, gegen den Idealismus *(yuishinron)*, der einen undifferenzierten Geist postuliert und Geist und Materie gleichermaßen vereinigt, und gegen die Allein-Prinzip-Theorie *(yuiriron)*, in der Geist und Materie nicht als zwei unabhängige ontologische Kategorien verstanden, sondern als Manifestationen des Prinzips *(ri)*, das weder Geist noch Materie ist, angesehen werden, durch das Prinzip also transzendiert werden. Diesen philosophischen Positionen setzt er die sogenannte „Enryō-Theorie" als die wahre Philosophie des Mittleren entgegen.

Inoue Enryō kritisiert an allen drei Theorien, daß sie entweder die Materie oder den Geist einseitig in den Vordergrund stellen oder aber – so die dritte Position – eine Aussöhnung zwischen Materie und Geist im Prinzip als unmittelbarer Grundlage beider suchen. Alle drei Theorien gehen also seiner Meinung nach von dem falschen Ansatz aus, das Universum von der Dichotomie Materie – Geist, Subjektivität – Objektivität, Phänomene – Realität, Einheit – Vielheit her zu erklären. Inoue führt seine Argumentation dann vornehmlich anhand der Dichotomie Einheit – Vielheit aus, wobei er den Materialismus als wesentlich pluralistisch, den Idealismus als wesentlich monistisch auffaßt. Im Grunde genommen haben nach Inoue alle drei Theorien teilweise ihre Richtigkeit. Denn die Realität offenbart sich uns sowohl als Vielheit wie als Einheit. Hierbei ist jedoch die Erkenntnis wesentlich, daß die beiden Charakteristika nicht unabhängig voneinander bestehen können, eine Reduktion des einen auf das andere oder beider auf ein Drittes stets die Aufhebung der Zweiheit von Vielheit und Einheit bedeutet. Die Philosophie des Mittleren besteht nun aber gerade in der Einsicht der Relativität dieser beiden Charakteristika, nämlich daß die Einheit die Vielheit und die Vielheit eine Einheit, in welcher die Vielheit als Vielheit gesehen wird, impliziert. Während die buddhistische Philosophie zur bildlichen Verdeutlichung jener Relativität das oben gegebene Meer-Wellen-Beispiel anführt, bedient sich Inoue des Beispiels

Schnee. Am Schnee sind die zwei Charakteristika Schnee als gefrorenes Wasser und als viele, voneinander unterscheidbare Schneepartikel feststellbar. So wie die Wellen nur als Modifikation des Meeres existieren können und das Meer nicht ohne Wellen sein kann, so ist auch jeder einzelne Schneepartikel Teil einer Einheit und zugleich differenziert erkennbar. Beide Anschauungen bilden eine Einheit. Inoue setzt also – und hier wird sein buddhistischer Standort deutlich spürbar – Phänomene und Realität, Subjektivität und Objektivität, Geist und Materie usw. identisch und weist darauf hin, daß die vorgenommene Unterscheidung relativ ist. Für Inoue ist entscheidend, daß es keine Welt jenseits und unabhängig der Phänomene, keine Welt, welche die Phänomene entstehen läßt und jenseits unseres Zugriffs liegt, gibt. Die reale Welt ist die Welt, in welcher der Mensch existiert, wobei die oben angeführte Dichotomie gerade ihr Realität-Sein, ihre dynamische Einheit ausmacht.

Somit ist für Inoue Enryō Gott sowohl undifferenzierte Materie als auch Geist, Substanz als auch Nicht-Substanz, Bewußtsein als auch Nicht-Bewußtsein, ist Gott sowohl transzendent als auch erkennbar immanent, je nachdem von welchem Blickwinkel er betrachtet wird.

Inoue Tetsujirō ragt in zweifacher Weise unter den damaligen Philosophen hervor. Einmal als Wiederbeleber der konfuzianischen Philosophie, was besonders in seinem dreibändigen Werk über den Konfuzianismus der Tokugawa-Zeit (›Nihon Yōmeigakuha no tetsugaku‹, 1900; ›Nihon Kogakuha no tetsugaku‹, 1902; ›Nihon Shushigakuha no tetsugaku‹, 1905; Philosophie der japanischen Yōmei-, Kogaku- und Shushi-Schule) seinen Niederschlag findet, und Wiederbeleber traditioneller ethischer Wertvorstellungen (›Kyōiku to shūkyō no shōtotsu‹, Kontroverse über Erziehung und Religion, 1893; ›Kokumin dōtoku gairon‹, Abriß über die nationale Ethik, 1912). Zum anderen machte er sich als Vermittler der westlichen Philosophie (›Shinri shinsetsu‹, Neue Theorie zur Psyche, 1882; eine Zusammenfassung der ›Mental and Moral Science‹ von A. Bain; ›Seiyō tetsugaku kōgi‹, Vorlesungen über die westliche Philosophie, 1883 und ›Tetsugakujii‹, Lexikon der Philosophie, 1881, beide zusammen mit Ariga Nagao [1860–1921]) und als Vertreter des von ihm kreierten Phänomenal-Realismus (›Genshō soku jitsuzairon‹, Phänomen als Realismus, 1894; ›Ninshiki to jitsuzai to no kankei‹, Die Beziehung zwischen Erkenntnis und Realität, 1901), der für uns hier vor allem von Interesse ist, einen Namen.

Inoue, der sich in Deutschland einem Philosophiestudium unterzogen hatte, ist von dem Gedanken getragen, daß ein neues umgreifendes philosophisches System erst nach einem eingehenden vergleichenden Studium östlicher und westlicher Philosophie entstehen kann. Reine Philosophie *(junsei tetsugaku)* bedeutet für Inoue eine Synthese zwischen westlichen und östlichen Theorien, aus der sich ein neues allumfassendes System entwickeln läßt. Diese reine Philosophie nennt er neben Phänomen-Realität-Identität auch den Identitätsrealismus oder Einheitlichen Realismus. Bei der Analyse der Geschichte der Philosophie lassen sich, so Inoue, drei Hauptstadien herausarbeiten: Das Studium des monistischen, äußeren Realismus *(ichigenteki hyōmen jitsuzairon)*, das dem naiven Realismus entspricht, in dem das Phänomen selbst als Realität aufgefaßt wird. So z.B. die Evolutionstheorie eines Ernst H. Haeckel oder des von Darwin und Haeckel beeinflußten Denkers Katō Hiroyuki. Ihm folgt das bereits fortgeschrittenere Stadium des dualistischen Realismus *(nigenteki jitsuzairon)*, in dem Phänomen und Realität als zwei Seiten eines alles umfassenden Ganzen betrachtet werden. In diesem Stadium wird die Realität jedoch noch als etwas Abstraktes, jenseits des phänomenalen Bereiches Liegendes bestimmt. Hier bezieht sich Inoue auf die Dualismus-Theorie Kants und die Philosophie E. von Hartmanns. Den Höhepunkt bildet schließlich das Stadium der Identität von Phänomen und Realität. Dieses Stadium ist die reine Philosophie, die für alle Zeiten und für Ost und West gleichermaßen Gültigkeit besitzt und die vorhergehenden Stadien überwunden hat. Auch bei Inoue Tetsujirō wird man unweigerlich an Grundgedanken der buddhistischen Philosophie erinnert. Denn er interpretiert den phänomenalen Bereich als das Differenzierte, Dynamische *(katsudō)* und die Realität als das Universale, Statisch-Gesetzmäßige *(seishi)*. Beide sind jedoch in ihrer Beziehung zueinander als zwei Aspekte eines identischen Ganzen aufzufassen.

Das identische Ganze ist also sowohl von Unterscheidung *(sabetsu)* als auch Gleichheit *(byōdō)* geprägt, das eine kann ohne das andere nicht sein, das eine ist in dem anderen enthalten. Das wahre Wesen der Welt liegt also in der Transzendierung von Phänomen und Realität. Inoue Tetsujirō weist in diesem Zusammenhang darauf hin, daß der menschliche Verstand *(eichi)* im Grunde genommen nur phänomenorientiert ist. Er bewegt sich im Rahmen des empirischen Wissens und zeigt sich innerhalb des zweckvollen Handlungsbereiches als das Sollen. Die Realität übersteigt hingegen das empirische Wissen. Das wahre Wissen betrifft notwendigerweise die transzendentale Welt, also jene Einsicht in die Identität. Aus diesem Grund entstehen im menschlichen Bewußtsein aus einer Quelle, nämlich der Realität, die er auch das unendliche Allgemeine nennt, bestimmte Vorstellungen, welche das phänomenorientierte Wissen übersteigen. Leider bleibt Inoue bei dieser Feststellung stehen und unternimmt keine vertiefende erkenntnistheoretische Analyse. So bleibt seine „reine Philosophie" mehr oder weniger im Ansatz stecken.

Von manchen japanischen Philosophiehistorikern wird Ōnishi Hajime außerordentlich hoch eingeschätzt. Wahrscheinlich brachte ihm seine äußerst kritische Haltung gegenüber der westlichen und östlichen Philosophie diese Wertschätzung ein. Ōnishi polemisierte gegen die einseitige Haltung des japanischen Nationalismus ebenso wie gegen die der Verwestlichung, des Radikalismus und des Konservatismus, welche die Intellektuellen seiner Zeit einnahmen. Aufgabe der Intellektuellen, besonders der Philosophen, sollte nach Ōnishi sein, eine Lehre zu entwickeln, welche die verschiedenen philosophischen Theorien miteinander vergleicht, sie kritisch beurteilt und schließlich unter einem neuen Gesichtspunkt miteinander verbindet. Ōnishi warnt jedoch vor dem vereinfachten philosophischen Eklektizismus der beiden Inoue und verwirft eine „ideologiebezogene Philosophie". Mit letzterem zielt er auf die den Konfuzianismus wiederbelebenden Moralisten seiner Zeit und deren Nationalethik ab.

Ōnishi, der ebenfalls in Deutschland Philosophie studiert hatte, machte sich als Historiker der westlichen Philosophie (›Seiyō tetsugaku shi‹, Geschichte der westlichen Philosophie, 1895) einen Namen. Dieses Werk gilt als die erste japanische Darstellung der gesamten westlichen Philosophie vom Altertum bis in das 19. Jahrhundert. Daneben setzte er sich eingehend mit der deduktiven, induktiven und der Hindu-Logik auseinander (›Ronrigaku‹, Logik, 1893). Im Mittelpunkt seines Interesses stand jedoch die Ethik (›Ryōshin kigen ron‹, Über den Ursprung des Gewissens, 1890; ›Rinrigaku‹, Ethik, 1896). Sein ethischer Idealismus ist als eine „idealistische Selbstverwirklichungstheorie" konzipiert und sollte eine östliches und westliches Denken transzendierende Ethik werden. Sein früher Tod – er starb bereits mit 36 Jahren – verhinderte die Fertigstellung seines Systems.

Ōnishis Gedanken zur Ethik sind uns im Ansatz aufgrund der Darstellung von und der Kritik an bestimmten westlichen ethischen Strömungen in seiner ›Rinrigaku‹ zugänglich. Eine Ergänzung hierzu gibt seine Schrift über das Gewissen, die sich in zwei Kapitel gliedert, in welchen er der Frage „Was ist Gewissen" und dem „Ursprung des Gewissens" nachgeht. Als den zentralen Punkt der Ethik sieht Ōnishī die Erfassung des Menschen als ein „inneres Wesen" an. Hiermit setzt er sich deutlich von der positivistischen und utilitaristischen Moralauffassung eines Nishi und Fukuzawa ab, für die das Individuum vor allem auch unter dem „äußeren" Aspekt als sozialpolitisches Wesen von Bedeutung war, und von der von dem Meiji-Staat propagierten Nationalethik, in der es einzig um die Erhaltung und Würdigung der Staatsautorität geht und welche die Individualität an sich in Frage stellt. Ōnishis Betonung der „inneren Individualität" ist daher vom allgemeinen Trend der Meiji-Zeit her gesehen von besonderer Bedeutung. Zugleich greift er hiermit unter philosophischem Blickwinkel ein sich ebenfalls gegen Ende der Meiji-Zeit entfaltendes Lebensgefühl auf, das in der besonders von Religion und Literatur getragenen Individualismusbewegung *(jigashugi)* seinen Niederschlag fand. Ihr geht es um die Befreiung des Individuums von überkommenen Zwängen, um eine positive, optimistische, auf das Ego bezogene Lebensauffassung, in der Würde, Wert und kreative Selbstvervollkommnung der Individualität im Mittelpunkt stehen.

Ōnishi betrachtet grundsätzlich die Welt der Natur und die Welt der Ethik als etwas aufeinander Bezogenes. Beide sind Erscheinungen eines fundamentalen Prozesses. Für diesen Prozeß gilt die Naturwelt als seine Bedingung, die moralische Welt als das Ziel oder das Ergebnis dieser Bedingung. Ōnishi befaßt sich in seiner kritischen Analyse der ethischen Theorien mit dem Intuitionismus, dem Formalismus, der Autoritätstheorie, dem Hedonismus und dem Utilitarismus. Mit allen genannten Standpunkten gibt er sich nicht zufrieden. Der Intuitionismus als *common-sense*-Theorie schöpft seine Vorstellungen und ethischen Regeln aus einer Quelle primärer Einsichten, welche ohne Verstandesargumente und Vernunftschlüsse einfach intuitiv vorhanden sind; d.h., jedes moralische Urteil wird intuitiv gefaßt und eine Anzahl grundlegender Prinzipien, wie z.B. die zwölf selbstevidenten Wahrheiten von Thomas Reid oder die fünf sittlichen Normen von Herbart, werden von jedem Menschen intuitiv gefühlt. Die Theorie von nur intuitiv gefaßten moralischen Urteilen weist Ōnishi als unhaltbar zurück, ebenso auch die Annahme fundamentaler intuitiv erfaßbarer Prinzipien, da Theorie und Praxis beweisen, daß Zahl und Inhalt solcher Prinzipien nicht nur differieren, sondern sich teilweise sogar widersprechen oder in ihren Beziehungen zueinander so komplex sind, daß sie nicht intuitiv evident sein können.

Als Beispiel für den ethischen Formalismus führt Ōnishi Kants Gesetz der praktischen Vernunft an. An die Stelle eines Gottes wird von Kant die Vernunft als autonome Gesetzgeberin gesetzt. Zu dem Gesetz gehörig wird die Pflicht als die Notwendigkeit einer Handlung aus Achtung vor dem Gesetz gesehen, wobei die vom vernünftig-freien Menschen erfüllte Pflicht als ein Prinzip des Willens interpretiert wird. Die Pflicht ist also, so Ōnishi, die sittliche Norm, der kategorische Imperativ, der im Wesen des Menschen liegt, für alle Menschen verbindlich ist und die Achtung vor der Menschenwürde in sich schließt. Ōnishi sieht in Kants Formalismus eine Art Intuitionismus, weil er das Gesetz als in sich selbst evident erklärt. Die durch die Vernunft gesteuerten „intuitiven Regeln“ seien bei Kant nichts anderes als die „ethischen Normen“, die höchste Norm der eigenen Handlungen. Die ethische Forderung, daß das Gesetz aus reiner Achtung vor ihm selbst, nicht aber aus Neigung zur Handlung befolgt werden soll, führt zu einem Ausschluß der Neigungen und Wünsche, d.h., für Kant gilt das Gefühl der inneren Befriedigung über gute Handlungen oder die Verwirklichung des nach außen hin sichtbaren Guten nicht als sittliche Rechtfertigung. Gut ist einzig der gute Wille, während Glück und Freude über das Gute ausgeschlossen sind. Das Moralgesetz ist aber, sofern es nicht auf aus der Erfahrung kommenden Neigungen und Wünschen gründet, welche die Quelle sind, aus der unser Verhalten entspringt, leer und von daher nicht kompetent, unser Verhalten zu regulieren. Kants Moralphilosophie ist nach Ōnishi also a priori durch die Vernunft gelenkt und dabei nicht an den Umständen und Tatsachen orientiert, sondern in erster Linie ein Formalismus, der allerdings in mancher Hinsicht von Kant selbst verletzt wurde.

Hinsichtlich der Autoritätstheorie unterscheidet Ōnishi folgende Richtungen: die der väterlichen, monarchischen, göttlichen und der korporativen Autorität, die zwischen Individuen im Rahmen einer Gesellschaft, eines Staates oder Volkes besteht. Die Autoritätstheorie besitzt folgende Charakteristika: Gute und schlechte Handlungen haben ihre Begründung in der jeweiligen Autorität; diese hat nur für jene Geltung, die sich Befehlen unterwerfen, und sie ist eine Theorie der Verpflichtung und nicht der Tugend. Ōnishi sieht zwischen Autoritätsethik und den beiden nachfolgend angeführten Theorien einen Zusammenhang, weil sie eigentlich nur aufgrund des Motivs des Glücks für die verschiedenen gesellschaftlichen Einheiten propagiert werden kann.

Als Vertreter für die Theorie der „eigenen Lust“ (Hedonismus) führt Ōnishi Aristippos, Epikur, Hobbes, Gassendi und Helvetius an. Eine „negative" Lusttheorie sieht er in der Hīnayāna-Lehre. Der Hedonismus als die Lehre und Lebenseinstellung, welche die Lust als höchstes Gut und Ziel allen Handelns betrachtet, weist nach Ōnishi besonders drei Merkmale auf: 1. Die Annahme, daß die Wesensnatur des Menschen stets nach dem eigenen Wohlgefühl strebt. Auch wenn dieses Lustgefühl primär sinnlich gemeint ist, so schließt es im weiteren Sinn jedes angenehme Gefühl, auch das der geistigen Freude, ein. 2. Die Annahme, daß die verschiedenen Lustgefühle quantitativ miteinander verglichen werden können. 3. Die Annahme, daß es möglich ist, die Bedingungen für die Lustgefühle zu ermitteln. Ōnishi zweifelt an allen drei Punkten. Vom psychologischen Standpunkt aus kann weder die Quantität von Lust oder Leid verglichen werden, noch sind die Bedingungen für Lust oder Leid feststellbar. Er lehnt diese Theorie als einen reinen Egoismus ab, weil nach ihr der Mensch nur für sein eigenes Wohl, ohne Rücksicht auf das der anderen, denkt und handelt. Einer solcherart isolierten Selbstbezogenheit fehlt jegliche Art von Verpflichtung, sie berücksichtigt nicht den dem Menschen ebenfalls eignenden altruistischen Wesenszug und kann daher keinesfalls als ein tugendhaftes Verhalten bezeichnet werden. So wesentlich die Erkenntnis, daß der Mensch in seinen Handlungen auch von dem Lustprinzip bestimmt wird, ist, muß jedoch begriffen werden, daß sich auf den oben genannten Merkmalen keine verbindliche, universale Ethik aufbauen läßt.

Bei der Theorie der „allgemeinen Lust" (Utilitarismus) wird nach Ōnishi der egoistische Standpunkt verlassen und der der Nützlichkeit eingenommen. Besonders mit Benthams These vom „größtmöglichen Glück der größtmöglichen Zahl" ist diese Theorie altruistisch-sozial ausgerichtet, obwohl sie sich deutlich von dem extremen, in sich widersprüchlichen Altruismus unterscheidet. Der extreme Altruismus lehnt zwar das Eigeninteresse als unmoralisch ab, setzt es jedoch zugleich voraus, indem jeder Altruist sich an den ihm von anderen vermittelten Lustgefühlen durchaus erfreut und sie als wünschenswert ansieht. Aber auch der Utilitarismus bleibt dabei stehen, Nutzen, Lust oder Leid bzw. die akkumulierte Summe von Lustgefühlen als einzige Motive menschlichen Verhaltens zu sehen, und schließt damit den Wert anderer Motive und eines anderen Guten aus.

Ōnishi geht bei seinem Versuch, den Menschen als „inneres Wesen" zu erfassen, von der Frage nach dem Gewissen *(ryōshin)* aus. Wie aus seiner Kritik an den verschiedenen ethischen Theorien hervorgeht, nimmt er beim Menschen weder eine intuitive Fähigkeit, das moralisch Gute zu tun, an, noch schreibt er den Ursprung des Gewissens der zwingenden Macht von Lustempfindungen oder einer Autorität zu, noch sieht er ihn in einer altruistischen Menschennatur oder einem sozialen Instinkt. Er erkennt jedoch – und hier ist der Einfluß Greens unverkennbar – die Existenz eines Gewissens im Menschen an, das er keiner Gottheit zuschreibt und das sich im Gegensatz zu Sitten und Bräuchen nicht verändert. Woher kommt aber das moralische Gewissen, das dem Menschen das Gefühl der Reue oder Rechtschaffenheit je nach den Handlungssituationen gibt? Der Mensch handelt nach Ōnishi entsprechend des *telos*, nach dem alle Dinge im Universum durch ihre Natur vorwärts getrieben werden. Er verfügt also über einen zielgerichteten Impuls. Denn für Ōnishi stellt das Universum ein System aufeinander bezogener Objekte dar, wovon ein jedes eine Rolle in bezug auf die anderen erfüllt. Diese Beziehung beruht auf einem allumfassenden, aktiven, universalen, geistigen Bewußtsein oder Geist. Der Mensch existiert also in einer Totalität und hat seinen Teil innerhalb dieser auszufüllen. Der vollkommene Zustand eines jeden Teils in dem kosmischen System ist sein *telos*. Jenes *telos* wird innerhalb der ethischen Terminologie Ideal genannt. Wenn das *telos* im menschlichen Bewußtsein erscheint, wird es zu Gewissen und damit zugleich Handlungsziel. Mit anderen Worten, die Bewußtwerdung des Ideals wird zum Mittelpunkt der menschlichen Lebensaktivität. Für Ōnishi führt das moralische Ideal als das Objekt des Verhaltens zur Bejahung des Selbst, zur Selbstverwirklichung *(jiga jitsugen)*. Die Selbstverwirklichung umfaßt sowohl die durch den Menschen als Medium wirksame Selbstdarstellung des universalen Bewußtseins oder Geistes im phänomenalen Bereich als auch die Aktualisierung des im Menschen vorhandenen moralischen Potentials, das sich ihm durch das transzendentale Ich enthüllt.

4. Ethik als die Wissenschaft vom menschlichen Sein bei Watsuji Tetsurō

Innerhalb der Geschichte der modernen japanischen Ethik kommt Watsuji ein besonderer Stellenwert zu. Er besticht durch sein systematisch aufgebautes ethisches Theorem originalen Charakters, das auch kulturphilosophische Komponenten aufweist.

Watsuji geht es vor allem darum, spezifisch ostasiatische ethische Vorstellungen in westlich-philosophischen Kategorien zu vermitteln. Er war nicht nur ein guter Kenner seiner eigenen Kultur (›Nihon kodai bunka‹, Alte japanische Kultur, 1920; ›Genshi bukkyō no jissen tetsugaku‹, Die praktische Philosophie des Urbuddhismus, 1927; ›Nihon seishinshi kenkyū‹, Studie über die Geschichte des japanischen Geistes, 1926; ›Nihon rinri shisōshi‹, Geschichte der japanischen Ethik, 1952; ›Nihon geijutsushi kenkyū‹, Studie über die Geschichte der japanischen Künste, 1955 u. a.), sondern auch ein Vermittler besonders von Nietzsche (›Nīchie kenkyū‹, Studie über N., 1913), Kierkegaard (›Zeeren Kierukegōru‹, Sören K., 1915) und Scheler (›Jisshitsuteki kachirinrigaku no kōsō‹, Der Entwurf der materiellen Wertethik, 1932). Mit der griechischen Ethik setzte er sich in dem Werk ›Porisuteki ningen no rinrigaku‹ (Die Ethik des Menschen der griechischen Polis, 1948), mit dem Christentum in dem Werk ›Genshi kiristokyō no bunkashiteki igi‹ (Die kulturhistorische Bedeutung des Urchristentums, 1926) auseinander. Sein eineinhalbjähriger Studienaufenthalt in Deutschland (1927–1928) brachte ihm eine intensive Beschäftigung mit Heidegger, Dilthey, Windelband und Husserl. Sein ethisches System legte Watsuji vornehmlich in den Werken ›Fūdo – Ningengakuteki kōsatsu‹ (Klima – eine anthropologische Betrachtung, 1935), ›Ningen no gaku toshite no rinrigaku‹ (Ethik als die Wissenschaft vom Menschen, 1934) und ›Rinrigaku‹ (Ethik, 3 Bde., 1937–49) dar.

Watsuji geht das Problem der Ethik vor allem unter zwei Gesichtspunkten an: unter dem der konkreten räumlich-zeitlichen Strukturen als der Um- und Mitwelt, in der sich der Mensch selbst begreift und darstellt, und unter dem der konkreten Struktur menschlich-ethischer Beziehungen. Watsuji setzt sich bei der Definition der Ethik klar von den westlich-ethischen Konzeptionen seiner Zeit ab, welche die Ethik nur als ein Problem des individuellen Bewußtseins ansehen, Ethik also seiner Meinung nach zu einer Individualethik degradieren. Das Individuum als ein Problem für sich zu erfassen hat zwar durchaus seine Berechtigung, aber man muß sich dabei bewußt sein, daß der Individualismus nur einen Aspekt der menschlichen Existenz darstellt. Es ist falsch, das Individuum für die Totalität der Menschen zu setzen. Geht man nämlich das Problem der menschlichen Existenz nur von der isolierten Subjektivität an, dann stehen im Mittelpunkt des ethischen Fragenkomplexes solche Fragen nach der Unabhängigkeit des Selbst von der Natur, nach der Selbstautonomie oder nach der Befriedigung der

Wünsche des Selbst. Watsuji wendet sich daher auch entschieden gegen die spekulative Psychologie im deutschen Sinne, die sich nur mit dem Thema Leib-Seele, Geist-Materie usw. befaßt. Das ethische Problem der praktischen und verhaltensmäßigen Beziehungen der Menschen untereinander erfährt in diesem Kontext keine Berücksichtigung. Für Watsuji liegt aber der Ort aller ethischen Fragen gerade in der Intersubjektivität, in dem „Zwischensein zwischen Mensch und Mensch“ *(hito to hito no aidagara)* und nicht in dem Bewußtsein des isolierten Individuums. Nur unter diesem Gesichtspunkt kann nach ihm eine wahre Lösung für das Problem, was menschliche Handlungen gut oder schlecht sein läßt, was Tugend, Pflicht oder Verantwortlichkeit des Menschen ist, gefunden werden.

Wenden wir uns zunächst dem Aspekt der räumlich-zeitlichen Strukturen zu, die Watsuji ausführlich in ›Fūdo‹ abhandelt und die auch wichtiger Bestandteil seiner ›Rinrigaku‹ sind. Zu diesem Thema wird er sowohl von Heideggers Begriff des Daseins als auch von Husserls Begriff der Intentionalität angeregt. Zunächst ist festzuhalten, daß Watsuji unter dem japanischen Terminus *fūdo*, der im allgemeinen mit Klima übersetzt wird, die durch das Klima bedingte, natürliche geographische Umgebung versteht, welche die unter diesem Klima lebenden Menschen mit einer bestimmten Haltung ihrer Umwelt gegenüber ausstattet. Er sieht die Seinsstruktur des Menschen sowohl von der Zeitlichkeit *(jikansei)* als auch der Räumlichkeit *(kūkansei)* geprägt und kritisiert hiermit den Heideggerschen Daseins-Begriff, in dem nach Watsujis Meinung die menschliche Existenz einseitig individualistisch und zeitlich begrenzt wird.

Unter Zugrundelegung der besonderen klimatischen Verhältnisse arbeitet Watsuji in ›Fūdo‹ zunächst drei Menschentypen – den Monsun-, Wüsten- und Graslandtyp – heraus, denen er später noch den Steppen- und amerikanischen Typ hinzufügt. Zu dem Monsuntyp zählt er besonders die Inder und auch die Japaner. Das Klima ist ein durch Feuchtigkeit und Naturkatastrophen geprägtes. Die Charakteristika der dort lebenden Menschen sind vor allem Passivität, Sensibilität, Ausdauer, Mangel an Willensstärke, Betonung der Intuition und des Künstlerischen, Fehlen der Freude zur Veränderung und eines geschichtlichen Bewußtseins, Vernachlässigung der Individualität zugunsten des Kollektivlebens. Das Klima des Wüstentyps ist durch Dürre und Trockenheit bestimmt und umfaßt die afrikanischen und moslemischen Kulturen. Diese Menschen zeichnen sich durch klare und sachliche Einschätzung von Situationen, durch Willensstärke und eine moralische Neigung aus. Zu dem Graslandtyp, der eine Synthese von den beiden vorgenannten Typen darstellt, zählt Watsuji besonders die am Mittelmeer lebenden Europäer. Das dort herrschende ausgewogene Klima begünstigt besonders die Entwicklung des theoretischen Denkens und damit der Wissenschaft und Technik.

Fūdo wird von Watsuji also als Dasein im Sinne von *ex-sistere* in dieser „klimatischen" Struktur aufgefaßt, und es geht ihm darum, die sich dadurch entwickelnden intentionalen Beziehungen *(shikō-teki kankei)* der Subjekte und damit die soziale Natur der menschlichen Existenz zu analysieren. Was versteht er unter intentionaler Beziehung? Er macht es an dem Beispiel des „Sich-Kalt-Fühlens" klar. Eine intentionale Beziehung entsteht nicht dann, wenn ein Objekt von außen einwirkt. Vielmehr besitzt das Subjekt – das individuelle Bewußtsein – die intentionale Struktur in sich selbst, d.h. das Sich-Selbst richtet sich auf etwas. „Das Gefühl, Kälte zu empfinden, ist nicht ein Zustand, der eine auf die Kälte gerichtete Beziehung herstellt, sondern ist aufgrund des Fühlens in sich selbst eine Beziehung, und in dieser Beziehung entdecken wir 'kalt'. Die Intentionalität einer solchen Beziehungsstruktur ist somit eine Struktur des Subjekts in Beziehung auf die Kälte. Die Tatsache, daß 'wir kalt empfinden', ist in erster Linie eine 'intentionale Erfahrung' dieser Art" (Fūdo, WTZ 8, 8). Watsuji will damit sagen, daß ein In-Beziehung-mit-der-Kälte-Kommen ein „Außen-in-der-Kälte-Sein", ein uns Entdecken in der Kälte selbst bedeutet. Unser Zustand ist durch *ex-sistere*, d.h. Intentionalität bestimmt. „Deshalb ist das grundlegende Wesen von dem, 'was außen gegenwärtig ist', nicht ein Ding oder Objekt wie die Kälte, sondern wir selbst. Daß wir kalt fühlen ist eine intentionale Erfahrung, in der wir unser Selbst im Zustand von *ex-sistere* entdecken" (Fūdo, WTZ 8, 10). In der Erfahrung oder dem Erlebnis selbst schaut man also den reinen Akt, der die intentionale Bezogenheit des reinen Bewußtseins auf den intentionalen Gegenstand ist.

Von der Raum-Zeit-Struktur der menschlichen Existenz, die das In-der-Welt-Sein *(ex-sistere)* begründet, leitet Watsuji zu dem Problem der Intersubjektivität des Menschseins über. Hierbei treten vor allem vier Begriffe in den Vordergrund: *rinri, ningen, sonzai* und *aidagara*. Anhand dieser typisch ostasiatischen Begriffe arbeitet Watsuji die in ihnen seiner Meinung nach schon intersubjektive Struktur heraus. Das Schriftzeichen *rin* von *rinri*, das Genosse, Gemeinschaft, kameradschaftliche Verbindung *(nakama)* bedeutet, bringt bereits das dialektische Wesen des Menschen zum Ausdruck. Und zwar beinhaltet *rin* die Gruppe als eine Beziehungsstruktur zwischen bestimmten Individuen, die selbst wieder durch diese Gruppe bestimmt werden. Als Beispiel führt Watsuji den konfuzianischen Begriff *gorin*, die fünf menschlichen Beziehungen – Vater/Sohn, Fürst/Untertan, Mann/Frau, älterer/jüngerer Bruder, Freund/Freund – an. Diese fünf Beziehungen sieht er als die fünf wichtigsten und grundlegenden menschlichen Beziehungsstrukturen an. Bei der intersubjektiven Beziehung von Vater und Sohn beispielsweise ist es ja nicht so, daß zuerst Vater und Sohn getrennt existieren und erst danach zueinander in Beziehung treten. Vielmehr erhalten beide ihren jeweiligen Standort als Vater oder Sohn dadurch, daß sie ein Mitglied der gleichen sozialen Gruppe *(rin)* sind, die in einer bestimmten intersubjektiven Beziehung geordnet ist und eine spezifische Art der Verhaltensintentionalität beinhaltet, also sowohl das individuelle wie kollektive Moment umfaßt. *Ri* bedeutet Prinzip, Logos, Vernunft *(kotowari, sujimichi)*; *rinri* bezeichnet also das Prinzip der sozialen Existenz oder die Moral als die Seinsgrundlage der menschlichen Gesellschaft. Ethik ist für Watsuji der „Weg des Menschen" *(ningen no michi)*, der sich in allen Ausdrucksformen der menschlichen Aktivität wie Literatur, Kunst, Religion, Brauchtum widerspiegelt.

Der Begriff *ningen* bedeutet Mensch. Er hat im Japanischen eindeutig dialektische Bedeutung. Während nach Watsuji die westlichen Begriffe wie *anthropos, homo, man, Mensch* usw. primär das Individuum *(hito)* bezeichnen, beinhaltet *ningen* sowohl das Individuum wie die Gesellschaft. Denn *ningen* steht für das In-der-Welt-Sein *(yo no naka, seken)*, dem Ort und der Zeit, wo der Mensch existiert und handelt. *Yo (se)* bedeutet sowohl Generation/Zeitalter als auch Gesellschaft. Die Verbindung mit *naka* (Mitte) bzw. *ken* (zwischen) bringt den räumlichen Sinn und den der intersubjektiven Intentionalität besonders deutlich zum Ausdruck. Somit beinhaltet *ningen* im Japanischen weder das bloße Individuum noch die bloße Gesellschaft, sondern die menschliche Existenz unter ihrem historischen, klimatischen und sozialen Aspekt, d.h. der Mensch ist ein Wesen, welches das Individuum und die Gesellschaft dialektisch zur Synthese bringt.

Auch der japanische Begriff des Seins *(sonzai)*, der im engeren Sinn nur „menschliches Sein" *(ningen sonzai)* bedeutet, legt den zeitlichen (*son*: Bewahrung in der Zeit) und räumlichen Aspekt (*zai*: Sein an einem Ort) des Menschen offen, hat also für Watsuji nichts mit dem westlichen *Sein, einai* oder *esse* zu tun. *Sonzai* drückt nichts anderes als „die verhaltensmäßigen Beziehungen der Menschen", die subjektive, praktische und dynamische Struktur des Menschen aus. Somit läßt sich *rinrigaku* (Ethik) als die Wissenschaft vom Menschen *(ningen)* oder vom menschlichen Sein *(sonzai)* definieren.

In den drei besprochenen Begriffen klingt bereits deutlich die von Watsuji so betonte *aidagara*-Intentionalität der intersubjektiven Verhaltensbeziehung an. Hier wird Heideggers In-der-Welt-Sein als ein Mit-Sein definiert. Mit-Sein als die menschliche Existenzweise, „zwischen Mensch und Mensch" zu sein. Mit dieser Definition wird auch klar, daß Watsuji menschliches Sein nicht als ein Sein zum Tode im Heideggerschen Sinne verstehen kann. Das Dasein als ein Sein zum Tod läßt sich nur von der individuellen Erfahrung her begreifen, aber nicht unter dem Gesichtspunkt des Ganzen oder der Gesellschaft. Das Dasein ist jedoch immer individuell und sozial zu fassen. Das Individuum stirbt, aber die Menschheit dauert fort. Daher ist unter dem Aspekt des Ganzen gesehen das Dasein als ein Sein zum Leben zu interpretieren.

Watsuji sieht in seinem *aidagara*-Konzept eine Dialektik der absoluten Negation *(zettaiteki hiteisei)*. Da das Wesen des Menschen für ihn dialektisch aufzufassen ist, muß es die Bewegung der Negation in sich schließen. Denn das sich verhaltende Individuum kann nur als Negation der Gesellschaft oder des Ganzen sein, und andererseits kann die Gesellschaft nur als Negation des Individuums sein. Ein unabhängiges, autarkes Individuum, das nicht die Bedeutung der Negation in sich schließt, ist genauso ein hypothetisches Gebilde wie eine Gesellschaft, die nicht die Individuen negativ beinhaltet. Diese ständige Bewegung der Negation des handelnden Einzelnen und der Gesellschaft macht das Sosein des Menschen in der Welt aus, und darauf gründet auch die Harmonie der Menschen untereinander. Watsuji nennt die absolute Negation als die Negation der Negation auch die absolute Leere *(kū)*. Denn das Individuum und die Gesellschaft sind in ihrer wahren Wirklichkeit leer und diese Leere ist das absolute Ganze. Weil eben die Leere leer ist, entwickelt sich das menschliche Sein als eine Bewegung der Negation. Die *aidagara*-Konzeption erinnert unweigerlich an die buddhistische Dialektik, obwohl sie, wie wir noch sehen werden, keinesfalls von Watsuji so klar herausgearbeitet wurde wie in der Philosophie der Kyōto-Schule.

5. Zur Philosophie des absoluten Nichts in der Kyōto-Schule

a) Die Logik des Ortes bei Nishida Kitarō

Nishida Kitarō gilt als der Begründer einer eigenständigen Philosophie, in der er die moderne japanische Philosophie von der alleinigen Ausrichtung an der westlichen befreit und zu einer Reflexion über eine Verbindung von östlichem und westlichem Denken vorstößt. Somit ist Nishidas Philosophie sowohl in der traditionellen ostasiatischen als auch in der westlichen Philosopie verankert, eine Tatsache, die für uns seine Philosophie und die aus ihr hervorgegangene Schule besonders interessant macht. Nishida hat ein umfangreiches Opus hinterlassen (›Nishida Kitarō zenshū‹, Gesammelte Werke von N. K., 19 Bde., 1966, Neuauflage 1987ff.). Das Lebenswerk Nishidas hat verschiedene Einteilungen erfahren (vgl. Matsumaru 1987). Verfolgt man seinen Werdegang an Hand des Erscheinens seiner Werke, so lassen sich folgende fünf Phasen festhalten: Die erste beginnt mit dem Erscheinen seines ›Zen no kenkyū‹ (Studie über das Gute, 1911), einem in der damaligen Zeit vom Leserpublikum begeistert aufgenommenen Werk. Bereits hier rückt er den Bewußtseinsbegriff *(ishiki)*, der auch weiterhin zentrales Anliegen seiner Philosophie bleibt, in den Mittelpunkt seines Denkens. Man kann diese erste Periode als die der Psychologie der reinen Erfahrung *(junsui keiken)* bezeichnen. Die Werke ›Shisaku to taiken‹ (Denken und Erfahrung, 1915), ›Jikaku ni okeru chokkan to hansei‹ (Anschauung und Reflexion im Selbstbewußtsein, 1917), ›Ishiki no mondai‹ (Das Problem des Bewußtseins, 1920) und ›Geijutsu to dōtoku‹ (Kunst und Moral, 1923) stehen repräsentativ für die zweite Periode, in der das Problem des Selbstbewußtseins in den Mittelpunkt rückt. Die dritte Periode, mit der die Philosophie Nishidas im engen Sinne beginnt, wird durch das Werk ›Hataraku mono kara miru mono e‹ (Vom Handelnden zum Sehenden, 1927) eingeleitet, welchem u. a. ›Ippansha no jikakuteki taikei‹ (Das selbstbewußte System des Allgemeinen, 1930), ›Mu no jikakuteki gentei‹ (Die selbstbewußte Bestimmung des Nichts, 1932) folgen. In seiner dritten Periode entwickelt Nishida seine Logik des Ortes *(basho no ronri)*. In die vierte Phase fallen die Werke ›Tetsugaku no kompon mondai‹ (Grundlegende Probleme der Philosophie, 1933–34) und ›Tetsugaku rombunshū‹ (Sammlung philosophischer Essays, 1935–46). Diese Phase ist durch seinen Standpunkt des dialektischen Allgemeinen *(benshōhōteki ippansha)* und dem der widersprüchlichen

Selbstidentität *(mujunteki jiko dōitsu)* bestimmt. Die fünfte Phase wird von den Werken ›Bashoteki ronri to shūkyōteki sekaikan‹ (Die Logik des Ortes und die religiöse Weltanschauung, 1945) und ›Yotei chōwa wo tebiki toshite shūkyōtetsugaku‹ (Auf dem Weg zu einer Philosophie der Religion unter Leitung des Begriffes der prästabilisierten Harmonie, 1944) geprägt.

Die Aufgabe der Philosophie sieht Nishida in der Suche und Auffindung der einen Wahrheit. Der Mensch kann und darf sich nicht mit der Tatsache zufriedengeben, daß es stets zahlreiche, sich widersprechende und religiöse Meinungen geben wird. Grundlegend ist, daß es nur eine Wahrheit geben kann und diese für den intellektuellen und praktischen Bereich des Menschen gleichermaßen gelten muß. Philosophie und Religion können daher nicht ein getrenntes Dasein führen, sondern müssen, sofern es ihnen tatsächlich um den Anspruch der einen Wahrheit geht, ineinander aufgehen. So wird das Zusammengehen von Philosophie und Religion durch Nishida wieder zu einem der Zentralprobleme der modernen japanischen Philosophie erhoben. Von Nishida nicht vorauszusehen, wurde dieser Gedanke eine der Grundlagen für eine Ost-West-Diskussion gerade der letzten beiden Jahrzehnte. Nishida verweist in diesem Zusammenhang auf die indische Philosophie, in welcher er Philosophie und Religion auf das beste vereinigt sieht. „Die Substanz des Universums ist Brahman und Brahman ist unsere Seele, nämlich *atman*. Um dieses Brahman-atman zu wissen, das ist die innere Bedeutung der Philosophie und Religion“ (Zen no kenkyū, NKZ 1, 47). Auch die Geschichte des westlichen und östlichen Denkens zeigt immer wieder die Suche des Menschen nach einer einheitlichen Behandlung von Wissen *(chishiki)* und Gefühl *(jōi)*. Nishida weist auf die noch enge Bindung der beiden in der griechischen Philosophie, auf das zunächst praktisch ausgerichtete Christentum und seine „Philosophierung“ im Mittelalter, auf den praktisch orientierten Konfuzianismus und seine „Philosophierung“ ab der Sung-Zeit hin. Erst in der Moderne wird es durch den enormen Aufschwung der Naturwissenschaft und Technik immer schwieriger, beide als gegenseitig voneinander abhängig zu sehen.

Nishidas Philosophie entwickelt sich vor einem zweifachen Hintergrund. Auf der einen Seite ist Nishida seit frühester Zeit vom Zen-Buddhismus geprägt, auf der anderen Seite der westlichen Philosophie verpflichtet. Bei beiden geht es um das Subjekt-Objekt-Problem im Erkennen. Nishidas Anliegen geht u.a. dahin, die Erfahrung des Zen mit den Kategorien westlichen Denkens zu erläutern. Daher liegt der Ansatz der gesamten Nishidaschen Philosophie in dem Zweifel an den über die Subjekt-Objekt-Beziehung aufgestellten beiden wesentlichen Hypothesen. Für ihn ist weder die Theorie haltbar, welche die Existenz einer vom Bewußtsein unabhängigen Außenwelt annimmt, noch die, welche alles als eine Erscheinungsform des Geistes betrachtet. Denn es sei weder möglich, die Außenwelt unabhängig von unserem Bewußtsein zu erfassen noch irgendein „geistiges Wesen" – eine Seele, ein Ich, eine Substanz oder dergleichen – zu kennen. Das einzige, das außer Zweifel stehe, ist das Bewußtsein. „Das tatsächliche Phänomen des Bewußtseins und das sich dessen Bewußt-Sein sind unmittelbar identisch; es ist unmöglich, sie in Subjekt und Objekt zu trennen" (Zen no kenkyū, NKZ 1, 48). Also sind die uns bewußten Phänomene die einzige Wirklichkeit. Diese Wirklichkeit ist nicht etwas Passives, sondern eine unabhängige, in sich vollendete Aktivität. Sein ist Aktivität *(yū soku katsudō)*.

Die Philosophie muß also von der Tatsache des Bewußtseins ausgehen. Philosophie darf nicht den Bereich der Erfahrung überschreiten, sondern ihr Ansatz liegt gerade in der Erfahrung selbst. So ist in dieser frühen Phase der Nishida-Philosophie der Begriff der reinen Erfahrung *(junsui keiken)* dominierend. Sie wird von ihm stark vom empirisch-psychologischen Standpunkt, und zwar dem von William James einerseits und von der Lebensphilosophie Bergsons und der christlichen Mystik andererseits, diskutiert, aber enthält im Keim bereits seine spätere „Logik des Ortes". Nishida beschreibt reine Erfahrung wie folgt: „Erfahren *(keiken)* bedeutet, der Tatsachen *(jijitsu)*, so wie sie sind, inne zu sein. Es bedeutet ein den Tatsachen gemäßes Innesein, bei welchem die Tätigkeiten des Selbst *(jiko)* vollkommen aufgehoben sind. Weil für gewöhnlich solche, die von Erfahrung sprechen, mit jenen Tatsachen irgendwelches Denken verbinden, bezeichnet das Wort rein *(junsui)* hier tatsächlich den Zustand der Erfahrung selbst, bei dem auch nicht im geringsten Denken oder Reflexion hinzugefügt sind. Sie bezieht sich beispielsweise bei jenem Moment des Sehens einer Farbe oder Hörens eines Tones auf jenes Vorher, wo sich noch kein Überlegen wie ‚dies ist eine Wirkung von außen' oder ‚ich fühle dieses' eingestellt hat, ja, wo noch nicht einmal das Urteil *(handan)*, um was für eine Farbe oder um was für einen Ton es sich handelt, erfolgt ist. Daher ist die reine Erfahrung mit der unmittelbaren Erfahrung identisch. Wenn man direkt den Bewußtseinszustand des Selbst erfährt, gibt es weder Subjekt noch Objekt, und das Wissen und sein Gegenstand bilden vollkommen eine Einheit. Dies stellt die reinste Form der Erfahrung dar" (Zen no kenkyū, NKZ 1, 9).

Die reine Erfahrung definiert Nishida also als die unmittelbare Erfahrung der Wirklichkeit, so wie sie ist. Die reine Erfahrung stellt jenen Bewußtseinszustand dar, in dem noch keine Subjekt-Objekt-Unterscheidung stattgefunden hat, wo unter Ausschaltung des diskriminierenden Intellektes „Sehender, Sehen und Gesehenes eine Einheit bilden". Reine Erfahrung ist der Augenblick einer absoluten Selbsterfüllung, in dem man mit den Inhalten des Bewußtseins eins ist. Ein solcher Augenblick stellt immer eine Einheit dar. Als Merkmale der reinen Erfahrung nennt Nishida: Reine Erfahrung ist, so komplex sie auch sein mag, in dem Augenblick, in welchem sie sich ereignet, stets eine einfache Tatsache, sie ist ursprünglich *(dokusō)* und sie ist stets Jetztbewußtsein *(genzai no ishiki)*. Da in der reinen Erfahrung die Aufmerksamkeit *(chūi)* auf einen Zustand vor der Subjekt-Objekt-Unterscheidung gerichtet wird, ist sie mit dem Bereich der Aufmerksamkeit vergleichbar, jedoch nicht auf sie beschränkt. Die Unmittelbarkeit und die Reinheit der Erfahrung liegen allerdings nicht in ihrer Einfachheit, Unanalysierbarkeit und Augenblicklichkeit, sondern in der strengen Einheit des konkreten Bewußtseins. Nishida vergleicht die unmittelbare Erfahrung mit dem Bewußtsein eines Neugeborenen, in dem selbst die Unterscheidung von hell und dunkel eine unbestimmbare, unklare Einheit sein dürfte. Trotzdem entwickeln sich aus ihm zahlreiche, verschiedene Bewußtseinszustände. Einem Organismus gleich stellt das Bewußtsein ein System dar, das sich zwar differenziert und entwickelt, aber niemals seine ursprüngliche Form der einheitlichen Unmittelbarkeit verliert. Das Bewußtsein entspricht also einem System, an dessen Basis die konkrete Einheit wirkt, dessen natürliche Bedingung aber zugleich Differenzierung und Entwicklung ist.

Während Nishida mit der konkreten Unmittelbarkeit bisher nur den „gegenwärtigen Augenblick" ins Auge gefaßt hat, wendet er sich mit dem Aspekt der Differenzierung und Entwicklung dem Problem der Außenwelt zu. Differenzierung und Entwicklung setzen mit dem Denken *(shii)* ein, das ein bewußt artikulierendes Auffassen erlebter Objekte ist. Im Urteil wird das in der reinen Erfahrung unmittelbar Inneseiende analysiert. Somit findet durch das Urteil eine Distanzierung des Jetztbewußtseins von seiner eigenen unmittelbaren Einheit statt, das Jetzt wird zum Vergangenheitsbewußtsein und damit entsteht die Subjekt-Objekt-Unterscheidung. Ein Urteil ergibt sich also immer aus der Verbindung von

Jetzt- und Vergangenheitsbewußtsein. „Man beobachtet die Dinge, die man in der Gegenwart betrachtet, niemals genau so, wie sie in der Gegenwart sind, sondern dadurch, daß sie immer mit Hilfe der Erfahrung in der Vergangenheit interpretiert werden" (Zen no kenkyū, NKZ 1, 41). Nishida versucht das Problem der Subjekt-Objekt-Beziehung dadurch zu lösen, daß er alle Beziehungen auf die reine Erfahrung zurückführt. Somit liegt zwar hinter jedem Urteil die einheitliche reine Erfahrung, welche überhaupt erst die Beziehungen entstehen läßt, aber das Denken selbst ist der Zustand der Nicht-Einheit oder Nicht-Vollendung *(mikan no jōtai)*. Alle Beziehungen sind für Nishida Abstraktionen der reinen Erfahrung und notwendigerweise in ihrem Inhalt ärmer als diese. Der Unterschied zwischen reiner Erfahrung und dem Denken ist daher nur ein relativer, kein absoluter. Es handelt sich um zwei Seiten ein und desselben Bewußtseins, nämlich die der Einheit und der Selbstdifferenzierung. Entscheidend dabei ist, daß das Bewußtsein als Selbstdifferenzierung stets wieder die Selbstvollendung, die Erlangung der Einheit der reinen Erfahrung anstrebt.

Im Sinne dieser Selbstvollendung kommt dem Willen *(ishi)*, der ebenfalls eine relative Funktion der reinen Erfahrung ist, gegenüber dem Denken ein gewisser Vorrang zu. Der Wille als die Gerichtetheit auf etwas mit der Absicht, dieses zu wollen, hat im allgemeinen die Handlung zum Ziel, obwohl diese nicht notwendige Bedingung für ihn ist. Entscheidend aber ist, daß der Wille in der Unmittelbarkeit der Tat den Subjekt-Objekt-Dualismus überwindet und somit gegenüber dem Denken die Funktion der größeren Vereinigung in bezug auf das Bewußtsein besitzt. Trotzdem sieht Nishida zwischen Denken und Willen eine Wechselbeziehung. Denn reines Wissen hat stets auch eine praktische Bedeutung; letzendlich ist das Ziel des Denkens, die Wahrheit zu erlangen, und somit ist es ebenfalls Willensverwirklichung. Andererseits basiert auch der reine Wille immer auf einer Form des Wissens.

Über dem Denken und dem Willen steht schließlich die intellektuelle Anschauung *(chiteki chokkan)* als die unmittelbare Wahrnehmung der sogenannten idealen Dinge. Nishida weist die immer wieder vorgebrachte Ansicht, daß die idealen Dinge jenseits der Erfahrung liegen oder die intellektuelle Anschauung nur eine Art mystischer Fähigkeit oder eine Art Imagination sei, zurück. Im Gegenteil, „intellektuelle Anschauung und gewöhnliche intellektuelle Wahrnehmung sind von gleicher Art, und es ist unmöglich, eine klare Linie zwischen beiden zu ziehen" (Zen no kenkyū, NKZ 1,

41). Die intellektuelle Wahrnehmung ist strukturiert und enthält notwendigerweise auch ideale Elemente. Die idealen Elemente sind es, welche die Fähigkeit besitzen, unendlich reich und tief zu werden. „Wenn unser Bewußtsein nur ein Ding sensorischer Merkmale wäre, würde es wahrscheinlich bei einem Zustand gewöhnlicher intellektueller Wahrnehmung haltmachen, aber der Geist fordert unendliche Einheit, und diese Einheit ist in der Form der sogenannten intellektuellen Anschauung gegeben" (Zen no kenkyū, NKZ 1, 42). Daher bezeichnet Nishida diese als den am meisten geeinten Zustand des Bewußtseins, in welchem die Unterscheidung von Subjekt und Objekt, von Denken und Willen aufgehoben ist. Sie ist eben die einigende Aktivität in der reinen Erfahrung selbst.

Diese zunächst erkenntnistheoretische Untersuchung der reinen Erfahrung wird durch die Frage „Was ist Wirklichkeit *(jitsuzai)*" in den bewußtseinsmetaphysischen Bereich ausgedehnt. Die Wirklichkeit ist nach Nishida an ihrer Basis einheitlich, aber zugleich finden sich in ihr notwendigerweise unbegrenzte Gegensätze und Widersprüche. Denn in dem Moment, wo Gegensätze und Widersprüche aufhören, verschwindet auch die Wirklichkeit. Die Wirklichkeit ist aber nichts anderes als die Aktivität des Bewußtseins. Denn vom Standpunkt der reinen Erfahrung bilden Mensch und Wirklichkeit eine Einheit. Deshalb ist auch die einigende Kraft an der Basis des Denkens und des Willens und jene an der Basis der universalen Phänomene als identisch anzusehen. Mit anderen Worten, Geist und Materie sind die beiden verschiedenen Seiten jener vereinigenden Kraft. Aufgrund dieser Identität der vereinigenden Kraft wird das Universum für den Menschen überhaupt erst erkennbar.

Die einigende Kraft ist für Nishida wiederum mit „Gott" identisch. Denn „Gott" ist eine unabhängige, in sich vollendete, unendliche Aktivität, und deshalb ist „Gott" nicht außerhalb dieser Wirklichkeit. „Gott" ist derjenige, der die Unterschiede zwischen Subjekt und Objekt, die Gegensätze und Widersprüche enthält und zugleich in sich aufhebt.

Die Existenz „Gottes" ist im Westen, so Nishida, immer wieder unter verschiedenen Aspekten bewiesen worden: Aufgrund des Kausalitätsgesetzes, Gott als die Ursache dieser Welt; Gott als außerhalb des Universums stehend und dieses kontrollierend. Immer wieder wurde versucht, die Existenz Gottes mit Hilfe der Erkenntnis zu beweisen und seine Charakteristika festzuhalten. Oder es wurde versucht, ihn auf der Grundlage moralischer Forderungen zu beweisen: Gott als der Aufrechterhalter der Tugend, dem sich der

Mensch mit seinem Gewissen zu unterwerfen habe. Für Nishida sind dies alles keine Existenzbeweise. „Alle diese Theorien versuchen ‚Gott' von außen zu beweisen, sie beweisen ‚Gott' nicht unmittelbar aus der direkten Erfahrung des Selbst" (Zen no kenkyū, NKZ 1, 98). Die Existenz „Gottes" ist in unserer direkten Erfahrung zu suchen. Aufgrund der einigenden Kraft sind wir durch Selbstkultivierung fähig, in die Wahrheit des Universums einzudringen, des Grundes der Wirklichkeit innezuwerden, mit anderen Worten, „das Angesicht Gottes einzufangen". Den Beweis „Gottes" liefert also die freie Aktivität des menschlichen Herzens selbst, indem sie stufenweise die höchste Einheit sucht. Das Gute *(zen)* ergibt sich aus der einigenden Kraft, die den freien Willen, der uns Verantwortlichkeit aufträgt und der in seinem ursprünglichen Wirken den Menschen zur höchsten Liebe führt, durchaus einschließt. Die Selbstliebe ist die individuelle Einheit des Selbst. Die Liebe zu den anderen ist die nächst höhere Einheit. Der Altruismus wieder fordert eine transindividuelle Einheit. „Gott" als die Einheit des Universums zu erfassen und mit ihm eins zu werden bedeutet unendliche Liebe, Freude und Frieden. Denn unser wahres Selbst ist die grundlegende Substanz des Universums. Darin erschöpfen sich Religion, Moral und Kunst.

Die zweite Schaffensperiode ist eine Übergangsphase. Auch in dieser Phase bleibt Nishida den gleichen erkenntnistheoretischen, metaphysischen und ethischen Fragen verhaftet, aber mit dem Unterschied, daß er sie nun nicht mehr vom psychologischen Standpunkt aus zu lösen versucht. In seinen für diese Epoche repräsentativen oben genannten vier Werken geht er über den Begriff der reinen Erfahrung hinaus und bemüht sich nunmehr vom transzendentalphilosophischen Blickpunkt aus um die Analyse des Selbstbewußtseins *(jikaku)*. Hierbei ist Nishida u. a. von Fichte beeinflußt. An die Stelle der „vereinigenden Kraft" setzt er Fichtes Tathandlung der Ichsetzung, die allem Bewußtsein zugrunde liegt und alles Bewußtsein überhaupt erst möglich macht. Nishida sieht das Selbstbewußtsein nicht als das individuelle Selbst an, sondern als das Selbst der einen identischen Vernunft, an dem das empirische Einzelselbst gleichsam teilhat, mit dem der Mensch, soweit er wirklich allgemeingültig und wahr denkt und handelt, eins ist. Das Selbstbewußtsein ist ein solches des transzendentalen Ichs *(senkenteki jiga)* und wird von ihm als der absolut freie Wille *(zettai ishi)* definiert. Dieser absolut freie Wille des handelnden Subjekts *(kōiteki shukan)* besitzt eine schöpferische Dynamik, die sich ins Unendliche ausdehnt. Der absolut freie Wille kann in seiner Genuität nicht reflektiert werden, denn er transzendiert die Reflexion und ist das, was die Reflexion verursacht. Der Mittelpunkt dieses absolut freien Willens – das Selbstbewußtsein – ist stets das „ewige Nun" *(eikyū no ima)*.

In seiner dritten Phase überwindet Nishida die Lehre vom absolut freien Willen und damit die subjektive Einseitigkeit der idealistischen Bewußtseinsphilosophie. Er dringt nunmehr zu seiner „Logik des Ortes" *(basho no ronri)* bzw. seiner „Philosophie des Nichts" vor. Seine Logik des Ortes ist zwar durch Platons *topos* und Aristoteles' *hypokeimenon* angeregt, beruht jedoch in ihrer Quintessenz auf dem eigenständigen Philosophieren Nishidas. Er geht davon aus, daß sich Erkenntnis in Urteilen vollzieht und daß diese sich in Urteilen vollziehende Erkenntnis die Selbstbestimmung des Allgemeinen ist. In diesem sich selbst bestimmenden Allgemeinen lassen sich nach ihm drei Bereiche oder, wie er sie nennt, drei Welten feststellen: Die natürliche Welt *(shizenkai)* als die Welt der äußeren Erfahrung; die Bewußtseinswelt *(ishikikai)* als die Welt der inneren Erfahrung; die intelligible Welt *(eichiteki sekai)* als die Welt der Ideen. Eine jede dieser drei Welten ist durch das jeweilige Darin-Sein und das jeweilige Allgemeine bestimmt. Das jeweilige Allgemeine bildet den logischen Ort *(basho)*. In dem und durch den Ort wird also der Gegenstand als Sein bestimmt.

Das Sein der natürlichen Welt hat seinen Ort im Sinne des „In-der-äußeren-Erfahrungswelt-Sein". Ihr Ort bildet das Urteilsallgemeine *(handanteki ippansha)*. Beim Urteilsallgemeinen ist das Urteil der Vollzug des Bestimmens, d.h. wird das Besondere, das Einzelsein durch die Prädikate bestimmt. Was durch das Urteilsallgemeine bestimmt wird, ist Gedachtes. Es wird also innerhalb der natürlichen Welt nur die urteilsmäßig bestimmte Objektwelt gesehen. Weil durch das Urteilsallgemeine nicht das, was urteilt, also das Denkende, bestimmt wird, kann es innerhalb dieses Bereiches auch nicht bewußt sein. Das Selbst *(jiko)* geht über den Ort der natürlichen Welt hinaus, sein Ort kann nicht das Urteilsallgemeine sein. Es muß daher ein umgreifenderes Allgemeines aufgesucht werden, das dieses Selbst zu bestimmen vermag. Dieses ist das des Selbstbewußtseins *(jikakuteki ippansha)*. Das Sein der natürlichen Welt ist also vom Sein der Bewußtseinswelt umgriffen. Das Sein dieser zweiten Welt hat seinen Ort im „Bewußt-Sein". Innerhalb der zweiten Welt unterscheidet Nishida zwei Ebenen, die des theoretischen Selbst *(chiteki jiko)* und die des willensmäßigen Selbst *(ishi-*

teki jiko). Nach Nishida hat nämlich jedes konkrete Allgemeine *(gutaiteki ippansha)* eine abstrakte Bestimmungsebene oder ein abstraktes Allgemeines *(chūshōteki ippansha)* in sich, worauf es sich selbst projiziert. Diese abstrakte Bestimmungsebene bildet das jeweils von dem umgreifenderen Allgemeinen umgriffene Allgemeine. Somit wird in der zweiten Welt – der Bewußtseinswelt – das Urteilsallgemeine zur abstrakten Bestimmungsebene des Selbstbewußtseinsallgemeinen. Diese erste Ebene nennt er das theoretische Selbst *(chiteki jiko).* Das Sein jenes theoretischen Selbst ist noch formal. Hier weiß das Bewußtsein nur seinen Inhalt. Das theoretische Selbst hat das Selbst noch nicht zum Inhalt seines Selbstbewußtseins gemacht, es bestimmt bzw. spiegelt noch nicht den Inhalt seines Selbst. Da das aber gerade den Sinn des selbstbewußten Seins ausmacht, muß die Ebene des theoretischen Selbst überwunden und die zweite Ebene erreicht werden. Dieses geschieht durch das Handeln, also, wenn man vom wissensmäßigen Selbst zu dem willensmäßigen Selbst oder dem praktischen Ich vordringt. Das wahrhafte Bewußtsein muß willensmäßig sein.

Zu dem Verhältnis von wissendem und wirkendem Ich schreibt Nishida: „Das Wesen des Bewußtseins liegt im Willen, nicht in der Intention. Intention ist nichts anderes als ein schwaches Wollen. Daß man meint, die Intentionalität sei das Wesen des Bewußtseins, kommt daher, daß man den Willen nur als etwas Aktmäßiges denkt. Da Wollen wissendes Wirken und wirkendes Wissen ist, gehört es zu einer ganz anderen Gattung als das bloß theoretische Verhalten, als die bloße Intention eines Gegenstandes. Wirken ist kein Wissen. Auch wenn man sagt 'ich wirke', 'ich bin tätig', so ist dieses 'Ich' zwar ein gewußtes, aber kein wissendes Ich. Das wissende Ich schaut das wirkende Ich an, d. h., es sieht die Veränderung des Ich. Beim wissenden Ich muß, von der Intention aus gesehen, das Intendierte das Intendierende sein und umgekehrt.

Was bedeutet nun für ein solches wissendes Ich das 'ich wirke'? Wirken ist zunächst ein Anderswerden. Wenn nun das wissend wirkende Ich anders wird, erreicht die Intention nach dem Intendierenden (d. h. nach innen) niemals das Intendierende; dieses umgreift vielmehr das Intendierte, und zwischen beiden besteht notwendig eine Kluft. Trennt man aber diese beiden völlig, so gibt es überhaupt kein einheitliches Ich und folglich auch kein 'ich wirke'. Damit ein wirkendes Ich zustandekomme, muß das Wirken in jedem Moment seines Anderswerden zugleich ein wissendes sein, welches Intendierendes und Intendiertes vereinigt und zugleich selbst anders wird.

Das wirkende Ich ist die Kontinuität eines so wissenden Ichs. Das wirkende Ich schließt das wissende ein" (Schinzinger 1943, 62f.; Eichiteki sekai, NKZ 5, 129f.).

Das Bewußtsein hat also erst im Handeln seinen Inhalt. Erst das bewußte Wollen ist wissendes Wirken und wirkendes Wissen. Das wahrhaft Wollende sprengt jedoch wiederum den Ort des Selbstbewußtseinsallgemeinen, und es muß ein umgreifenderes Allgemeines aufgesucht werden. Indem das Selbst den Willen des Selbst transzendiert, tritt es in die dritte Welt ein. Die intelligible Welt ist die Welt der Ideen des Schönen, Guten und Wahren. Das Allgemeine, in dem die Ideen ihren Ort haben, ist die intellektuelle Anschauung *(chiteki chokkan)* oder das intelligible Allgemeine *(eichiteki ippansha)*. Durch die intellektuelle Anschauung wird das Selbst nunmehr als geistiges Sein bestimmt. Die Bewußtseinswelt der inneren Wahrnehmung wird überschritten, das Selbst wird sich des Objektiven unmittelbar bewußt, „eine Vereinigung von Selbst und Objekt wird gedacht", während in der Bewußtseinswelt sich Wirkendes und Gewirktes, Wissendes und Gewußtes, Subjekt und Objekt gegenüberstehen. Beim intelligiblen Allgemeinen ist das sich selbst Anschauen das Bestimmende. „Wenn nun unser Selbst den Willen des Selbst transzendiert, ist dieses transzendierende Selbst nicht mehr bewußt und auch hinaus über die Grenzen der Reflexion. Daher gibt es für das gewöhnliche Denken überhaupt kein derart 'Seiendes', das ein 'intelligibles Selbst' genannt werden könnte; gedacht wird immer der angeschaute Inhalt des sich selbst Anschauenden" (Schinzinger 1943, 69; Eichiteki sekai, NKZ 5, 135f.).

Auch in dieser dritten Welt unterscheidet Nishida verschiedene Ebenen. Analog zu oben ist das Selbstbewußtseinsallgemeine vom intelligiblen Allgemeinen umgriffen und wird nun dessen abstrakte Bestimmungsebene. Daher stellt diese die erste Ebene dar und wird von ihm das Bewußtsein überhaupt oder das theoretische intelligible Selbst *(chiteki eichiteki jiko)* genannt. „Dieses transzendiert den Grund des Selbstbewußtseins und schaut seine eigene Bewußtseinstätigkeit an" (Schinzinger 1943, 74; Eichiteki sekai, NKZ 5, 140). Dieses theoretische intelligible Selbst ist aber wie vorher das theoretische Selbst formal. Auch hier muß zu einer tieferen Schicht vorgedrungen werden, nämlich zu dem ästhetischen Bewußtsein, das die Idee des Schönen *(bi)*, dann zu dem moralischen Bewußtsein, das die Idee des Guten *(zen)*, und schließlich zu dem religiösen Bewußtsein, das die Idee des Wahren *(shin)* anschaut. „Die künstlerische Anschauung kommt dadurch zustande, daß man das nur bewußtseinsmäßige Selbst vergißt, das Ding selbst unmittelbar als das eigene Selbst liebt und sich mit ihm eins setzt; dann zeigt sich als Inhalt unseres Gefühls die künstlerische Anschauung. Da in der künstlerischen Anschauung das sich selbst Anschauende den abstrakten Standpunkt des Bewußtseins überhaupt transzendiert hat und unmittelbar den Inhalt des intelligiblen Selbst sieht, so kommt der Inhalt der Schönheit überhaupt nicht in den Horizont des Wissens. Die Schönheit ist die Erscheinungsform der Idee selbst; nur in der künstlerischen Anschauung haben wir eine Anschauung von der Idee; nur das Schöne ist die Gestalt des Ewigen auf Erden" (Schinzinger 1943, 97; Eichiteki sekai, NKZ 5, 161).

In der künstlerischen Anschauung wird jedoch noch ein bestimmtes Selbst und nicht das freie Selbst gesehen. Deshalb muß die moralische Anschauung erreicht werden. Die Idee des Guten wird weder in der realen Welt gespiegelt, noch ist etwas Reales ihr Ausdruck. „Hier wird in der Richtung des Noema nur so etwas wie 'Moralgesetze' sichtbar. Auch was als moralische Realität gedacht wird, wie 'Familie' und 'Staat', ist nicht, wie etwa das Kunstwerk, Bild oder Ausdruck der Idee. Alles Seiende ist hier ein Sollen" (Schinzinger 1943, 101, Eichiteki sekai, NKZ 5, 165). Das moralische Bewußtsein schaut sich im Gewissen unmittelbar selbst an und hat die künstlerische Anschauung überwunden. Aber auch dieses moralische Bewußtsein muß noch transzendiert werden, und es muß eine noch tiefere Seinsschicht, die des religiösen Bewußtseins oder Selbst *(shukyōteki ishiki, jiko)*, aufgesucht werden. In der Tiefe des Selbst ist die Selbstverneinung. Aber diese absolute Verneinung ist zugleich die absolute Bejahung. Das Letzte, was im intelligiblen Allgemeinen seinen Ort hat, trägt ein Verlangen in sich nach einer Transzendenz über sich. Es muß ein Transzendentes geben, das hinter ihm selbst steht. In dieser letzten Schicht wird das intelligible Allgemeine von dem Ort des absoluten Nichts *(zettai mu)* umgriffen. Von diesem Ort kann überhaupt keine Aussage gemacht werden, denn er hat den Standpunkt des begrifflichen Wissens transzendiert. Es handelt sich um die dem Denken nicht zugängliche religiöse Erfahrung oder mystische Anschauung, die philosophisch weder beweisbar noch widerlegbar ist. Das absolute Nichts kann selbst nicht mehr als Sein bestimmt werden. Es ist selbst unbestimmt, aber der Grund aller Bestimmtheit. Sein ist für Nishida also eine Selbstentfaltung des Nichts.

Der Analyse des absoluten Nichts unter dem Aspekt der Einheit der Gegensätze – Phase vier – brauchen wir uns im Rahmen dieser Darstellung nicht ausführlich zu widmen, denn sie ist eine Beweisführung des absoluten Nichts, in diesem Kontext auch das dialektische Allgemeine genannt, im Sinne zenbuddhistischer Philosophie, von Nishida nunmehr aber in einer westlich philosophischen Terminologie durchgeführt. Dargestellt wird diese Analyse vor allem in seinem Werk ›Tetsugaku no kompon mondai‹, wobei er das Thema sowohl unter dem Gesichtspunkt der Welt der Handlung, d. h. des dialektischen Verhältnisses von Selbst und Welt, als auch unter dem der dialektischen Welt, d. h. der dialektischen Struktur der Welt, abhandelt. Es geht Nishida darum, das aus der Spaltung zwischen Subjekt und Objekt entstandene Denken in den ursprünglichen Ort des Nichts zurückzuführen, mit anderen Worten, die Widersprüchlichkeit des Selbst und der Welt nicht auszuschalten, sondern sie als das Wirkliche anzuerkennen, weil der Widerspruch selbst Wahrheit ist. Anhand von einzelnen Begriffspaaren wie Einzelnes und Allgemeines, Sein und Sollen, Ich und Du, „Gott" und Mensch, Zeit und Ewigkeit u. a. bringt Nishida seine Logik der Identität der absoluten Widersprüche immer wieder zur Darstellung. Besondere Aufmerksamkeit schenkt er dem Begriffspaar Zeit und Ewigkeit und der damit in Zusammenhang stehenden Frage nach geschichtlicher Wirklichkeit. Nishida betont im Gegensatz zum christlichen Zeitbegriff, der die Zukunft in den Mittelpunkt stellt, die Gegenwart. Die drei Zeitkategorien Vergangenheit, Gegenwart und Zukunft werden wie im Zen-Buddhismus unter dem Bild des ewigen Strömens in zwei Richtungen gesehen, d. h., die Zeit ist ein Strömen sowohl von der Vergangenheit in die Zukunft als auch ein Vergehen der Zukunft in der Vergangenheit. Das Reale ist die Gegenwart als das ewige Nun. In der Zeit finden die Gegensätze von Ewigkeit und Zeitlichkeit ihre Einheit. „Diese Welt wird weder kausal von der Vergangenheit noch teleologisch von der Zukunft bestimmt, d. h., sie ist weder das Eine der Vielen noch das Viele des Einen. Die Zeit kann im Grunde weder von der Vergangenheit noch von der Zukunft her gedacht werden. Wenn man die Gegenwart nur als augenblicklich begreift, als Punkt auf einer kontinuierlichen Geraden, dann gibt es überhaupt keine Gegenwart und folglich auch keine Zeit. Indem die Vergangenheit in der Gegenwart vergangen und doch auch noch nicht vergangen ist, die Zukunft dagegen noch nicht gekommen ist und sich doch auch schon in der Gegenwart zeigt, – indem also Vergangenheit und Zukunft als die widersprüchliche Selbstidentität der Gegenwart einander gegenüberstehen, kommt die Zeit zustande.

Und als Einheit des Widerspruchs bewegt sich die Zeit unendlich von der Vergangenheit zur Zukunft, vom Gestalteten zum Gestaltenden. Den Augenblick muß man zwar als Punkt der geradlinigen Zeit denken. Aber wie schon Platon dachte, daß der Augenblick außerhalb der Zeit sei, so kommt 'Zeit' als *diskontinuierliche Kontinuität* zustande. Man kann sagen, daß Zeit als Selbstidentität des absoluten Widerspruchs (d.i. als dialektische Einheit) des Vielen und des Einen zustandekomme ... Daß man in einem Augenblick der Zeit (im Nun) die Ewigkeit berührt, bedeutet nichts anderes, als daß der Augenblick in dem Maße, wie er wahrer Augenblick wird, als individuelles Vieles, zum Augenblick der ewigen Gegenwart wird, welche die absolute Einheit der Gegensätze ist. Umgekehrt gesprochen, besagt dies nichts anderes, als daß die Zeit als Selbstbestimmung des ewigen Nun zustandekommt" (Schinzinger 1943, 141 f.; Zettai mujunteki jiko dōitsu, NKZ 9, 148 ff.).

Analog zu der zenbuddhistischen Auffassung ist für Nishida die Wirklichkeit, die geschichtliche Welt, vom absoluten Nichts umgriffen, d.h., sie ist das Eine und das Viele, das Gestaltlose und die Gestalt, sie ist als Ganzes transzendent, aber in jeder Gestalt immanent. Somit ist für Nishida die geschichtliche Wirklichkeit Selbstgestaltung und die geschichtliche Bewegung eine Selbstbestimmung des absoluten Nichts. Die geschichtliche Welt impliziert somit den Widerspruch von Subjekt und Objekt. Im Individuum kommt dieser Widerspruch, daß die geschichtliche Wirklichkeit Gestalten und Gestaltetes ist, zum Ausdruck. Für Nishida ist die menschliche Handlung die Subjekt-Objekt-Einheit der Wirklichkeit, denn es handelt sich bei einer Handlung stets um den Ausdruck eines subjektiven Willens und zugleich um ein Geschehen in der äußeren Welt. Die geschichtliche Welt nun ist der Ort der individuellen geschichtlichen Existenz. In ihr steht das Individuum als das Einzelne dem absoluten Nichts als dem Ganzen gegenüber, allerdings nicht unmittelbar, sondern durch die geschichtliche Gattung, das Volk, vermittelt. Im Handelnd-Anschauen, d.h. in der Tat-Anschauung des schöpferischen Menschen, vollzieht sich die Einheit der Gegensätze von Sehen und Wirken, mit anderen Worten, sich selbst verneinend gestaltet das Individuum die Umwelt und wird zugleich umgekehrt von der sich selbst verneinenden Umwelt gestaltet. „Das schöpferische Tun des Individuums bedeutet, daß die Welt vom Gestalteten zum Gestaltenden (sich bewegt). Daß wir 'homo faber' sind, bedeutet, daß die Welt '*geschichtlich*' ist, und umgekehrt" (Schinzinger 1943, 145; Zettai mujunteki jiko dōitsu, NKZ 9, 152).

In den letzten Jahren seines Schaffens – Phase fünf – rückt für Nishida das Problem der religiösen Frage ganz in den Mittelpunkt seines Denkens, das er auf der Basis der Einheit der Gegensätze eingehend beleuchtet. Besonders in seinem Aufsatz ›Bashoteki ronri to shūkyōteki sekaikan‹ aber auch in dem ›Yotei chōwa wo tebiki toshite shūkyōtetsugaku‹ geht er den Fragen „Wann wird uns die Religion zum Problem", „Was heißt Gott, Buddha, das absolute Sein, das sich absolut Widersprechende", „Wann berührt unser Selbst Gott, Buddha" nach.

Nishida spricht von dem menschlichen Leiden an der religiösen Frage, das seinen Ursprung in dem Drang, sich immer tiefer selbst zu erkennen, hat. Denn in der Religion geht es allein um die Frage, was das Selbst ist. Die Grundposition seines Denkens hierbei ist, wie oben bereits angedeutet wurde und wie Yagi prägnant wiedergibt, folgende: Relativ ist alles, was außerhalb seiner Selbst ein Gegenüber hat. Das Relative ist kein Absolutes. Hat aber etwas überhaupt kein Gegenüber, so handelt es sich auch nicht um ein echt Absolutes. *„Deshalb hat das echt Absolute in sich selbst das echte Gegenüber, das paradox mit dem Absoluten identisch ist.* Dieses Gegenüber, das einerseits die absolute Negation des Absoluten ist, aber andererseits mit dem Absoluten paradox identisch ist, bedeutet die Schöpfung (das Relative, auch die Menschen), die trotz ihrer Identität mit dem Absoluten vor dem Absoluten nichts ist, weil sie dem Absoluten gegenübersteht, aber auch, weil sie die Negation des Absoluten ist" (Yagi 1973, 109, Anm. 4). Das Absolute ist also wirklich erst absolut, wenn es der Negation des Absoluten, wenn das Nichts dem Nichts gegenübersteht. Deshalb kann man sagen, daß „Gott" von sich selbst aus ist, daß ihm nichts unmöglich, nichts unbekannt, er allwissend und allmächtig ist, er nirgends in der Welt, aber zugleich überall ist. „Gott" ist das absolute Sein, weil er das absolute Nichts ist. Die Einheit „Gottes" drückt sich eben in der Vielfalt des Relativen aus. In seiner Transzendenz und Immanenz ist er der wahre dialektische „Gott". Und als solcher ist er nicht nur vollkommen, sondern hat auch die „satanische Seite" in sich, kann er sich zum radikal Bösen erniedrigen.

Die Berührung unseres Selbst mit „Gott" findet in der Erkenntnis des ewigen Todes statt, dann nämlich, wenn das Selbst sich als Individuelles voll erkennt, indem es dem Absoluten, das es verneint, gegenübersteht. Die Erkenntnis des ewigen Todes ist der absolute Widerspruch, denn er impliziert, daß das wahre Selbst sowohl Sein als auch Nicht-Sein ist. Bei der Erkenntnis des ewigen Todes geht es

„um das Hineinblicken in den Grund des Selbst", um die intuitive Schau des mit dem wahren Selbst identischen „Gottes", Buddhas oder absoluten Seins/Nichts.

b) Die Dialektik der absoluten Vermittlung bei Tanabe Hajime

Einer der bedeutendsten Nachfolger von Nishida ist Tanabe Hajime. Wie Nishida steht auch er im mahāyāna-buddhistischen Denken, fühlt sich hier vor allem zu Dōgen und Shinran, deren Denken er als Höhepunkt der Religionsphilosophie betrachtet, hingezogen und vertritt ebenfalls eine Philosophie des absoluten Nichts. Auch Tanabes Anliegen ist ein neues Philosophem, in dem sich eine Verbindung zwischen östlicher und westlicher Philosophie vollzieht. Obwohl er sich dem philosophischen Erbe Nishidas verpflichtet fühlt, sieht er in dessen System eine Schwäche, die er zu überwinden bestrebt ist. Nishida hat zwar die westliche Seinsphilosophie und die östliche Nichtsphilosophie in seinem System vom absoluten Nichts zu überhöhen versucht, aber nach Tanabes Ansicht bleibt Nishida zu sehr dem intuitiven Moment, der reinen Erfahrung des absoluten Nichts, verhaftet. Was intuitiv erfaßt werden kann, ist für Tanabe weder absolut noch Nichts, sondern relativ und Sein. Tanabe interpretiert Nishidas Philosophie letztlich als eine „undialektische, identitätsmäßige Seinsphilosophie" , die Philosophie in Religion verwandle.

Aus Tanabes reichhaltigem Schrifttum ist ersichtlich, daß er sich mit zahlreichen westlichen Denkern auseinandersetzt und in seinen einzelnen Schaffensperioden unter dem Einfluß des einen oder anderen steht. Obwohl an der Tōkyō-Universität in der neukantianischen Richtung der Marburger Schule ausgebildet, beschäftigte er sich auch mit westlichen Denkern wie Parmenides, Platon, Plotin, Leibniz, Spinoza, Fichte, Schelling, wie Hegel, Marx, Kierkegaard, Nietzsche, Bergson, Dilthey und Husserl. Tanabe lehnt strikt den Aristotelismus mit seinem Substanzbegriff ab und bekämpft, obwohl er während seines Deutschlandaufenthaltes auch Heideggers Philosophie begegnet war und von diesem für sein Philosophieren viele Impulse erhalten hat, zeit seines Lebens dessen Seinsphilosophie. In späterer Zeit tritt schließlich noch die Beschäftigung mit dem Christentum, speziell mit der evangelischen Theologie, hinzu. Hier wird er insbesondere von Karl Barth, Emil Brunner und Rudolf Bultmann beeinflußt.

Laube (1978, 6ff.) gliedert, hierin Nakano Hajimu folgend, den philosophischen Werdegang Tanabes in sieben Phasen: 1. Die Phase der frühen Kritik (1908–1922), in der er sich schwerpunktmäßig naturwissenschaftlichen Problemen zuwendet; in dieser Zeit verfaßte er ›Saikin no shizengaku‹ (Die neue Naturwissenschaft, 1915), ›Suritetsugaku kenkyū‹ (Studien zur Philosophie der Mathematik, 1925) u. a.; 2. die Phase der späten Kritik (1922–1927), in der eine Verlagerung seines Interesses auf die Geschichte mit ihren kulturellen, moralischen und religiösen Problemen stattfindet; 3. die Phase der theoriebezogenen Spekulation (1927–1934), in der er in Auseinandersetzung mit Hegel und Marx seine logische Dialektik bzw. seine absolute Dialektik *(zettai benshōhō*; ›Benshōhō no ronri‹, Logik der Dialektik, 1927) entwickelt; 4. die Phase der praxisbezogenen Spekulation (1934–1944), in der er von der Logik der Dialektik zu einer dialektischen Sozialphilosophie fortschreitet und die Logik der Spezies *(shu no ronri)* entwickelt; verschiedene zwischen 1934 und 1940 veröffentlichte Aufsätze erschienen zu diesem Thema unter gleichem Titel gesammelt; 5. die Phase der religionsbezogenen Spekulation (1944–1949), welche die Wende von dem dialektischen Bewußtsein der moralischen Tat zu dem der religiösen Tat darstellt und in welcher die ›Philosophie als Weg der Reue‹ oder die ›Philosophie als Metanoetik‹ (Zangedō toshite no tetsugaku, 1946) entsteht; 6. die Phase der kunst- und wissenschaftsbezogenen Spekulation (1949–1956); in diese Zeit fällt u.a. die Abfassung seiner ›Tetsugaku nyūmon‹ (Einführung in die Philosophie; in Einzelteilen zwischen 1949 und 1952 veröffentlicht); 7. die Phase der auf den Tod bezogenen Spekulation (1956–1962) mit der Veröffentlichung seines Aufsatzes ›Memento mori‹ (1958) und seines in deutscher Sprache veröffentlichten Aufsatzes ›Todesdialektik‹ (1959). Im Rahmen dieser Darstellung finden vor allem die Phasen drei, vier, fünf und sieben Berücksichtigung.

Wie Nishida sieht auch Tanabe den grundsätzlichen Unterschied zwischen östlicher und westlicher Philosophie darin, daß die westliche von dem Sein, d.h. von dem Substanz-Akzidentien-Denken ausgeht, das für Tanabe in dem Denken des Aristoteles prototypisch seinen Ausdruck und in der Philosophie des Spinoza seinen Höhepunkt findet, die östliche jedoch auf der Grundlage des Nichts philosophiert. Ferner hält Tanabe fest, daß die einzig richtige philosophische Methode die der Dialektik ist. Zu diesem Standpunkt gelangt er allerdings erst ab 1931, als er beginnt, sich intensiv mit der Dialektik von Hegel und Marx auseinanderzusetzen. Nun kennt sowohl die westliche wie östliche Philosophie das dialektische Denken. Daher sieht Tanabe eine seiner Hauptaufgaben darin, nicht nur die verschiedenen Dialektiken zu ermitteln, sondern auch die Frage nach dem Wesen der echten Dialektik zu lösen. Tanabe sieht in der Tendai-Lehre von den drei Wahrheiten die reinste Form der Dialektik. Diese zugrunde legend, entwickelt er seine Dialektik, die er zunächst absolute Dialektik, später die Dialektik der absoluten Vermittlung *(zettai baikai no benshōhō)* nennt und als Dialektik der Tat *(kōi no benshōhō)* charakterisiert. Absolut nennt Tanabe seine Dialektik, um sie von der von Hegel und Marx abzusetzen, die er als einseitig idealistisch bzw. als einseitig materialistisch ansieht, mit anderen Worten, die eine bewege sich innerhalb des Denkens und seiner Widersprüche und verleugne die Praxis, die andere bewege sich nur innerhalb des materiellen Seins und seiner Widersprüche und verleugne die Idee. Wie die idealistische Dialektik notwendigerweise die materialistische als Antithese nach sich zog, so versteht Tanabe seine absolute Dialektik als eine notwendige dialektische Synthese der beiden vorgenannten. Denn die absolute Dialektik ist gerade von dem Gegensatz zwischen Denken und materiellem Sein wie auch deren Einheit geprägt. Sie ist also idealistische wie materialistische Dialektik und zugleich deren Aufhebung.

Entsprechend der mahāyānistischen und Nishidaschen Auffassung steht im Mittelpunkt der Tanabeschen Dialektik das Absolute, das von ihm ebenfalls nicht als Sein, nicht als theistischer Gott im christlichen Sinne definiert wird, sondern als das absolute Nichts *(zettai mu)* im Sinne der absoluten Negation *(zettai hitei)*, der Negation der Negation. Es ist transzendent und immanent zugleich, es ist allgegenwärtig, aber nur vermittelt schaubar. „Das absolute Nichts ist nicht unmittelbar vorhanden. Es besteht immer nur aufgrund des Wirkens des Wechsels, der das (endliche) Sein negiert. Folglich wechselt das absolute Nichts als absoluter Wechsel auch sich selbst aus. Das heißt: Es wechselt sein eigenes Nichts und erscheint als das (endliche) Sein" (Laube 1984, 30f.; Tetsugaku nyūmon, THZ 11, 124).

Für die drei Wahrheiten der Tendai-Lehre setzt Tanabe seine eigenen Termini ein. Für die Wahrheit der Leere *(kūtai)* das absolute Nichts, für die Wahrheit des Seienden *(ketai)* das unmittelbare oder relative Dasein, für die Wahrheit der Mitte *(chūtai)* die Wechselbewegung von Nichts und Seiendem. Das unmittelbare Dasein besteht also nur aufgrund seiner Vermittlung durch das absolute Nichts, das absolute Nichts nur aufgrund der Vermittlung durch das unmittelbare Dasein, und in der Wechsel-Einheit zwischen beiden liegt das seiner selbst bewußte Handeln. Damit ist das für Tanabes Dialektik wesentliche Selbstbewußtsein der moralischen – in seiner späten Philosophie der religiösen – Tat eingebracht. Selbstbewußtsein *(jikaku)* ist hier im von Tanabe verstandenen mahāyāna-buddhistischen Sinne als das dialektische, das wahre Selbst im Gegensatz zu dem gewöhnlichen Selbst zu verstehen. Hier geht es darum, „daß ich in meinem Selbstbewußtsein die Frage erfasse 'Was für ein Sein bin ich?' und gerade durch das SELBST-Bewußtsein dieser Fragestellung wird die Seinsweise meines Selbst entschieden" (Laube 1984, 27; Tetsugaku nyūmon, THZ 11, 146). Aus diesem Grund setzt Tanabe das Selbstbewußtsein auch mit dem *satori* gleich. Laube beschreibt die obige dreifache Einheit wie folgt: „Tanabes Dialektik des Absoluten Nichts besteht in der jeden Augenblick sich erneuernden Hingabe (Selbstaufgabe) des Nichts und des Seins, in der das Nichts um des Seins willen und das Sein um des Nichts willen stirbt. Dieses gegenseitig Ineinanderwenden (sogenannte absolute Wende, von der Tanabe manchmal sagt, daß sie das eigentliche Absolute sei) wird mit der Gleichung 'Nichts = Sein' *(mu soku yū)* ausgedrückt. Doch ist es nur eine scheinbare Gleichung. Tanabe charakterisiert sie folgendermaßen: ‚Diese Gleichung 'Nicht = Sein' ist kein ontologischer Satz. Sie ist nichts anderes als das Symbol des Selbstbewußtseins der Tat. Positiv inhaltlich gesagt: sie bezeichnet die ständig selbstverneinende tätige Liebe'" (Laube 1978 a, 9).

Nicht zuletzt auch vom politischen Geschehen des damaligen Japan veranlaßt, findet bei Tanabe Anfang der dreißiger Jahre eine Hinwendung zur Staats- und Gesellschaftsphilosophie statt. Mit dieser Hinwendung setzt auch Tanabes Kritik an Nishidas Philosophie von der „Logik des Ortes" ein. In den Mittelpunkt seines Interesses rückt nunmehr die geschichtliche Welt, die Gesellschaft und der Staat, deren Problematik er sich in seiner „Logik der Spezies" eingehend widmet. Seine absolute Dialektik findet in seiner Staatsphilosophie ihren konkreten Niederschlag. Besonders die erste seiner insgesamt sieben Abhandlungen ›Shakai sonzai no ronri‹ (Die Logik des sozialen Seins, 1934/35) bildet die Grundlage, auf der die folgenden aufbauen bzw. zu ihr kritisch Stellung nehmen.

Tanabe weist darauf hin, daß im 19. Jahrhundert das Problem der Gesellschaft entdeckt worden sei. Tatsächlich könne auch der Mensch sein wahres Menschsein erst im gesellschaftlichen Sein konkret verwirklichen. Entsprechend der Logik gibt es nach Tanabe auch in der Gesellschaftsphilosophie die Begriffe Genus, Spezies,

Individuum; es entspreche dem Genus die Menschheit, der Spezies die Nation/das Volk und dem Individuum das personale Subjekt oder der Einzelmensch. Nach Tanabe ist in der Philosophie Nishidas die Dialektik nur unzureichend ausgearbeitet, weil dieser das absolute Nichts als den Inhalt der intuitiven Anschauung für das Sein hält, während bei ihm das absolute Nichts das Sein als Vermittlung zu sich selbst hat, das absolute Nichts also erst durch die Tat, die das Sein negiert, wird. Nishidas Denken berücksichtigt zwar die Beziehung Genus (bei Nishida: absolutes Nichts) und Individuum, aber ihm fehlt der Aspekt der sozialpolitischen Praxis, d.h. er hat nicht die Wichtigkeit der Kategorie der Spezies in ihrer Vermittlerrolle erkannt. Bei Tanabe besteht entsprechend seiner absoluten Dialektik oder logischen absoluten Vermittlung *(zettai baikai)* zwischen den drei Kategorien „ein Dynamismus der dialektischen gegenseitigen Verneinung und Bejahung". Die Spezies sieht Tanabe als die Lebensgrundlage des Individuums. Es gibt kein Individuum, das getrennt von der Spezies existiert. Der Ideal-Typ einer Spezies-Gemeinschaft ist die Totem-Gemeinschaft, wobei der das „Gesetz der Teilhabe" als das Einheitsprinzip der Totem-Gemeinschaft ansieht, „Logik der Spezies" also „Logik der Teilhabe" ist. Im Gegensatz dazu ist die „Logik des Individuums" die „Logik der Teilung", und die „Logik der Spezies" kann in ihrer Unmittelbarkeit nur in das Selbstbewußtsein gelangen, indem sie mit der „Logik des Individuums" vermittelt wird. Dem logischen Individuum entspricht der Einzelne, der durch die Gegensatzeinheit von Sein und Nicht-Sein charakterisiert ist. Sein Wesen besteht in der selbstbewußtseinsmäßigen Freiheit, d.h. der Einzelne hat als freies Subjekt die Möglichkeit, sich für das Sein oder das Nicht-Sein zu entscheiden. Er kann „sich nicht nur von der Bestimmung als Teilhabe an der Spezies befreien und so, von der Spezies befreit, als Individuum autonom dastehen, sondern auch die Spezies für sich beanspruchen, sie zu seiner Vermittlung machen, die Richtung ihrer Bestimmung nach seiner freien Wahl verändern, in die Gegenrichtung umkehren" (Laube 1981 c, 313). Die „Logik des Genus" verneint wiederum die Autonomie des Individuums gegenüber der Spezies und hat die Spezies und das Individuum zu seiner Vermittlung. Während Tanabe die Spezies als „geschlossene Einheit" betrachtet, bezeichnet er das Genus als „offene Einheit". „Das Genus als Negation der Negation bildet keine staatisch existierende, unmittelbare Einheit (wie die Einheit der Spezies), es bildet auch nicht einfach die dynamische Bewegung der Verneinung dieser unmittelbaren Spezies-Einheit (durch das Individuum), vielmehr verneint das Genus auch diese Verneinungsbewegung und bildet so eine Einheit von Bewegung und Ruhe, Verneinung und Bejahung" (Laube 1981 c, 341 f.).

Da nach Tanabe die Individuen über die Spezies als natürliche Gemeinschaft hinauskommen und zum vernünftigen, d.h. wahren Staat verbunden sein müssen, definiert er in diesem Kontext den Staat als einen menschheitlichen Staat, der aus genusmäßigen Einzelnen besteht. Mit Staat meint Tanabe hier also einen idealen Staat, der die Nation und das Individuum vermittelt, so wie diese beiden wiederum den Staat vermitteln. Unter diesem Gesichtspunkt sieht er den Staat als Erscheinungs-Existenz *(ōgen sonzai)*, d.h. Selbstausdruck des Absoluten. Er ist „das einzig Absolute auf Erden", „absolutes Relatives".

Nach dem Zweiten Weltkrieg wurde Tanabes „Logik der Spezies" von den liberalen Denkern und den Marxisten zu Recht stark angegriffen, weil sie eine Verabsolutierung des Staates darstelle. Tanabe befand sich in den Jahren von 1941 bis 1946 in einer schweren Schaffenskrise und hatte während dieser Zeit nichts mehr veröffentlicht. Im Jahre 1946 tritt er mit ›Zangedō toshite no tetsugaku‹ und 1947 mit einer Neufassung seiner Staatsphilosophie ›Shu no ronri no benshōhō‹ (Die Dialektik als Logik der Spezies) wieder an die Öffentlichkeit.

Tanabe schreibt seine Neugeburt zur Philosophie so: „Ich vollziehe die Reue, indem ich mich dem Denken der Anderkraft (Fremdkraft) überlasse. Und indem ich mich der Anderkraft anvertraue, werde ich selbst zum Zeugen meiner eigenen Wende und Wiedergeburt gemacht. So bilden das Tun (der Reue), der Glaube (an die Kraft des Anderen) und das Zeugesein (meiner eigenen Wende) meine Philosophie als Wiedergeborener ... Einmal der Philosophie gestorben, werde ich so auf dem Reueweg zur Philosophie wiedergeboren. Aber Wiedergeburt bedeutet nicht Wiederaufnehmen der einmal verzweifelt aufgegebenen Philosophie (des Westens) und Wiedergeborenwerden auf ihrem Weg. Solche selbstidentische Wiederholung ohne Negation und Wende kann es nicht geben. Im Geist ist die sogenannte Wiederholung Transzendierung, und die Wiedergeburt muß Neugeburt sein. Ich lebe nicht mehr von selbst, sondern ich lebe, indem ich vom Absoluten her, das weder Leben noch Tod ist, transzendent belebt werde" (Laube 1978 a, 12; Zangedō toshite no tetsugaku, THZ 9, 4). Tanabe vollzieht also nunmehr den Wandel von der moralischen Tat zur religiösen Tat. Es geht um das Selbstbewußtsein der Reue. Philosophie schlechthin bedeutet für ihn jetzt

Philosophie als Reueweg *(zangedō)* oder Metanoetik. Dem Begriff Metanoetik liegen sowohl *metanoia* (Reue, Umkehr) als auch *noesis* (unmittelbare Anschauung der Vernunft) zugrunde. Es geht ihm also nicht nur um das Selbstbewußtsein der Reue, sondern auch um die Transzendierung der *noesis*, an deren Stelle er die „Fremdkraft-Philosophie" *(tariki tetsugaku)* setzt. Der Zweck seiner neuen Philosophie liegt sowohl in der Erfüllung der Funktionen des höchsten Denkens und in der radikalen Selbstverwirklichung als auch in der Fremdkraft als Wirkkraft in der Reue.

Zwei Gründe führt Tanabe für seine Reuephilosophie an: die Antinomien Kants und das radikale Böse, die beide in engem Zusammenhang stehen. Die Antinomien in der theoretischen und praktischen Vernunft Kants sind die der Vernunft innewohnenden Selbstwidersprüche, in die jeder Philosophierende unweigerlich gerät. Nur wenn die philosophische Vernunft in den Antinomien stirbt, kann die Philosophie den Anspruch erheben, nach dem absoluten Wissen zu streben, was für Tanabe den Sinn alles Philosophierens darstellt. Reue bedeutet existentielles Umdenken. Reue muß daher als die Reue der autonomen philosophischen Vernunft verstanden werden, welche dieses Sterben bejaht. Das radikale Böse wird von Tanabe verschiedentlich umschrieben, aber in seiner Quintessenz definiert er es als die Neigung des Menschen, sein eigenes Sein absolut zu sehen, und zwar in der Gestalt der Verabsolutierung des eigenen Wissens und Willens. Für Tanabe kann es weder absolutes Wissen noch absolute Freiheit aus Eigenkraft geben, sondern es muß diese religiös-existentielle Wende oder Umkehr stattfinden. Hier zeigt sich deutlich Tanabes Anlehnung an die buddhistische Philosophie, die eben von jenem Verhaftetsein des Individuums an die Illusion und von der Notwendigkeit, diese zu überwinden, spricht.

Mit der Ausarbeitung seiner Metanoetik als Fremdkraft-Philosophie bezieht Tanabe den Jōdoshin-Buddhismus des Shinran ein, diesen allerdings nach mancher Seite hin uminterpretierend. Wie bereits erwähnt, vertraut der Amida-Buddhismus ganz auf die Gnade des Amida-Buddha, und in der Anrufung seines Namens (Namu Amida Butsu), der sogenannten *nembutsu*-Praxis, erfährt der Gläubige durch fremde Kraft (*tariki*, d.h. durch die Kraft Amidas) – im Gegensatz zur eigenen Kraft *(jiriki)* im Zen-Buddhismus – Erlösung. Die *nembutsu*-Praxis hat nach Tanabe drei Bedeutungen: 1. Die Aufforderung Amidas an die Lebewesen, Zuflucht zu ihm zu nehmen; 2. die Antwort der gläubigen Lebewesen, daß sie in der Erwartung, eine Einheit mit Amida zu werden, Zuflucht zu ihm nehmen; 3. die Einladung der gläubigen Lebewesen als Bodhisattvas an die anderen Lebewesen, mit in das *nembutsu* einzustimmen.

Man würde Tanabe jedoch falsch verstehen, wenn man annähme, daß er durch die Betonung der Fremdkraft die Eigenkraft außer Betracht ließe. Er weist eindringlich darauf hin, daß *metanoia* unsere eigene Tat und zugleich nicht nur eigene Tat ist. Die Fremdkraft kann nur in Verbindung mit der Eigenkraft zur Wirkung gelangen. Denn Fremdkraft heißt für ihn nicht einfach übernatürliche Schau. Nur indem „die philosophische Vernunft als Eigenkraft-Denken stirbt und als Fremdkraft-Denken auferweckt wird" (Laube 1981 a, 138), ist Erlösung möglich. Das Sterben der philosophischen Vernunft nennt Tanabe auch die Wende vom Leben zum Tod und bezeichnet die Auferweckung durch die Fremdkraft des absoluten Nichts als die Wende vom Tod zum Leben. Wir haben es also in Tanabes Metanoetik mit „einer Philosophie, die keine Philosophie ist" *(tetsugaku naranu tetsugaku)* – wie er es selbst formuliert – zu tun, die Eigen- und Fremdkraft in sich schließt. Reue ist unsere Tat, aber durch sie und in ihr verwirklicht sich die Fremdkraft in der Welt.

Entscheidend in der Metanoetik ist nun wiederum die absolute Vermittlung. Während nach Tanabe Shinran diese nicht erkannt hat, also ein Drittes als Vermittler zwischen dem Absoluten (Amida) und dem Relativen (gläubige Lebewesen) für überflüssig hält, weist er auf die Notwendigkeit der Vermittlung durch Negation hin. Erlösung heißt, das Absolute und das Relative durch Negation zu vermitteln.

Auf der Grundlage seiner Philosophie als Metanoetik kritisiert Tanabe auch seinen früheren in der „Logik der Spezies" dargestellten Standpunkt über die Staatsphilosophie und formuliert Einzelheiten daraus in seiner ›Shu no ronri no benshōhō‹ neu. Durch die Aufgabe des rein theoretischen Denkens zugunsten des „Reueweges" sieht Tanabe die Möglichkeit, das absolute Nichts und das dialektische Verhältnis von Religion und Staat richtig zu erfassen. Anstatt wie bisher die Religion und den Staat unter ethisch-eigenkraftmäßigem Gesichtspunkt zu sehen, dringt Tanabe nun „zur Wahrnehmung des übermoralischen, über dem Guten und Bösen stehenden religiösen Charakters des absoluten Nichts und den über-gesetzlichen und über-staatlichen Charakter der Liebe beziehungsweise des Großen Mitleids in der Religion vor" (Laube 1984, 178). Tanabe beläßt auch in seiner Neufassung das dialektische Schema Genus, Spezies und Individuum. Er weist darauf hin, daß die Spezies nicht einfach als ein Mittelding, nämlich als kulturelle Umwelt, zwischen Genus und Individuum aufgefaßt werden darf. Neben der kulturellen Umwelt umfaßt sie stets auch die politische. Unter diesem Blickwinkel entspricht die Spezies Hegels Begriff des objektiven Geistes als einer Spezialisierung und Begrenzung des absoluten Geistes, eine den subjektiven Geist bindende und kontrollierende Macht. Ferner wird dazu das Individuum nicht durch den Staat als Spezies umgriffen, sondern zwischen ihnen besteht gegenseitige Negation, was zugleich gegenseitige Vermittlung bedeutet. Ohne die Vermittlung der Spezies kann das Individuum nicht zum absoluten Nichts gelangen. Das radikal Böse des Individuums wie des Staates besteht in der Selbstverabsolutierung. Nur durch den Vollzug der Reue, d.h. der Selbstnegation und gegenseitigen Negation, dem sogenannten „Hinweg“ *(ōsō)* zum Absoluten, wird die Selbstverabsolutierung beider aufgehoben. In dieser absoluten Negation erscheint dann das Absolute in seinem „Rückweg“ *(gensō)* als Liebe. Beide, Reue und Liebe, bedürfen nach Tanabe für ihre gesellschaftliche Konkretisierung des Staates als Spezies. So wird der Staat von Tanabe immer noch als relatives Absolutes aufgefaßt, aber nun auf der Religion basierend und als Erlösungsmittel-Existenz *(hōben sonzai)* definiert. Er ist nicht mehr Selbstausdruck des Absoluten und damit Selbstzweck, sondern er wird zum Erlösungsmittel der Liebe für das Individuum. Die Regierung des Menschenreiches wird zur Vermittlung der religiösen Begründung des Reiches Gottes.

In seinen letzten Jahren wendet sich Tanabe der Todesphilosophie zu, in der er seine Dialektik nochmals konkret an der Antinomie Leben-Tod veranschaulicht. Damit befaßt er sich mit der Hauptproblematik des religiösen Denkens Ostasiens: Dem Woher und Wohin unseres Lebens, der Sinnfrage der menschlichen Existenz und der Enträtselung des Rätsels des Todes (Tsujimura 1959, 93). Tanabe erklärt das Atomzeitalter als das Zeitalter des Todes. Naturwissenschaft und Technik dienen aufgrund der Entwicklung, die sie durchlaufen haben, nicht mehr dem Wohl der Menschheit, sondern drohen sie zu vernichten. So befindet sich die aus der Entwicklung der Naturwissenschaft und Technik hervorgegangene Lebensphilosophie in einer Krise. „... Fundamente des Lebens, das bisher als Wertprinzip anerkannt war, stürzen um und versinken in Nihilismus, und das Leben wird seiner Gegenkraft, dem Tod, überantwortet“ (Yagi 1973, 115; Memento mori, THZ 13, 166). Es muß daher ein neuer Weg gefunden werden, der die Selbstwidersprüche des Lebens löst. Der Mensch darf nicht dem Tod entfliehen wollen, sondern muß „den Tod bedenken“ *(memento mori)*, muß die Todesmahnung ernst nehmen. Der Weg zur Überwindung des Widerspruchs ist die Todesphilosophie oder -dialektik. Tanabe will mit ihr den Zen-Buddhismus für die heutige Zeit neu verständlich machen, indem diese das westliche wissenschaftliche Denken zu ihrer Vermittlung macht und dessen Standpunkt zur Philosophie des Lebens übernimmt. Um aber die Ausweglosigkeit der Lebensphilosophie und das gegenwärtige „Zeitalter des Todes“ zu überwinden, übergibt sie sich dem Tod, um dann in ihrer Auferstehungsphase den Zen als „Philosophie des Todes“ in Denken zu verwandeln (Laube 1984, 226; Sei no sonzai ka shi no benshōhō ka, THZ 13, 641).

Tanabe macht zunächst deutlich, daß die untrennbare Beziehung zwischen Leben und Tod zum Selbstbewußtsein des Menschen gehört und diese nur durch ihre wechselseitige Beziehung zum Bewußtsein kommen. Das Selbstbewußtsein muß zwischen Leben und Tod unterscheiden, weil sie nicht nebeneinander bestehen können. Aber es darf nicht heißen, menschliches Dasein ist Leben oder Tod, sondern menschliches Dasein ist weder Leben noch Tod. Durch die Todesentschlossenheit des Menschen können Leben und Tod veranlaßt werden, sich gegenseitig zu durchdringen, die Antinomie kann in eine Einheit umgewandelt werden. Diese gegenseitige Durchdringung erweist sich als die Wahrheit, sie ist die Wahrheit der Auferstehung im Tod. Konkret bedeutet es, daß der Mensch als das endlich-relativ Seiende auf seinem „Hinweg“ zum höchsten menschlichen Sein an die letzte Grenze gelangt und damit in Selbstwiderspruch gerät. Hier erfolgt ein „Umschlag des Lebens“. Weil es kein Entkommen aus dieser Selbstwidersprüchlichkeit gibt, stimmt der Mensch der Unausweichlichkeit des Todes zu. In diesem Moment entsteht das Bewußtsein der Auferstehung im Tod. Es ist ein durch den Tod hindurch Hervorkommen. Im Grunde „geht es um einen ständigen Umschlag von Leben und Tod, indem sich beide derart miteinander verflechten, daß der Tod zur spannenden Bewegkraft für die jeweilige handelnde Selbstgewahrnis des Lebens wird. So wird die Angst vor dem Tod zur Ruhe des Lebens gewandelt, und der Schmerz des Todes vereinigt sich in der entschlossenen Selbstgewahrnis mit der Freude des Lebens“ (Tsujimura 1959, 113). Es ist das Absolute, das die Einsicht gewährt, daß erst die Auferstehung im Tod das wahre, vom Tod nicht mehr bedrohte Leben ist. Somit transzendiert das Absolute in seiner Liebe Leben und Tod. Tanabe nennt die durch die Liebe ermöglichte Auferstehung den „Umschlag des absoluten Nichts". Sie darf nicht als eine Wiederherstellung oder eine Fortsetzung und Verlängerung des Lebens verstanden werden, sondern als ein eschatologischer Umschlag: Der Gewinn des Lebens im freiwilligen bejahten Lassen des Lebens. In dieser wechselseitigen Liebe zwischen dem Absoluten und der menschlichen Existenz besteht nach Tanabe „die Zeitigung der Zeit". In ihr symbolisiert sich das Ewige in der Existenz.

Tanabe betont jedoch, daß dieses durch die Liebe des Absoluten bewirkte Sterben-qua-Auferstehen zunächst nur ein sogenanntes „ewiges Heute" ist, in dem zwar die Bedrohung des Lebens durch den Tod beseitigt, das Auferstehungsleben jedoch noch nicht konkret verwirklicht ist. Er führt in diesem Zusammenhang den Gedanken der Existenzgemeinschaft *(jitsuzon kyōdo)* ein, in der Lebende und Tote auf der Grundlage der gegenseitigen Vermittlung ihres Sterbens und Auferstehens miteinander verkehren. Er vergleicht diese Existenzgemeinschaft vor allem mit dem Weg des Bodhisattva, jenes Lebewesens im Mahāyāna-Buddhismus, das, auf seinem „Hinweg" zum absoluten Nichts bei der Erleuchtung angelangt, auf diese verzichtet, um erst auf seinem „Rückweg" zur Menschheit alle übrigen Menschen zur Erleuchtung zu bringen. Erst nach Vollendung dieses Werkes findet die Erlösung des Bodhisattva statt. Tanabe sieht also die Verwirklichung des Auferstehungslebens in der Teilhabe an der Existenzgemeinschaft. Diese ist gegeben, wenn die Liebe des absoluten Nichts durch die Liebe eines Mittlers (Bodhisattva; Tanabe führt auch das im Sinn des Bodhisattva zu interpretierende Meister-Schüler-Verhältnis im Zen an) dem Endlich-Relativen vermittelt wird. Durch die Liebe des Mittlers geht im Endlich-Relativen die Wahrheit auf, was in ihm tiefe Dankbarkeit aufkommen und ihn wieder selbst zum Mittler der Wahrheit für andere werden läßt. Das absolute Nichts verharrt nicht mehr in der idealen Möglichkeit, sondern verwirklicht sich ganz konkret als gemeinschaftliche Wirklichkeit der Existenz. Während Tanabe die Dialektik des bloßen Lebens als einen Idealismus ansieht, der in Wirklichkeit keine echte Dialektik ist, kann auf dem Weg der Dialektik des Todes die Dialektik zu einem Realismus werden.

6. Das Problem der menschlichen Existenz bei Miki Kiyoshi

Ein für die Stimmung seiner Zeit besonders charakteristischer Denker ist Miki Kiyoshi. Er war Journalist, Kritiker zeitgenössischer politischer, sozialer und kultureller Zustände und Philosoph. In seiner philosophischen Karriere durchlief er drei Stadien. Er fühlte sich zunächst vom Personalismus und Individualismus der Taishō-Zeit angesprochen, wandte sich dann dem Marxismus zu und entwickelte in seinen letzten Jahren seine „Logik der Einbildungskraft". Der stark an Literatur und Religion interessierte Miki fand – wie er selbst äußerte – seinen Weg zur Philosophie durch die Lektüre des ›Zen no kenkyū‹ von Nishida. Hier wurde ihm klar, daß ihn seine Beschäftigung mit der Philosophie nur um des Wissens willen oder als einem Spiel mit der Logik unbefriedigt läßt. Er suchte nach einer am Menschen orientierten Philosophie, in die er das Selbst miteinbeziehen konnte und in der es um eine Deutung des philosophischen Sinnes des Lebens ging. Dieser Grundhaltung blieb er sein Leben lang treu.

Ab 1917 studierte Miki bei Nishida, Tanabe und dem Religionsphilosophen Hatano Seiichi (1877–1950), von 1922 bis 1925 in Heidelberg, Marburg und Paris, wo er besonders unter dem Einfluß von Rickert und Heidegger stand. Miki befaßte sich mit der gesamten europäischen Philosophiegeschichte, angefangen bei Aristoteles bis hin zu den Denkern des 20. Jahrhunderts, wie etwa Simmel, Troeltsch, Jaspers, Scheler, Dilthey, Barth u. a.

Seine ersten Arbeiten, darunter seine Examensarbeit ›Hihan tetsugaku to rekishi tetsugaku‹ (Kritische Philosophie und Geschichtsphilosophie, 1920), verlaufen im Rahmen des Neu-Kantianismus in der Ausrichtung der Südwestdeutschen Schule. Hier geht es vor allem um eine philosophische Grundlegung der Geschichte, um das Problem der konkreten Individualität in der Geschichte. In dieser Zeit war Mikis Auffassung von der Individualität von idealistischen, religiösen und humanistischen Vorstellungen geprägt. Er geht von der Existenz des Absoluten als Schöpfer und Träger von ewigen Werten aus, das dem menschlichen Leben wie auch den menschlichen Leistungen in Wissenschaft, Kunst und Moral einen letzten Sinn gibt. Insofern sich alle Aktivitäten innerhalb des Individuums als einem Mikrokosmos ereignen und das Wachsen und der Zerfall aller geistigen Prozesse vom Individuum verursacht werden, definiert Miki die Individualität als ein unabhängiges Sein in Form des konkreten Menschen. Sie ist dem Menschen nicht von Natur aus, sondern als ein Ideal gegeben, um das er unter Zugrundelegung der Selbstnegierung kämpfen muß. Die Erfahrung dieses Seins geschieht im wissenschaftlichen Denken, in der moralischen Handlung und in der künstlerischen Schöpfung (Kim 1974, 51). Bereits in dieser frühen Phase kristallisiert sich bei Miki das Interesse an der Geschichtsphilosophie heraus, wenn er die Frage nach der Bedeutung der individuellen Handlung innerhalb der Geschichte stellt. Die Handlungen der Menschen als den Gestaltern der Geschichte sind für ihn immer notwendigerweise ein historisches Phänomen. Die Grundlage für die Verwirklichung der menschlichen Ideale ist die wirkliche und schöpferische Freiheit des Individuums, die mit der Vorstellung eines Absoluten, Ewigen verknüpft wird. Durch eine Verbindung von Kants transzendentaler Freiheit und praktischer Vernunft gelangt Miki zu einer Vorstellung von der „wirklichen Freiheit": „Die Freiheit des Individuums und die des Ewigen umfassen sich gegenseitig in der Tiefe der Dunkelheit in mir. Das einfach Irrationale und das einfach Vernünftige verschmelzen in einer mysteriösen Welt. Was aber noch überraschender ist, ist, daß diese mysteriöse Welt meine wirkliche Erfahrung ist" (Kim 1974, 54f.; Hihan tetsugaku to rekishi tetsugaku, MKZ 2, 44). Diese wirkliche Freiheit ist die historische Vernunft. Sie verbindet bei der Umformung der Natur in Kultur durch den Menschen sowohl die Vorstellung von der Natur als auch von der Freiheit.

Miki ist jedoch mit der neu-kantianischen Interpretation der Geschichte nicht zufrieden. Er ist auf der Suche nach einer noch tieferen Analyse der menschlichen Erfahrung, die das Rationale und das Irrationale oder, wie er es nennt, den Logos und Pathos als das Wesen der Individualität umgreift. Bei dieser Suche wird für Miki die Begegnung mit Heideggers Philosophie entscheidend. Miki, der die Interpretation des Lebens als die zentrale Frage der Philosophie ansieht, ist verständlicherweise von Heideggers Konzept, das Dasein unter seinem zeitlichen Aspekt und die Geschichtlichkeit der menschlichen Existenz zu analysieren, fasziniert.

Der eigentliche philosophische Durchbruch gelingt Miki dann mit seiner intensiven Beschäftigung mit Pascal während seines Parisaufenthaltes (1924/25), aus der heraus u.a. seine berühmte Studie ›Pascaru ni okeru ningen no kenkyū‹ (Studie über den Menschen bei Pascal, 1926) entsteht. In seinem Vorwort erwähnt er, wie er sich selbst immer mehr dem Denken Pascals, Diltheys und Heideggers annähert. Miki arbeitet in dieser Studie die konkrete Existenz des Menschen unter dem Gesichtspunkt der Religiosität des Pascalschen Menschen heraus. Das Werk ist sein erster Versuch einer philosophischen Anthropologie. Den Rationalismus schränkt Miki insofern ein, als er die Vernunft innerhalb des menschlichen Lebens nicht als absolut ansieht, sondern Gefühl und Erfahrung von grundlegender Bedeutung sind. Der Mensch ist nicht Gegenstand des reinen Bewußtseins, sondern ist in erster Linie als Wesen zu sehen. Der Mensch ist dadurch charakterisiert, daß er zwischen dem Alles und dem Nichts steht. Denn im Vergleich mit dem Unendlichen ist er nichts, im Vergleich mit dem Nichts alles. Miki nennt dieses Charakteristikum die Ärmlichkeit der menschlichen Existenz, die den Menschen zerrissen und unbeständig macht und in ihm Angst aufkommen läßt. Er fühlt in der gottlosen menschlichen Existenz sein ganzes Elend und sehnt sich zugleich nach der Ganzheit des Lebens; er kann die völlige Ruhe, die für ihn zur Langeweile wird, nicht ertragen und flüchtet in die Zerstreuung. Zerstreuung ist daher ein dem Leben Entrinnen, das den Menschen zur Verhüllung seines wahren Wesens, d. h. in die Welt der Einbildung führt. In der Verhüllung liegt der Irrtum, in der Enthüllung liegt die Wahrheit der menschlichen Existenz. Worin liegt nun die Enthüllung der Wahrheit? Miki übernimmt hier die Pascalsche Drei-Kategorien-Hierarchie der Werte, von der eine jede ihre eigene Art der Erfahrung hat und die in ihrer absteigenden Linie eine Kontinuität aufweisen, indem die höhere jeweils transzendental zur niedrigeren ist und die niedrige der jeweils höheren immanent ist. Es handelt sich um die Kategorie der Sinne, um die des Intellekts und um die transzendentale Kategorie, die das Herz betrifft.

Philosophisches Denken gehört zu der Kategorie des Intellekts. Dabei ist jedoch für Miki entscheidend, daß zwar das sich im Selbstbewußtsein offenbarende Denken das Mittel ist, mit dem der Mensch seine menschliche Existenz hinterfragen kann, sich somit auch eine Enthüllung der Wahrheit in ihm vollzieht, aber das philosophische Denken keinesfalls die einzige und beste Art, das Leben zu verstehen, ist. Der Philosophie überlagert ist die Religion. Für Miki hat das menschliche Wissen keine absolute Gültigkeit, vielmehr liefert die Intuition, von Miki als eine andere gültige erkenntnistheoretische Methode angesehen, das konkrete Verständnis der menschlichen Existenz. Denn die Intuition führt vom Ganzen zum Einzelnen und vom Einzelnen zum Ganzen zurück. Die von Miki erarbeitete intuitive Methode, die eine abstrakte Wahrheit in eine konkrete umsetzt, weist eine Dialektik zweier Wahrheiten auf. Hierzu referiert Kim (1974, 108 f.) ein von Miki gegebenes Beispiel wie folgt: Die alltägliche Wirklichkeit im Leben ist die Zerstreuung, weil der Mensch sich von seiner ursprünglichen Bestimmung abwendet. Der Grund für diese Wirklichkeit der Zerstreuung ist das Leid. Sie ist eine Wahrheit der menschlichen Existenz. So ist das Leid selbst eine Wirklichkeit, und der Grund für diese Wirklichkeit ist das Selbstbewußtsein des Menschen, das die Größe des Menschen ausmacht und ebenfalls eine Wahrheit der menschlichen Existenz ist. Leid und Größe sind These und Antithese, wobei eine jede den Grund für das andere in sich schließt. These und Antithese stellen jedoch nur eine Teilwahrheit dar. Dieses widersprüchliche Wesen der Wahrheit führt bei dem Menschen eine Spannung herbei. Die aus den abstrakten Wissenschaften gewonnene Gewißheit und Beständigkeit kann die Angst des konkreten menschlichen Lebens nicht abstützen. Die Wahrheit des Lebens ist, daß die menschliche Existenz so konstruiert ist, daß sie nicht die letzte Wahrheit gewinnt. Die wirkliche Wahrheit, die uns Frieden bringt, ist allein Gott.

Mit der Hingabe an Gott hat Miki die Kategorie des Herzens, das von Barmherzigkeit und Liebe getragen ist und das sich aller Leidenschaften und des Selbstinteresses entledigt hat, erreicht. So kann das philosophische Denken zwar das Transzendentale erstellen, bringt aber nicht die Widersprüche zur Synthese, liefert also nicht die konkrete Wahrheit. Die Wahrheit der von der Religion gelösten Dialektik der menschlichen Existenz ist für Miki „wissendes Handeln und handelndes Wissen“.

In den Jahren 1927 bis 1930 wendet sich Miki dem Marxismus zu. In dieser Zeit entstehen neben Studien marxistischen Inhalts (›Ningengaku no Markusuteki keitai‹, Die marxistische Gestalt der Anthropologie, 1927; ›Yuibutsu shikan to gendai no ishiki‹, Die materialistische Geschichtsauffassung und das Bewußtsein der Gegenwart, 1928; u. a.) aber auch solche zur Geschichtsphilosophie, die nicht marxistischen Inhalts sind. Die Hinwendung zum Marxismus bedeutet eine wichtige Entwicklungsphase innerhalb der philosophischen Karriere Mikis. Sie ist aus verschiedenen Gründen erfolgt. Aufgrund des damaligen Zeitgeschehens in Japan richtet Miki sein Denken nun realistischer aus und setzt sich eingehend mit den laufenden politischen, sozialen und intellektuellen Ereignissen auseinander. Ferner wurde das marxistische Ideengut zu jener Zeit vor allem von nicht-philosophischen Spezialisten dargestellt. Mikis Ziel ist, dieses aus philosophischer Sicht zu vermitteln. Tatsächlich gelingt es Miki, den Marxismus auf diese Weise nicht nur einem weiten

Leserkreis nahezubringen, sondern sein Unterfangen wird von den damaligen Intellektuellen zum Teil als epochemachend betrachtet, weil Miki den Marxismus in eine philosophische Terminologie wie Grunderfahrung, Logos, Anthropologie, Ideologie usw. umsetzt. Der Marxismus ist für ihn nicht nur eine politische, sondern auch philosophische Frage. Schließlich ist die Hinwendung zum Marxismus auch ein logischer Schritt in Mikis philosophischer Entwicklung. Das Problem der Anthropologie und der dialektischen Methode sind die wesentlichen Kennzeichen seiner Pascal-Phase. Nun geht es ihm um ein Neuüberdenken der Geschichtlichkeit der menschlichen Existenz.

In seinem anthropologischen Marxismus erarbeitet Miki die „Genealogie der Theorien“ *(riron no keifugaku)* des gegenwärtigen sozialen Bewußtseins. Der Ausgangspunkt der Genealogie ist die Grunderfahrung *(kiso keiken)*. Hierbei handelt es sich um eine Urerfahrung des Menschen, die nicht der Kontrolle der Sprache unterliegt und daher als „Dunkelheit“ erlebt wird, ohne deshalb mystisch oder metaphysisch zu sein. Sie ist die Erfahrung der Produktion, der täglichen Erfordernisse des produktiven Lebens, also proletarische Grunderfahrung. Denn das Proletariat ist als Handelndes aktiv an seiner Wechselwirkung mit der Welt beteiligt, es erfährt also sein Wesen als Praxis. Da Praxis stets mit Sinnlichkeit verbunden ist, interpretiert das Proletariat sein Wesen als sinnlich. Der Arbeitsprozeß setzt eine unabhängige Existenz (Natur) voraus, und in ihm wird die Dialektik zwischen Natur und Mensch zu einer Einheit gebracht. Da die Natur historisch begrenzt ist, zeigt die Dialektik von Natur und Mensch die Geschichtlichkeit der menschlichen Existenz auf. Weil bei der Produktion der Mensch mit der Natur zusammenarbeitet, darüber hinaus aber auch mit anderen Menschen in Wechselwirkung steht, ist der Mensch als praktisch Handelnder auch stets sozial.

Die Grunderfahrung fordert und schafft den zweiten Aspekt, den Logos als die Lebenserfahrung. Miki unterscheidet zwischen zwei Arten von Logos. Der Primärlogos drückt direkt die Grunderfahrung aus. Er kommt dadurch zustande, daß der Mensch im Prozeß seines Lebens gezwungen ist, eine Selbstauslegung innerhalb der sozialen Umgebung vorzunehmen, und diese Selbstauslegung immer wesentlich an der Grunderfahrung orientiert ist. Da Miki eine dialektische Beziehung zwischen Grunderfahrung und Primärlogos annimmt, wird letzterer aus der Grunderfahrung geboren und trägt auch zur Entwicklung derselben bei. Schließlich wird der Primärlogos jedoch zu einem Hindernis für die Grunderfahrung, d.h. er beginnt das Leben selbst zu unterdrücken. An diesem Punkt fordert die Grunderfahrung gleichsam als ideologisches Ergebnis einen neuen Logos, den Sekundärlogos als das Selbstverständnis des Menschen. Er verkörpert also die Ideologie, zu der Miki alle Kultur-, Geschichts- und Gesellschaftswissenschaften zählt. Somit erfaßt der Sekundärlogos die Grunderfahrung indirekt durch einen Vermittler. Dieser Vermittler ist das objektivierende wissenschaftliche und philosophische Bewußtsein der jeweiligen Zeit. Aus den vorgenannten drei Aspekten läßt sich die bewußte und historische Anthropologie ableiten. Diese marxistische Anthropologie Mikis weist eine deutliche historisch-soziale Komponente auf. Die Geschichtlichkeit der Anthropologie gründet auf der proletarischen Grunderfahrung und entwickelt sich zu einer Ideologie, wobei die grundlegenden Bestimmungen der Geschichte die Vorstellung von der praktisch-sinnlichen Aktivität (= Arbeit) des Menschen und die von der Geschichtlichkeit der menschlichen Existenz sind.

In seiner dritten Schaffensperiode verläßt Miki seine marxistische Position und wendet sich einer neuen Interpretation der menschlichen Existenz und Geschichtlichkeit zu. Sein Wandel läßt sich an seinen Werken ›Rekishi tetsugaku‹ (Geschichtsphilosophie, 1932), ›Shakaikagaku gairon‹ (Einführung in die Sozialwissenschaften, 1932), in der er sich mit den Formen des sozialen Wissens eingehend auseinandersetzt, und vor allem an seinem Werk ›Kōsōryoku no ronri‹ (Logik der Einbildungskraft, 1939–43) nachvollziehen. Seine Gesichtsphilosophie basiert auf der Analyse von drei Hauptkategorien, welche die geschichtliche Entwicklung bestimmen: die *res gestae*, die Geschichte als Dasein, als das, was sich ereignete, auch die geschichtliche Erfahrung genannt; die *historia rerum gestarum*, die Geschichte als Logos oder die Geschichtsschreibung; die Geschichte als Tatsache *(jijitsu)*, in der die Grunderfahrung der Geschichte auftaucht. Alle drei Kategorien stehen in dialektischer Beziehung zueinander. Die letzte Kategorie bildet den Ausgangspunkt seiner Untersuchung. In ihr erfaßt Miki die Geschichte in ihrer Aktualität und Gegenwärtigkeit. "Miki assumes special type of existential activism, in which man's thinking activity (Fichtes Tathandlung) is contrasted with the existential and sensible experience of life, that is, Fichtes Tatsache *(jittaitekina mono, kanseitekina mono)*. It is this Tatsache or experience of life, a part of the individual's 'selfhood' *(shutaisei)* which makes an understanding of history possible. Thus academic relativism and epistemological subjectivism can be transcended; the individual itself gives meaning to history by creating actual history. Whereas the subjective description of the past impinges on events as they happened within the concentration of strict causality, history as 'presentness' recreates the reality of the past in the present by means of a 'fundamental experience'. The Marxist coloring has thus disappeared; it is now the historical consciousness of the individual which gives meaning to the present by his own activity. To achieve the future not as a possibility but as an actual present, the decision is supported by the idea of history as 'pathos'" (Piovesana 1963, 153f.).

In seinem ›Kōsōryoku no ronri‹ entwickelt Miki, indem er die Vorstellung der Einbildungskraft von Kant heranzieht, eine Logik, in der Pathos und Logik, das Subjektive und Objektive, Sinnlichkeit und Verstand in der Einbildungskraft miteinander vereinigt sind. Im Grunde ist diese Logik eine Logik der Form *(katachi no ronri)*, die ihre eigene Objektivität besitzt und mit der man das Wesen der Dinge in seiner Ganzheit und Tiefe zu erfassen vermag. Für Miki besteht die Geschichte als Wirklichkeit aus Pathos und Logos. Alle Handlungen des Menschen – nicht nur die künstlerischen – stehen in dieser Logik im Mittelpunkt. Denn es ist die Handlung – Miki setzt sie dem griechischen *poiesis* gleich –, die etwas schafft. Dieses Geschaffene hat eine Form, die Pathos und Logos in sich vereinigt. Der Mensch als der Schöpfer der Kultur schafft also Form. Dieser Akt des Schaffens ist historisch, so daß die Geschichte nur als eine Veränderung der Form aufgefaßt werden kann. Dabei ist festzuhalten, daß alles historische Schaffen in der Umwelt existiert, auf die Umwelt einwirkt, wie auch diese auf das historische Schaffen wirkt.

Die Einbildungskraft ist nicht nur als eine menschliche Fähigkeit anzusehen. "Miki stated that it is also a transcendental and metaphysical function at work in nature. All beings are subject to the logic of the power of imagination. Thus Miki placed the emphasis on the sensibility and passion of man. In his Philosophy of History (Rekishi tetsugaku) Miki observed that the reason for being is composed of the light of 'idea' as well as the darkness of matter. Similarly, the power of imagination is symbolic of the human aspect of sensibility and passion. The world itself is sensible and passionate and it functions according to the logic of the power of imagination" (Kim 1974, 365).

Für Miki ist die Einbildungskraft das wirkende Verhalten des Menschen. Daher drückt sich die Logik der Einbildungskraft in verschiedenem historisch Geschaffenem, nämlich dem Mythos *(shinwa)*, den Institutionen *(seido)* und der Technik *(gijutsu)*, aus. Im Mythos sieht Miki das Urbild der menschlichen Ideologie. Jedes Zeitalter hat seine Mythen. Mythos ist die praktische Veranlagung unzivilisierter Völker für Glauben und moralische Weisheit. Der Mythos verkörpert sowohl die Vergangenheit einer sozialen Gruppe als auch die Solidarität mit der Umgebung. Weil ohne Mythos eine Umwandlung des Prinzips in Handlung nicht denkbar ist, ist er ein Produkt der Einbildungskraft und bildet eine Synthese von Logos und Pathos (vgl. Kim 1974, 368f.). Zu den Institutionen zählt Miki Moral, Brauchtum, Gesetze, Politik, Kunst, Sprache und alles, was in einer Gesellschaft auf Vertrauen und Konvention beruht. Die Charakteristika der Institutionen sind nach Miki Fiktion, denn sie sind ein Produkt der Einbildung, und Rationalität, denn der Mensch muß seine Handlungen der Umwelt anpassen, und somit erfüllen die Institutionen soziale Funktionen. "As Miki stated, all human actions are actions within the environment and institutions are inconceivable apart from their relations with the environment. In that sense, institutions are not fixed but represent an attempt to adapt man's action to his environment. The material nature of institutions can be understood insofar as the environment influences man. Miki interpreted institutions as being independent entities with both spiritual and physical aspects; thus, institutions are both subjective and objective. In their independent lives institutions develop form as they adapt to their own environment. Thus, Miki understood that according to the power of imagination, the structure of an institution involves the synthesis of *logos* and *pathos*" (Kim 1974, 370).

Der rationale Charakter der Institutionen bedeutet aber die Anpassung des Menschen an seine Umgebung durch Technik. Unter Technik versteht Miki im weiten Sinn alle Arten des systematischen Vorgehens, um ein bestimmtes Ziel zu erreichen, im engen Sinn, Instrumente und Maschinen für die materielle Produktion herzustellen. So ist alles menschliche Schaffen *(poiesis)* letztlich technisch. Da die Technik ihrem Wesen nach Erfindung *(hatsumei)* ist, gehört sie zur Logik der Einbildungskraft. Für die gesamte Technik hat der Begriff der Form Gültigkeit. Dort, wo Form ist, ist auch stets die Einbildungskraft wirksam. Selbst das wissenschaftliche Wissen wird zur Form, weil die Technik das objektive Wissen der Wissenschaft und den subjektiven Zweck des Menschen enthält. Es darf nicht übersehen werden, daß nach Miki Technik sowohl in den Mythen als „Magie, welche die Logik des Symbolismus einschließt“, existiert als auch sich als Institutionen zeigt, “because techniques become meaningful when they become conventional as they have to be sanctioned by social conventions and in order to acquire a normative nature for our action. Technique is also organized by convention into the common knowledge of the age. Technique is institutional because it becomes fixed and conservative, particularly in comparison with science” (Kim 1974, 371).

Weil Miki auf der Suche nach einer Einheit von Pathos und Logos nicht dem Irrationalismus oder Subjektivismus verfallen will, entwickelt er als den Hauptfaktor der Geschichte die Vorstellung der Technik, die Subjektives und Objektives in der Einbildung verbindet.

LITERATURVERZEICHNIS

Abe, Masao: s. Brüll 1987.

Abe, Yoshio: The Characteristics of Japanese Confucianism. In: Acta Asiatica 25 (1973), S. 1–21.

Anesaki, Masaharu: History of Japanese Religion. London 1930 (Neudruck Rutland, Vermont 1963).

Armstrong, Robert C.: Light from the East. Studies in Japanese Confucianism. Toronto 1914.

Aston, William G.: Shintō. The Way of the Gods. London 1905.

Bareau, André: Der indische Buddhismus. In: Die Religionen Indiens 3. Stuttgart 1964 (Die Religionen der Menschheit, Bd. 13).

Bary, Wm. Theodore de: s. Tsunoda.

Bary, Wm. Theodore de, und Irene Bloom (Hrsg.): Principle and Practicality. Essays on Neo-Confucianism. New York 1979.

Becker, Earnest: Zen. A Rational Critique. New York 1961.

Bellah, Robert N.: Tokugawa Religion. New York 1957.

–: Japan's Cultural Identity. Some Reflections on the Work of Watsuji Tetsurō. In: Journal of Asian Studies 24/4 (1965), S. 573–594.

Benl, Oscar, und Horst Hammitzsch: Japanische Geisteswelt. Baden-Baden 1956.

Benoit, Hubert: La doctrine suprême selon la pensée zen. Paris ^{3}1967.

Bernstein, Gail L.: Kawakami Hajime. Portrait of a Reluctant Revolutionary. Cambridge/Mass. 1967.

Bitō, Masahide: Ogyū Sorai and the Distinguishing Features of Japanese Confucianism. In: Najita 1978, S. 153–160.

Blacker, Carmen: The Japanese Enlightenment. A Study of the Writings of Fukuzawa Yukichi. Cambridge 1964.

Bloom, Irene: s. Bary.

Boot, Willem J.: The Adoption and Adaption of Neo-Confucianism in Japan. The Role of Fujiwara Seika and Hayashi Razan. Diss. Leiden 1982.

Bownas, Geoffrey: Watsuji Tetsurō. Climate and Culture. A Philosophical Study (Übs.). Tōkyō 1961.

Braisted, William R.: Meiroku Zasshi. Journal of the Japanese Enlightenment (Übs.). Cambridge/Mass. 1976.

Bruce, Percy J.: Chu Hsi and His Masters. London 1923.

Brüll, Lydia: Ōkuni Takamasa und seine Weltanschauung. Wiesbaden 1966.

–: Prinzip (ri) und Materie (ki). Ein Beitrag zur Metaphysik des Hayashi Razan. In: Japanisches Kulturinstitut (Hrsg.): Jahrbuch 1. Köln 1970, S. 5–31.

Brüll, Lydia: Zu den Grundproblemen in der Ethik des Nishi Amane. In: Brüll, Lydia, und Ulrich Kemper (Hrsg.): Asien – Tradition und Fortschritt. Wiesbaden 1971, S. 23–38.

–: Ostasiatische Philosophie. Neue Wege zur Forschung. In: Saeculum 29/2 (1978), S. 173–189.

–: Die traditionelle japanische Philosophie und ihre Probleme bei der Rezeption der abendländisch-westlichen. In: Bochumer Jahrbuch zur Ostasienforschung. Bochum 1978, S. 319–347.

–: Zur Entwicklung der japanischen Philosophie. In: Hammitzsch, Horst (Hrsg.): Japan-Handbuch. Wiesbaden ²1984, Spalte 1295–1318.

–: Aufklärung. In: Hammitzsch (Hrsg.) ²1984, Spalte 1319–1324.

–: Buddhistische Philosophie. In: Hammitzsch (Hrsg.) ²1984, Spalte 1324–1334.

–: Konfuzianismus. In: Hammitzsch (Hrsg.) ²1984, Spalte 1347–1361.

Brüll, Lydia, und Masao Abe: Bibliographie zur Nishida-Forschung in westlichen Sprachen. In: Kayano, Yoshio, und Ryosuke Ohashi (Hrsg.): Nishida tetsugaku. Shinshiryō to kenkyū no tebiki. Kyōto 1987, S. 389–398.

Buchner, Hartmut: s. Tsujimura.

Buri, Fritz: Der Buddha-Christus als der Herr des wahren Selbst. Bern, Stuttgart 1982.

Chamberlain, Basil H.: Ko-ji-ki or Records of Ancient Matters. Kōbe 1932.

Chan, Wing-tsit: A Source Book in Chinese Philosophy. Princeton, N.J. 1963.

Chang, Garma C.: The Practice of Zen. New York 1959.

–: The Buddhist Teaching of Totality. University Park 1971.

Conze, Eduard: Buddhist Thought in India. Ann Arbor 1970.

Craig, Albert: Science and Confucianism in Tokugawa Japan. In: Jansen, Marius B. (Hrsg.): Changing Japanese Attitudes toward Modernization. Princeton 1965, S. 133–160.

–: Fukuzawa Yukichi. The Philosophical Foundations of Meiji Nationalism. In: Ward, Robert E. (Hrsg.): Political Development in Modern Japan. Princeton 1968, S. 99–148.

Devine, Richard: Hirata Atsutane and Christian Sources. In: Monumenta Nipponica 36/1 (1981), S. 37–54.

Dilworth, David A.: Nishida Kitarō. The Forms of Culture of the Classical Periods of East and West seen from a Metaphysical Perspective (Übs.). In: Japanese Religions 5/4 (1969), S. 26–50.

–: The Initial Formations of "Pure Experience" in Nishida Kitarō and William James. In: Monumenta Nipponica 24/1,2 (1969), S. 93–111.

–: The Range of Nishida's Early Religious Thought: Zen no kenkyū. In: Philosophy East and West 19 (1969), S. 409–421.

–: Nishida Kitarō. Fundamental Problems of Philosophy. The World of Action and the Dialectical Word (Übs.). Tōkyō 1970.

–: Nishida Kitarō. Towards a Philosophy of Religion with the Concept of

Preestablished Harmony as Guide (Übs.). In: Eastern Buddhist 3/1 (1970), S. 19–46.
–: Nishida's Early Pantheistic Voluntaries. In: Philosophy East and West 20/1 (1970), S. 35–50.
–: Nishida Kitarō (1870–1949). The Development of His Thought. Diss. Columbia University 1970.
–: Watsuji Tetsurō. The Significance of Ethics as the Study of Man (Übs.). In: Monumenta Nipponica 26/3,4 (1971), S. 395–413.
–: Watsuji Tetsurō (1889–1960). Cultural Phenomenologist and Ethican. In: Philosophy East and West 24/1 (1974), S. 3–22.
–: The Concrete World of Action in Nishida's Later Thought. In: Nitta, Yoshihiro, und Hirotaka Tatematsu (Hrsg.): Japanese Phenomenology (Analecta Husserliana, Bd. 8). Dordrecht 1979, S. 249–270.
–: Nishida Kitarō. Last Writings: Nothingness and the Religious Worldview (Übs.). Honolulu 1987.
Dilworth, David A., und Umeyo Hirano: Fukuzawa Yukichi. The Encouragement of Learning (Übs.). Tōkyō 1969.
Dilworth, David A., und Cameron D. Hurst: Fukuzawa Yukichi. An Outline of a Theory of Civilization (Übs.). Tōkyō 1973.
Dilworth, David A., und Taira Satō: Tanabe Hajime. The Logic of the Species as Dialectics (Übs.). In: Monumenta Nipponica 24/3 (1959), S. 273–288.
Dilworth, David A., und Valdo H. Viglielmo: Nishida Kitarō. Art and Morality (Übs.). Honolulu 1973.
–: Nishida Kitarō. Affective Feeling (Übs.). In: Nitta, Yoshihiro, und Hirotaka Tatematsu (Hrsg.): Japanese Phenomenology (Analecta Husserliana, Bd. 8). Dordrecht 1979, S. 223–247.
Dore, Ronald P.: Education in Tokugawa Japan. London 1965.
Dumoulin, Heinrich: Die Entwicklung der Kokugaku. Dargestellt in ihren Hauptvertretern. In: Monumenta Nipponica 2/1 (1939), S. 140–164 [1939 a].
–: Kamo Mabuchi. Kokuikō: Gedanken über den Sinn des Landes (Übs.). In: Monumenta Nipponica 2/1 (1939), S. 165–192 [1939 b].
–: Kamo Mabuchi. Ein Beitrag zur japanischen Religions- und Geistesgeschichte (Monumenta Nipponica Monographs 8). Tōkyō 1943.
–: Zen. Geschichte und Gestalt. Bern 1959.
–: Der Erleuchtungsweg des Zen im Buddhismus. Frankfurt a. M. 1976.
–: Begegnung mit dem Buddhismus. Eine Einführung. Freiburg i. Br. 1978.
Eliot, Charles: Japanese Buddhism. London 1935.
Enomiya-Lasalle, Hugo M.: Zen-Buddhismus. Köln 1966.
Fischer, Peter: Studien zur Entwicklungsgeschichte des Mappō-Gedankens und zum Mappō-tōmyō-ki. Hamburg 1976.
Fisher, Galen M.: The Life and Teaching of Nakae Tōju. In: The Transactions of the Asiatic Society of Japan 36/1 (1908), S. 25–96.

Florenz, Karl: Japanische Mythologie. Nihongi, Zeitalter der Götter. Tōkyō 1901.
–: Die historischen Quellen der Shintō-Religion. Leipzig 1919.
Forke, Alfred: Geschichte der alten chinesischen Philosophie. Hamburg 1927.
–: Geschichte der mittelalterlichen chinesischen Philosophie. Hamburg 1934.
–: Geschichte der neueren chinesischen Philosophie. Hamburg 1938.
Frauwallner, Erich: Die Philosophie des Buddhismus. Berlin 1956.
Fromm, Erich, Daisetzu Suzuki und Richard de Martino: Zen-Buddhismus und Psychoanalyse. Frankfurt a. M. ^{7}1979.
Funayama, Shin' ichi: Hajime Ohnishi as a Founder of Modern Philosophy and his Moral Philosophy. In: Philosophical Studies of Japan 8 (1967), S. 19–40.
Fung, Yu-lan: A History of Chineses Philosophy. 2 Bde. Princeton ^{6}1969.
Furukawa, Tetsushi: Watsuji Tetsurō. The Man and His Work. In: Bownas 1961, S. 209–235.
Furuta, Hikaru: The Thought Life of Hajime Kawakami. In: Philosophical Studies of Japan 8 (1967), S. 129–143.
Glasenapp, Helmuth von: Buddhism. A Non-theistic Religion. London 1970.
Graf, Olaf: Tao und Jen. Sein und Sollen im Sung-chinesischen Monismus. Wiesbaden 1970.
Gundert, Wilhelm: Japanische Religionsgeschichte. Tōkyō, Stuttgart 1935.
Hackett, Roger F.: Nishi Amane. A Tokugawa-Meiji Bureaucrat. In: Journal of Asian Studies 18/2 (1959), S. 213–225.
Hamada, Junko: Ethik und Ästhetik. In: Hammitzsch, Horst (Hrsg.): Japan-Handbuch. Wiesbaden ^{2}1984, Spalte 1334–1341.
–: Gegenwartsphilosophie. In: Hammitzsch (Hrsg.) ^{2}1984, Spalte 1342–1347.
–: Nishida-Philosophie. In: Hammitzsch (Hrsg.) ^{2}1984, Spalte 1366–1374.
–: Nishida-Schule. In: Hammitzsch (Hrsg.) ^{2}1984, Spalte 1374–1386.
–: Religionsphilosophie. In: Hammitzsch (Hrsg.) ^{2}1984, Spalte 1386–1390.
–: Sozialphilosophie und Philosophie der Technik. In: Hammitzsch (Hrsg.) ^{2}1984, Spalte 1391–1396.
Hammitzsch, Horst: Hirata Atsutane. Ein geistiger Kämpfer Japans. In: Mitteilungen der Deutschen Gesellschaft für Natur- und Völkerkunde Ostasiens 28 Teil E (1936), S. 1–27.
–: Kangaku und Kokugaku. Ein Beitrag zur Geistesgeschichte der Tokugawa-Zeit. In: Monumenta Nipponica 2/1 (1939), S. 1–23.
–: Die Mito-Schule und ihre programmatischen Schriften Bairi Sensei hiin, Kōdōkanki, Kōdōkangakusoku, Seiki no uta in Übersetzung. Ein Beitrag zur Geistesgeschichte der Tokugawa-Zeit. In: Mitteilungen der Deutschen Gesellschaft für Natur- und Völkerkunde Ostasiens 31 B 1939.
–: Shingaku. Eine Bewegung der Volksaufklärung und Volkserziehung in der Tokugawazeit. In: Monumenta Nipponica 4/1 (1941), S. 1–32.

–: Siehe Benl.
Hammitzsch, Horst (Hrsg.): Japan-Handbuch. Wiesbaden [2]1984.
Hanayama, Shinshō: A History of Japanese Buddhism. Tōkyō 1960.
Hasumi, Toshimitsu: La formation philosophique de la pensée du Zen. Paris 1967.
Havens, Thomas R.H.: Nishi Amane and Modern Japanese Thought. Princeton 1970.
Hirano, Umeyo: s. Dilworth und Hirano 1969.
Hisamatsu, Shin'ichi: The Characteristics of Oriental Nothingness. In: Philosophical Studies of Japan 2 (1960), S. 65–97. Deutsche Übers.: Die Fülle des Nichts, Pfullingen 1975.
Hori, Ichirō: Japanese Religion. Tōkyō 1972.
Hurst, Cameron D.: s. Dilworth und Hurst 1973.
Inaba, Minoru: Zur Philosophie von Tanabe Hajime. In: Oriens Extremus 13 (1966), S. 180–190.
Inoue, Tetsujirō: Nihon Yōmeigakuha no tetsugaku. Fuzambō 1900.
Ishida, Ichirō: Tokugawa Feudal Society and Neo-Confucian Thought. In: Philosophical Studies of Japan 5 (1964), S. 1–37.
–: Shintō shisō shū (Nihon no shisō, Bd. 14). Tōkyō 1970.
Ishikawa, Ken: Baigan Ishida's Shingaku Doctrine. In: Philosophical Studies of Japan 6 (1965), S. 1–29.
Izutsu, Toshihiko: Philosophie des Zen-Buddhismus. Reinbek bei Hamburg 1979.
Jaspers, Karl: Die großen Philosophen I. München 1957.
Kalupahana, David J.: Causality. The Central Philosophy of Buddhism. Honolulu 1975.
–: Buddhist Philosophy. A Historical Analysis. Honolulu 1976.
Kapleau, Philip: Die drei Pfeiler des Zen. Zürich, Stuttgart 1969.
Kasulis, Thomas P.: Zen Action – Zen Person. Honolulu 1981.
Keene, Donald: s. Tsunoda.
–: Hirata Atsutane and Western Learning. In: T'oung Pao 42 (1953), S. 353–380.
Kim, Hee-Jin: Dōgen Kigen. Mystical Realist. Tucson 1975.
Kim, Yong Mok: Miki Kiyoshi. A Representative Thinker of His Times. Diss. University of Berkeley 1974.
Kitayama, Junyu: Metaphysik des Buddhismus. Versuch einer philosophischen Interpretation der Lehre Vasubandhus und seiner Schule. Stuttgart 1934.
Kiyooka, Eiichi: The Autobiography of Yukichi Fukuzawa. New York, London 1966.
Kiyota, Minoru: Shingon Buddhism. Theory and Practice. Los Angeles, Tōkyō 1978.
Knauth, Lothar: Life is Tragic. The Diary of Nishida Kitarō. In: Monumenta Nipponica 20/3,4 (1965), S. 335–358.
Kobayashi, Hideo: Motoori Norinaga. Tōkyō 1965.

Koizumi, Shinzō: Fukuzawa Yukichi and the Modernization of Japan. In: Philosophical Studies of Japan 7 (1966), S. 29–52.
Kosaka, Masaaki (Hrsg.): Japanese Thought in the Meiji Era. Tōkyō 1958.
Kracht, Klaus: Kyūō-dōwa – Predigten des Shībata Kyūō. Ein Beitrag zur Lehrpraxis der späten Shingaku. In: Veröffentlichungen des Ostasien-Instituts der Ruhr-Universität Bochum. Bd. 11. Wiesbaden 1974, S. 238–320.
–: Das Kōdōkanki-jutsugi des Fujita Tōko (1806–1855). Ein Beitrag zum politischen Denken der Späten Mito-Schule. Wiesbaden 1975.
–: Fukuzawa Yukichi – Studien und Übersetzungen in westlichen Sprachen. In: Bochumer Jahrbuch zur Ostasienforschung. Bochum 1982, S. 471–474.
–: Nationale „Philosophie“. In: Hammitzsch, Horst (Hrsg.): Japan-Handbuch. Wiesbaden ²1984, Spalte 1361–1366.
–: Studien zur Geschichte des Denkens im Japan des 17. bis 19. Jahrhunderts. Chu-Hsi-konfuzianische Geist-Diskurse. Wiesbaden 1986.
Kressler, Oscar: Mono no aware. Interpretation bei Motoori Norinaga und die Rasa-Lehre der altindischen Poetik. In: Karl Florenz. Festgabe der Deutschen Gesellschaft für Natur- und Völkerkunde Ostasiens zum 70. Geburtstag. Tōkyō 1935, S. 98–111.
–: Leben und Werk des Nakae Tōju. In: Nachrichten der Gesellschaft für Natur- und Völkerkunde Ostasiens 95/96 (1964), S. 2–30; 97 (1965), S. 29–48; 98 (1965), S. 5–38.
Kuroki, Mikio: Die Frage nach Gott in der modernen japanischen Philosophie: Nishida Kitarō und Tanabe Hajime. In: Ostasien-Institut Bonn (Hrsg.): Die Frage nach Gott im modernen Japan. Bonn 1976, S. 107–139.
Laube, Johannes: Westliches und östliches Erbe in der Philosophie Hajime Tanabes. In: Neue Zeitschrift für Systematische Theologie und Religionsphilosophie 20/1 (1978), S. 1–15. [1978 a].
–: Die „absolute Dialektik“ von Hajime Tanabe. In: Neue Zeitschrift für Systematische Theologie und Religionsphilosophie 20/3 (1978), S. 278–293. [1978 b].
–: The Meaning of gyō (“practice”) According to the Buddhist Theologian Shinran and the Philosopher Tanabe. In: Nish, Ian (Hrsg.): European Studies of Japan. Tenterden (Kent) 1979, S. 105–110. [1979 a].
–: Hajime Tanabes Erfahrung der „Wende vom Tod zum Leben“ in den Jahren 1941–1944. In: Zeitschrift für Missionswissenschaft und Religionswissenschaft 63/2 (1979), S. 119–128. [1979 b].
–: Zur religionsphilosophischen Bedeutung der „Metanoetik“ des japanischen Philosophen Hajime Tanabe. In: Zeitschrift für Missionswissenschaft und Religionswissenschaft 65/2 (1981), S. 121–138. [1981 a].
–: Die Interpretation des Kyōgyōshinshō Shinrans durch Hajime Tanabe. In: Zeitschrift für Missionswissenschaft und Religionswissenschaft 65/4 (1981), S. 277–293. [1981 b].
–: Kritik der „Logik der Spezies“ von Hajime Tanabe. In: Neue Zeitschrift

für Systematische Theologie und Religionsphilosophie 23/3 (1981), S. 297–318. [1981 c].
–: Kritik der „Logik der Spezies" von Tanabe Hajime. In: Neue Zeitschrift für Systematische Theologie und Religionsphilosophie 24/1 (1982), S. 104–118. [1982].
–: Dialektik der absoluten Vermittlung. Hajime Tanabes Religionsphilosophie als Beitrag zum „Wettstreit der Liebe" zwischen Buddhismus und Christentum. Freiburg i. Br., Basel, Wien 1984. [1984].
Liddin, Olof G.: Ogyū Sorai. Distinguishing the Way (Übs.). Tōkyō 1970.
–: The Life of Ogyū Sorai a Tokugawa Confucian Philosopher. In: Scandinavian Institute of Asian Studies Monograph Series No. 19. Ohne Ort 1973.
Luz, Ulrich: s. Yagi.
Martino, Richard de: s. Fromm.
Maruyama, Masao: Kaikoku – Öffnung des Landes. In: Seaculum 18 (1967), S. 116–145.
–: Studies in the Intellectual History of Tokugawa Japan. Princeton, Tōkyō 1974.
Masunaga, Reihō: The Sōtō Approach to Zen. Tōkyō 1958.
Matsumaru, Hisao: Nishida tetsugaku no jiki kubunsetsu. In: Kayano, Yoshio, und Ryosuke Ohashi (Hrsg.): Nishida tetsugaku. Shinshiryō to kenkyū no tebiki. Kyōto 1987, S. 167–206.
Matsumoto, Shigeru: Motoori Norinaga, 1730–1801. Cambridge/Mass. 1970.
McEvan, J. R.: The Political Writings of Ogyū Sorai. Cambridge 1969.
Minear, Richard H.: Nishi Amane and the Reception of Western Law. In: Monumenta Nipponica 28 (1973), S. 151–175.
Miura, Isshū, und Ruth Sasaki Fuller: Zen Dust. The History of the Koan and Koan Study in Rinzai (Lin-chi) Zen. New York 1966.
Miyakawa, Tōru: s. Yamazaki.
Moore, Charles A. (Hrsg.): The Japanese Mind. Honolulu 1967.
Muraoka, Tsunetsugu: Studies in Shintō Thought. Tōkyō 1964.
Murti, T. R. V.: The Central Philosophy of Buddhism. London 1955.
Najita, Tetsuo, und Irvin Scheiner (Hrsg.): Japanese Thought in the Tokugawa Period (1600–1868). Methods and Metaphers. Chicago, London 1978.
Nakamura, Hajime: Ways of Thinking of Eastern Peoples. Honolulu 1964.
–: A History of the Development of Japanese Thought, A. D. 592–1868. 2 Bde. Tōkyō 1969.
Needham, Joseph: Science and Civilisation in China. Bd. 2: History of Scientific Thought. Cambridge 1956.
Nishitani, Keiji: Was ist Religion? Frankfurt a. M. 1982.
Nishiyama, Kōsen, und John Stevens: A Complete English Translation of Dōgen Zenji's Shōbōgenzō. 4 Bde. Tōkyō 1975–1983.
Noda, Matao: East–West Synthesis in K. Nishida. In: Philosophy East and West 4 (1955), S. 345–359.

Ohashi, Ryosuke: Hen-Panta in der Philosophie von Nishida in Abhebung von der Hegelschen Philosophie. In: Henrich, Dieter (Hrsg.): All-Einheit. Wege eines Gedankens in Ost und West. Stuttgart 1985, S. 220–229.

–: Zur Philosophie der Kyōto-Schule. In: Zeitschrift für Philosophische Forschung 40/1 (1986), S. 121–134.

Ōkubo, Tadashi: The Thoughts of Mabuchi and Norinaga. In: Acta Asiatica 25 (1973), S. 68–90.

Petzold, Bruno: Tendai Buddhism. Yokohama 1979.

–: Die Quintessenz der T'ien-t'ai- (Tendai-) Lehre. Eine komparative Untersuchung. Wiesbaden 1982.

Philippi, Donald L.: Kojiki. Translated with an Introduction and Notes. Tōkyō 1968.

Piovesana, Gino K.: Miki Kiyoshi. A Representative Thinker of an Anguished Generation. In: Roggendorf, Joseph, (Hrsg.): Studies in Japanese Culture. Tōkyō 1963, S. 143–161.

–: Men and Social Ideas of the Early Taishō Period. In: Monumenta Nipponica 19/1,2 (1964), S. 3–29.

–: Recent Japanese Philosophical Thought. 1862–1962. A Survey. Tōkyō 1968.

Poos, Frederick W.: Kawakami Hajime (1879–1946). An Intellectual Biography. Diss. Stanford 1957.

Reischauer, August K.: Studies in Japanese Buddhism. New York 1970 (Reprint).

Rosenberg, Otto: Die Probleme der buddhistischen Philosophie. Heidelberg 1924.

Sasaki Fuller, Ruth: s. Miura.

Satō, Taira: s. Dilworth 1959.

Saunders, Dale E.: Buddhism in Japan. Philadelphia 1964.

Scheiner, Irvin: s. Najita.

Schiffer, Wilhelm: Hirata Atsutane. Taidō Wakumon. Es fragte einer nach dem Großen Weg (Übs.). In: Monumenta Nipponica 2/1 (1939), S. 212–236.

Schinzinger, Robert: Kitarō Nishida. Die intelligible Welt. Berlin 1943.

–: Japanisches Denken. Der weltanschauliche Hintergrund des heutigen Japan. Berlin 1983.

Schlegel, Dietlinde: Ogyū Sorais Definition des Weges. In: Brüll, Lydia, und Ulrich Kemper (Hrsg.): Asien – Tradition und Fortschritt. Wiesbaden 1971.

Schneider, Ulrich: Einführung in den Buddhismus. Darmstadt 1980.

Schrader, Reiner: Kawakami Hajime (1879–1946). Der Weg eines japanischen Wirtschaftswissenschaftlers zum Marxismus. Hamburg 1976.

Schuster, Ingrid: Kamada Ryūkō und seine Stellung in der Shingaku. Wiesbaden 1967.

Shimada, Kenji: Die neokonfuzianische Philosophie. Die Schulrichtungen Chu Hsis und Wang Yang-mings. Hamburg 1979.

Shimomura, Torataro: The Modernization of Japan with Special Reference to Philosophy. In: Philosophical Studies of Japan 7 (1966), S. 1–28.
Siemes, Johannes: Philosophie in Japan. In: Roggendorf, Joseph (Hrsg.): Das Moderne Japan. Einführende Aufsätze. Tōkyō 1963, S. 137–142.
Spae, Joseph J.: Itō Jinsai. A Philosopher, Educator and Sinologist of the Tokugawa Period. Peiping 1948.
Stcherbatsky, Theodore: The Central Conception of Buddhism and the Meaning of the Word "Dharma". London 1923.
–: The Conception of Buddhist Nirvāna. Leningrad 1927.
–: Buddhist Logic. 2 Bde. Leningrad 1930 und 1932.
Steinilber-Oberlin, Emile: The Buddhist Sects of Japan. Their History, Philosophical Doctrines and Sanctuaries. Westport/Conn. 1970.
Stevens, John: s. Nishiyama.
Stolte, Hans: Motoori Norinaga. Naobi no Mitama. Geist der Erneuerung (Übs.). In: Monumenta Nipponica 2/1 (1939), S. 193–211.
Streng, Frederik: Emptiness. A Study in Religious Meaning. Nashville 1967.
Suzuki, Daisetzu T.: Die Zen-Lehre vom Nicht-Bewußtsein. München–Planegg 1952.
–: Essays in Zen Buddhism. London 1958.
–: Outlines of Mahāyāna Buddhism. London 1963.
–: Studies in the Lankāvatara Sūtra. London 1968.
–: Die große Befreiung. Einführung in den Zen-Buddhismus. Weilheim [6]1972.
–: Siehe Fromm.
Tahara, Tsuguo: The Kokugaku Thought. In: Acta Asiatica 25 (1973), S. 54–67.
Takakusu, Junjirō: The Essentials of Buddhist Philosophy. Honolulu [4]1976.
Takashi, James K.: Dōgen's Formative Years in China. An Historical Study and Annotated Translation of the Hōkyō-ki. London, Henley 1980.
Thomas, Edward J.: A History of Buddhist Thought. New York 1961.
Tsujimura, Kōichi, und Hartmut Buchner: Tanabe Hajime. Todesdialektik. In: Festschrift Martin Heidegger zum 70. Geburtstag. Pfullingen 1959, S. 93–133.
Tsunoda, Ryusaku, Wm. Theodore de Bary und Donald Keene (Hrsg.): Sources of Japanese Tradition. 2 Bde. New York, London [6]1964.
Verdú, Alfonso: Abstraktion und Intuition als Wege zur Wahrheit in Yoga und Zen. Ein Beitrag zur Phänomenologie und Metaphysik der nichtchristlichen Mystik. München 1965.
Viglielmo, Valdo H.: Nishida Kitarō. A Study of Good (Übs.). Tōkyō 1960.
–: Nishida Kitarō. The Early Years. In: Shively, Donald H. (Hrsg.): Tradition and Modernization in Japanese Culture. Princeton 1971, S. 507–562.
–: Siehe Dilworth und Viglielmo 1973.
–: Siehe Dilworth und Viglielmo 1979.

Viglielmo, Valdo H.: Nishida Kitarō. Intuition and Reflection in Self-Consciousness (Übs.). Albany 1987.
Visser, Marinus W. de: Ancient Buddhism in Japan. 2 Bde. Leiden 1935.
Waldenfels, Hans: Absolute Nothingness. Preliminary Considerations on a Central Notion in the Philosophy of Nishida Kitarō and the Kyōto-School. In: Monumenta Nipponica 21/3,4 (1966), S. 354–391.
Walleser, Max: Die buddhistische Philosophie in ihrer geschichtlichen Entwicklung. 4 Bde. Heidelberg 1904–1927.
Wargo, Robert J.: The Logic of Basho and the Concept of Nothingness in the Philosophy of Nishida Kitarō. Diss. University of Michigan 1973.
Watanabe, Shoko: Japanese Buddhism. A Critical Appraisal. Tōkyō 1964.
Watts, Alan W.: Zen-Buddhismus. Tradition und lebendige Gegenwart. Reinbeck bei Hamburg 1961.
Yagi, Seiichi, und Ulrich Luz (Hrsg.): Gott in Japan. München 1973.
Yamazaki, Masakazu, und Tōru Miyakawa: Inoue Tetsujirō. The Man and His Work. In: Philosophical Studies of Japan 7 (1966), S. 111–126.
Yokoi, Yūhō: Zen Master Dōgen. New York, Tōkyō 1976.
Yoshikawa, Kōjirō: Itō Jinsai. In: Acta Asiatica 25 (1973), S. 22–53.
–: Jinsai, Sorai, Norinaga. Three Classical Philologists of Mid-Tokugawa Japan. Tōkyō 1983.
Yura, T.: Bewußtseinslehre im Buddhismus. Einführung in die Psychologie, Erkenntnislehre und Metaphysik des Mahāyāna-Buddhismus. Tōkyō 1932.

ZEICHENGLOSSAR WESENTLICHER CHINESISCHER UND JAPANISCHER TERMINI

間柄 *aidagara* (Zwischensein)
阿頼耶識 *arayashiki* (Grundbewußtsein)

場所の論理 *basho no ronri* (Logik des Ortes)
別教 *bekkyō* (Besondere Lehre)
別教一乗 *bekkyō ichijō* (das Eine Fahrzeug der Besonderen Lehre)
弁証法的一般者 *benshōhōteki ippansha* (dialektisches Allgemeines)
別相 *bessō* (Besonderheit)
菩薩 *bosatsu* (Bodhisattva)
菩薩乗 *bosatsujō* (Fahrzeug der Bodhisattva)
仏性 *busshō* (Buddha-Wesen)
仏陀乗 *butsudajō* (Fahrzeug der Bodhisattva)
物我一体 *butsuga ittai* (Einssein zwischen Ich und Aussenwelt)
物理 *butsuri* (Naturprinzip)
平等 *byōdō* (Gleichheit)
平等性智 *byōdōshō chi* (Weisheit der Identität)

択滅無為 *chakumetsu mui* (Aufhebung durch Erkenntnis)
Ch'an → Zen
智 *chi* (Weisheit)
知 *chi* (Wissen, Intellekt)
致知 *chichi* (Erweiterung des Wissens)
智慧 *chi'e* (Weisheit, Einsicht)
知行合一 *chikō goitsu* (Einheit von Wissen und Handeln)
chi-men → *shakumon*
致良知 *chi ryōchi* (angeborenes Wissen um das Gute)
智身 *chishin* (Leib der Weisheit)
知的直観 *chiteki chokkan* (intellektuelle Anschauung)
知的叡智的自己 *chiteki eichiteki jiko* (theoretisches, intelligibles Selbst)
知的自己 *chiteki jiko* (theoretisches Selbst)
中 *chū* (Mitte, Mittleres, Ausgeglichenheit)
宙 *chū* (Zeit)

中道 *chūdō* (Mittlerer Weg)
抽象的一般者 *chūshōteki ippansha* (abstraktes Allgemeines)

大円鏡智 *daienkyō chi* (Große Runde Spiegel-Weisheit)
大乗 *daijō* (Fahrzeug der Bodhisattva)
大乗始教 *daijōshikyō* (frühe Mahāyāna-Lehre)
大乗終教 *daijōshūkyō* (späte Mahāyāna-Lehre)
道 *dō* (*michi*; Weg)
同教一乗 *dōkyō ichijō* (das Eine Fahrzeug der Identischen Lehre)
道理 *dōri* (Wegprinzip)
同類因 *dōruiin* (Ursache der Gleichartigkeit)
同相 *dōsō* (Gleichheit)
道徳 *dōtoku* (Weg-Wirkkraft, -Tugend)

慧 *e* (Weisheit)
叡智的一般者 *eichiteki ippansha* (intelligibles Allgemeines)
叡智的世界 *eichiteki sekai* (intelligible Welt)
縁 *en* (indirekte Ursache)
演繹 *en'eki* (Deduktion)
縁覚 *engaku* (Einzelerleuchteter)
縁覚乗 *engakujō* (Fahrzeug der Einzelerleuchteten)
縁起 *engi* (Entstehen durch Ursache)
円教 *engyō* (Vollkommene Lehre)
円成実性 *enjōjisshō* (vollkommenes Wesen)
円融三諦 *ennyū santai* (volle dreifache Wahrheit)
壊相 *esō* (Differenzierung)
依他起性 *etaki shō* (abhängiges Wesen)

風土 *fūdo* (Klima)
不定教 *fujōkyō* (Unbestimmte Lehre)
復古 *fukko* (Rückkehr zum Alten)

還相 *gensō* (Rückweg)
現在の意識 *genzai no ishiki* (Jetztbewußtsein)
義 *gi* (Rechtlichkeit)
業 *gō* (Werke)
五行 *gogyō* (fünf Wandlungsphasen)
五位無心 *goi mushin* (fünf Fälle des Nicht-Geistes)
五時 *goji* (fünf Perioden)
五常 *gojō* (fünf Konstanten)
極重悶絶 *gokujūmonzetsu* (Todeskampf)

極重睡眠 *gokujūsuimin* (Tiefschlaf)
五倫 *gorin* (fünf menschliche Beziehungen)
五蘊 *goun* (fünf Gruppen)
具体的一般者 *gutaiteki ippansha* (konkretes Allgemeines)
行 *gyō* (Gestaltungen, Willensregungen)

八教 *hakkyō* (acht Lehren)
判断的一般者 *handanteki ippansha* (Urteilsallgemeines)
八不中道 *happu chūdō* (Mittlerer Weg der achtfachen Verneinung)
変化法身 *henge hosshin* (Dharma-Leib in Verwandlung)
遍計所執性 *henge shoshū shō* (vorgestelltes Wesen)
遍行因 *hengyōin* (universal vorherrschende Ursache)
非択滅無為 *hichakumetsu mui* (Aufhebung ohne Erkenntnis)
非得法 *hitoku hō* (Daseinselement der Nichtverbindung)
法 *hō* (Daseinselement, Gesetz)
報 *hō* (Lohn von Ursache und Wirkung)
方便存在 *hōben sonzai* (Erlösungsmittel-Existenz)
報身 *hōjin* (Genußleib)
法界体性智 *hokkai taishō chi* (Weisheit, die das Wesen der phänomenalen Welt begreift)
本末究竟等 *hommatsu kukyō tō* (Totalität der zehn Seinsarten)
本門 *hommon* (Lehre des ursprünglichen Wesens Buddhas)
本有本覚 *honnu hongaku* (ursprüngliche Erleuchtung)
本心 *honshin* (ursprünglicher Geist)
本体 *hontai* (ursprüngliche Substanz, Grundsubstanz)
本然の性 *honzen no sei* (eigentliche Wesensnatur)
法身 *hosshin* (Dharma-Leib)
hsiang k'o-hsü → *sōkoku jō*
hsiang-sheng-hsü → *sōsei jō*
hsiang-sheng-hsü → *sōshō jō*
hsiang erh hsia → *keijika*
hsing erh shang → *keijijō*

易 *i* (Wandel)
意 *i* (Intentio, Wille)
一元気 *ichigenki* (die eine ursprüngliche Materie-Energie)
一元的表面実在論 *ichigenteki hyōmen jitsuzairon* (monistischer äußerer Realismus)
一乗 *ichijō* (das Eine Große Fahrzeug)
一念三千 *ichinen sanzen* (ein Gedanke ist identisch mit den Dreitausend)

異熟因 *ijukuin* (Ursache der Heterogenität)
陰 *in*[1]
因 *in*[2] (direkte Ursache)
因果 *inga* (Widervergeltung)
因縁 *innen* (direkte Bedingung)
意識 *ishiki* (Bewußtsein, Zentralbewußtsein)
意識界 *ishikikai* (Bewußtseinswelt)
意志的自己 *ishiteki jiko* (willensmäßiges Selbst)
意相 *isō* (Unterschiedlichkeit)
一闡提 *issendai* (Erleuchtung)

jen → *jin*
自我実現 *jiga jitsugen* (Selbstverwirklichung)
事法界 *ji hokkai* (Daseinselementenwelt der Phänomene)
事々無碍 *jiji muge* (zwischen Phänomen und Phänomen ist kein Unterschied)
事々無碍法界 *jiji muge hokkai* (Daseinselementenwelt der Einheit von Phänomen und Phänomen)
自受用身 *jijuyūshin* (auf das Selbst orientierter Leib)
自覚的一般者 *jikakuteki ippansha* (Selbstbewußtseinsallgemeines)
時間性 *jikansei* (Zeitlichkeit)
十界 *jikkai* (zehn Welten)
仁 *jin* (Menschlichkeit)
仁政 *jinsei* (mitmenschliche Regierung)
人欲 *jinyoku* (selbstische Gefühle)
自力 *jiriki* (eigene Kraft)
自性 *jishō* (Wesen)
自性法身 *jishō hosshin* (Dharma-Leib im absoluten Zustand)
実想 *jissō* (wahres Wesen)
実存協同 *jitsuzon kyōdō* (Existenzgemeinschaft)
実体的なもの *jittaitekina mono* (Tatsache)
定 *jō* (Meditation)
条理 *jōri* (inhärentes Prinzip)
成所作智 *jōshosa chi* (Weisheit der Handlung)
成相 *jōsō* (Integration)
上帝 *jōtei* (Weltherr)
受 *ju* (Empfindung)
十玄門 *jūgemmon* (zehn geheimnisvolle Tore)
十玄縁起 *jūgen engi* (Entstehen in Abhängigkeit der Zehn Geheimnisvollen)

十八界 *jūhachikai* (achtzehn Elemente)
十住心 *jūjūshin* (zehn Stufen des Geistes)
十二因縁 *jūni innen* (Lehrsatz vom Entstehen in Abhängigkeit)
十二入 *jūninyu* (zwölf Bereiche)
十二処 *jūnisho* (zwölf Bereiche)
純正哲学 *junsei tetsugaku* (reine Philosophie)
純粋経験 *junsui keiken* (reine Erfahrung)
十如是 *jūnyoze* (zehn Seinsarten)
受用法身 *juyū hosshin* (Dharma-Leib als Teilhabe)

果 *ka* (Wirkung der direkten Ursache)
格物 *kakubutsu* (Erforschen der Dinge)
神の道 *kami no michi* (Shintō; Weg der Gottheiten)
観門 *kammon* (Tor der Betrachtung, abstrakte Theorie)
感性的なもの *kanseitekina mono* (Tatsache)
漢心 *karagokoro* (chinesisches Herz)
形 *kata* (Leiblichkeit)
形の論理 *katachi no ronri* (Logik der Form)
仮 *ke* (Seiendes)
化儀四教 *kegi shikyō* (vier Lehren der Methoden)
化法四教 *kehō shikyō* (vier Lehren der Prinzipien)
形 *kei* (Leiblichkeit)
刑 *kei* (Strafrechtsinstitutionen)
形而上 *keijijō* (Immaterielles)
形而下 *keijika* (Materielles)
仮名 *kemyō* (Benennung)
化身 *keshin* (Erscheinungsleib)
気 *ki* (Materie-Energie)
帰納 *kinō* (Induktion)
気質の性 *kishitsu no sei* (individuelle Konstellation)
基礎経験 *kiso keiken* (Grunderfahrung)
希哲学 *kitetsugaku* (Philosophie)
孝 *kō* (kindliche Pietät)
公案 *kōan*
公知 *kōchi* (im gesellschaftlichen Bereich geltendes Wissen)
古学 *kogaku* (Lehre des Alten, Studium des Altertums)
行為の弁証法 *kōi no benshōhō* (Dialektik der Tat)
行為的主観 *kōiteki shukan* (handelndes Subjekt)
国教 *kokkyō* (Nationale Lehre)
kokoro → *shin*[1]

虚空 *kokū* (leerer Raum)
国体 *kokutai* (Landeskörper, Nationalwesen)
行門 *kōmon* (Erfahrung)
金剛界 *kongōkai* (Diamantwelt)
構想力 *kōsōryoku* (Einbildungskraft)
公徳 *kōtoku* (im gesellschaftlichen Bereich geltende Tugend)
空 *kū* (Leere)
空間性 *kūkansei* (Räumlichkeit)
燻習 *kunjū* (Eindruck)
句身法 *kushin hō* (Daseinselement des Satzes)
倶有因 *kuuin* (Ursache der Mitexistenz)
教門 *kyōmon* (Tor der Lehre)
窮理 *kyūri* (Offenlegung des Ordnungsprinzips)
窮理学 *kyūrigaku* (Philosophie)

li → *ri*
li-hsüeh → *rigaku*

真心 *magokoro* (wahres Herz)
末那識 *manashiki* (Bewußtsein des Denkens)
曼荼羅 *mandara* (Mandala)
末法 *mappō* (letztes Gesetz)
明徳 *meitoku* (klare Wirkkraft)
滅度 *metsudo* (nirvāṇa)
滅尽定 *metsujinjō* (Illusion vernichtende Meditation)
未完の状態 *mikan no jōtai* (Zustand der Nicht-Vollendung)
密教 *mikkyō* (esoterische Lehre)
文身法 *monshin hō* (Daseinselement des Lautes)
無 *mu* (Nichts, Nicht-Existenz)
無我 *muga* (Nicht-Ich)
無表色 *muhyōshiki* (Unsichtbares)
無為法 *mui hō* (nicht verursachtes Daseinselement)
無常 *mujō* (vergänglich)
矛盾的自己同一 *mujunteki jiko dōitsu* (widersprüchliche Selbstidentität)
無形 *mukei* (ohne Form)
無記法 *muki hō* (neutrales Daseinselement)
無極 *mukyoku* (äußerstes Nichts)
無明 *mumyō* (Nichtwissen)
無念 *munen* (Nicht-Gedanke)
無漏法 *moro hō* (Daseinselement nicht in Bewegung)

無心 *mushin* (Nicht-Geist)
無想定 *musōjō* (gedankenfreie Meditation)
無即有 *mu soku yū* (Nichts ist Sein)
無想天 *musōten* (gedankenfreier Himmel)
明経道 *myōgyōdō* (Klassikerexegese)
妙観察智 *myōkanzatchi* (Weisheit der Beobachtung)
命根法 *myōkon hō* (Daseinselement der Lebenskraft)
名色 *myōshiki* (psychische Faktoren)
名身法 *myōshin hō* (Daseinselement des Begriffes)

念仏 *nembutsu* (gläubige Anrufung)
二元的実在論 *nigenteki jitsuzairon* (dualistischer Realismus)
日本精神 *Nihon seishin* (reiner japanischer Geist)
二諦 *nitai* (zwei Wahrheiten)
能作因 *nōsain* (produzierende Ursache)

応現存在 *ōgen sonzai* (Erscheinungs-Existenz)
往相 *ōsō* (Hinweg)

pen-men → *hommon*

礼 *rei* (Schicklichkeit, Verhaltensriten)
理 *ri* (Prinzip, Ordnungsprinzip)
理智不二 *richi funi* (Prinzip und Weisheit sind nicht zwei)
理学 *rigaku* (Lehre vom Ordnungsprinzip, Philosophie)
理法界 *ri hokkai* (Daseinselementenwelt des Prinzips)
理事無碍法界 *riji muge hokkai* (Daseinselementenwelt der Einheit von Prinzip und Phänomen)
輪廻 *rinne* (Wesenskreislauf)
倫理 *rinri* (Prinzip der menschlichen Beziehungen, – der sozialen Existenz)
理論の系譜学 *riron no keifugaku* (Genealogie der Theorien)
理身 *rishin* (Leib des Prinzips)
六境 *rokkyō* (sechs Sinnesobjekte)
六大 *rokudai* (die Sechs Großen)
六大身 *rokudaishin* (Leib der Sechs Großen)
六因 *rokuin* (sechs Ursachen)
六入 *rokunyū* (sechsfacher Bereich)
六識 *rokushiki* (sechs Formen des Erkennens)
六相 *rokusō* (sechsfaches spezifisches Wesen aller Daseinselemente)

両部不二 *ryōbu funi* (beide Teile sind nicht zwei)
良知 *ryōchi* (absolut Gutes)

作 *sa* (Tat)
差別 *sabetsu* (Unterscheidung)
三昧 *sammai* (Meditation)
三密 *sammitsu* (drei Mysterien)
三時 *sanji* (drei Zeitalter)
三乗 *sanjō* (drei Fahrzeuge)
三世間 *san seken* (drei Bereiche)
三身 *sanshin* (drei Buddha-Leiber)
三諦 *santai* (drei Wahrheiten)
三世 *sanze* (drei Zeitstufen)
三蔵教 *sanzōkyō* (Vorratshauslehre)
悟 *satori* (zenistische Erleuchtung)
政 *sei* (Regierungsinstitutionen)
性 *sei* (Wesensnatur)
生々 *seisei* (unaufhörlicher Lebensprozeß)
先知後行 *senchi kōkō* (erst Wissen, dann Handeln)
先験的自我 *senkenteki jiga* (transzendentales Ich)
先王の道 *sennō no michi* (Weg der früheren Könige)
迹門 *shakumon* (Lehre der irdischen Erscheinung Buddhas)
sheng-sheng → *seisei*
私知 *shichi* (im individuellen Bereich geltendes Wissen)
七情 *shichijō* (sieben Gefühle)
四大 *shidai* (vier Grundelemente)
四縁 *shien* (vier Bedingungen)
只管打坐 *shikan taza* (ausschließlich zazen)
識 *shiki* (Erkennen, Bewußtsein)
色 *shiki* (Körperlichkeit)
志向的関係 *shikōteki kankei* (intentionale Beziehung)
四句 *shiku* (Methode der vier Argumentationen)
心 *shin*[1] (Geist, Bewußtsein)
身 *shin* (Leiblichkeit)
信 *shin* (Wahrhaftigkeit)
心不相応行法 *shinfusōōgyō hō* (vom Geist getrenntes Daseinselement)
神人合一 *shinjin goitsu* (Einssein mit der Gottheit)
心所有法 *shinjou hō* (mit dem Geist verbundenes Daseinselement)
真如 *shinnyo* (Soheit, höchstes Sein, absolute Wahrheit)
心理 *shinri* (menschliches Prinzip)

心 即 理 *shin soku ri* (Identität von Geist und Ordnungsprinzip)
真 諦 *shintai* (letzte Wahrheit)
四 聖 諦 *shishōtai* (Vier Edle Wahrheiten)
四 種 法 身 *shishu hosshin* (Dharma-Leib in vierfacher Form)
四 相 *shisō* (vier Grundkräfte)
四 諦 *shitai* (Vier Edle Wahrheiten)
四 端 *shitan* (vier Ursprünge)
四 徳 *shitoku* (vier Wirkkräfte)
私 徳 *shitoku* (im Individualbereich geltende Tugend)
自 然 界 *shizenkai* (natürliche Welt)
性 *shō* (inneres Wesen)
正 法 *shōbō* (wahres Gesetz)
所 縁 々 *shoennen* (objektive Bedingung)
小 乗 経 *shōjōkyō* (Hīnayāna-Lehre)
声 聞 *shōmon* (Buddha-Hörer)
声 聞 乗 *shōmonjō* (Fahrzeug der Buddha-Hörer)
取 *shu* (Ergreifen)
種 子 *shūji* (Same, Keim)
宗 教 的 意 識 *shūkyōteki ishiki* (religiöses Bewußtsein)
宗 教 的 自 己 *shūkyōteki jiko* (religiöses Selbst)
種 の 論 理 *shu no ronri* (Logik der Spezies)
相 *sō* (spezifischer Charakter, äußere Form)
想 *sō* (Unterscheidung)
相 克 序 *sōkoku jō* (Reihenfolge der Bändigung)
触 *soku* (Berührung)
即 身 成 仏 *sokushin jōbutsu* (Erlangung der Erleuchtung in eben diesem Körper)
存 在 *sonzai* (Sein)
相 応 因 *sōōin* (Ursache des Zusammenbestehens)
相 生 序 *sōsei jō* (Reihenfolge der Hervorbringung)
相 勝 序 *sōshō jō* (Reihenfolge der Bändigung)
総 相 *sōsō* (Universalität)
相 続 *sōzoku* (Bewußtseinsstrom)

体 *tai* (Substanz)
太 虚 *taikyō* (große Leere)
太 極 *taikyoku* (Allumfassendes)
胎 蔵 界 *taizōkai* (Mutterschoßwelt)
他 受 用 身 *tajuyūshin* (auf andere orientierter Leib)
tao → *dō*
他 力 *tariki* (fremde Kraft)

他力哲学 *tariki tetsugaku* (Fremdkraft-Philosophie)
天命 *temmei* (Himmelsmandat)
天道 *tendō* (Himmelsweg)
天理 *tenri* (Himmelsprinzip)
哲学 *tetsugaku* (Philosophie)
t'ien-ming → *temmei*
徳 *toku* (Wirkkraft, Tugend)
得法 *toku hō* (Daseinselement der Verbindung)
等無間縁 *tōmukennen* (unmittelbare Bedingung)
沌頃教 *tongyō* (Plötzliche Lehre)
等流法身 *tōru hosshin* (Dharma-Leib in Emanation)
通教 *tsūgyō* (Gemeinsame Lehre)

宇 *u* (Raum)
有 *u* (Werden)
有為法 *ui hō* (verursachtes Daseinselement)
有漏法 *uro hō* (Daseinselement in Bewegung)

和 *wa* (Harmonie)
和学 *wagaku* (Japanische Lehre)
wu-chi → *mukyoku*
wu-hsing → *gogyō*

大和心 *yamatogokoro* (japanisches Herz)
yang → *yō*[1]
yin → *in*[1]
陽 *yō*[1]
用 *yō* (Funktion)
有 *yu* (Existenz)
唯理論 *yuiriron* (Allein-Prinzip-Theorie)
有即活動 *yū soku katsudō* (Sein ist Aktivität)

懺悔道 *zangedō* (Reueweg)
坐禅 *zazen*
禅 *Zen*
漸教 *zengyō* (Allmähliche Lehre)
絶対媒介の弁証法 *zettai baikai no benshōhō* (Dialektik der absoluten Vermittlung)
絶対弁証法 *zettai benshōhō* (absolute Dialektik)
絶対否定 *zettai hitei* (absolute Negation)
絶対意志 *zettai ishi* (absoluter Wille)

絶対無 *zettai mu* (absolutes Nichts)
像法 *zōbō* (verfälschtes Gesetz)
増上縁 *zōjōen* (universale Bedingung)
俗諦 *zokutai* (weltliche Wahrheit)
蔵教 *zōkyō* (Vorratshauslehre)

PERSONENREGISTER